LE M'ZAB

ET

LES M'ZABITES

PAR

Le Docteur CHARLES AMAT

MÉDECIN-MAJOR

OUVRAGE ACCOMPAGNÉ DE QUATRE CARTES ET DE DEUX TABLEAUX

PARIS
CHALLAMEL ET Cie, ÉDITEURS
LIBRAIRIE ALGÉRIENNE ET COLONIALE
5, RUE JACOB ET RUE FURSTENBERG, 2

—

1888

LE M'ZAB ET LES M'ZABITES

AUTRES PUBLICATIONS DE L'AUTEUR

De la fièvre typhoïde à forme rénale. — Paris, 1878.

Relation sur les tournées de vaccination effectuées dans le cercle de Bou-Saâda (Algérie). — 1879.

Le hameau de l'oued Zéboudj. (*Topographie médicale.*) — Alger, 1881.

Une épidémie de fièvre typhoïde au camp de Chellala. — 1881.

Des cheveux, de leur valeur en médecine judiciaire. — Alger, 1883.

Théorie de la vision chez les opérés de cataracte. — Traitement fonctionnel. — Alger, 1883.

Du camphre phéniqué dans le traitement de la fièvre typhoïde à forme ataxique. (*Bull. de thérapeut. Nov.* 1882.)

Recherches étiologiques sur les épidémies de dysentérie régnant périodiquement à Saint-Germain-en-Laye. (*Gazette médicale de Paris. Avril* 1885.)

Du rôle de l'atmosphère et de l'état hygrométrique en particulier comme facteur étiologique des épidémies de choléra. (*Gaz. médicale. Juillet* 1885.)

Une sangsue dans le cul-de-sac conjonctival supérieur. (*Gaz. médicale. Mai* 1885.)

Œuf de poule complet inclus dans un autre. (*Communication à la société de biologie. Avril* 1885.)

Thérapeutique chirurgicale. — Traitement des tumeurs du sein. (*Gaz. médicale. Août* 1885.)

De la maladie de Dupuytren. (*Gaz. médicale. Janvier* 1886.)

De l'eau dans l'étiologie de certaines épidémies. — Des divers procédés de stérilisation. — De l'ébullition en particulier. (*Gaz. méd.* 1887.)

De la nécessité d'établir le diagnostic expérimental de la rage. (*Gaz. médicale.* 1887.)

De la thoracoplastie. (*Gaz. médicale.* — 1887.)

LE M'ZAB

ET

LES M'ZABITES

AVEC QUATRE CARTES

PAR

Le Docteur CHARLES AMAT

MÉDECIN-MAJOR

PARIS
CHALLAMEL et Cie ÉDITEURS
LIBRAIRIE ALGÉRIENNE ET COLONIALE
5, RUE JACOB ET RUE FURSTENBERG, 2
—
1888

LE M'ZAB ET LES M'ZABITES

INTRODUCTION

Nos instincts casaniers tendent à disparaître. La beauté traditionnelle des sites italiens et helvétiques ne se trouve plus amoindrie parce qu'on ose apprécier à des degrés divers les merveilles fournies par les autres contrées. L'Écosse, la Hollande, la Russie, pour citer quelques États voisins, offrent à la contemplation de sublimes spectacles, et notre pays, mieux étudié, mieux connu, plus aimé, révèle ses riants aspects, ses incomparables richesses. L'âme embrasée de la locomotive et du paquebot guide et commande l'admiration soit qu'elle transporte des fertiles plaines de la Normandie aux cratères éteints de l'Auvergne, soit qu'elle arrache aux douces rêveries de la Provence pour déposer sur les rivages enchanteurs du continent africain.

Un sentiment de légitime orgueil saisit tout Français qui met le pied sur cette côte barbaresque jadis inhospitalière. Malgré des détracteurs intéressés, nos talents colonisateurs sont incontestables, et en Algérie la marche a été rapide dans la voie du progrès. Hier, c'était la piraterie, la misère, la guerre ; de nos jours règnent la sécurité, la richesse, la paix. Les lettres, les sciences, les arts, fleurissent à l'ombre de notre drapeau civilisateur ; le commerce, l'industrie, l'agriculture, suivent un rapide et croissant essor.

C'est à de vaillants pionniers que nous sommes redevables de pareils résultats : soldats ou laboureurs, ils ont prolongé la patrie à travers la mer et accumulé les titres à notre reconnaissance. Maintenant d'actifs et intelligents cultivateurs contribuent à la prospérité ; ils croissent et se multiplient sur ce sol naguère si meurtrier pour eux, à côté des Espagnols, des Maltais, des Italiens et des races indigènes.

Au milieu de cette population cosmopolite vit un type particulier. Mercier, charbonnier ou boucher, petit de taille, trapu, à face large, au teint mat, à l'œil enfoncé, vêtu d'une gandoura en laine multicolore, actif, sobre, prévoyant, apte au commerce, capable d'épargne et détesté par l'Arabe autant qu'il l'abhorre à son tour, c'est le M'zabite.

Son pays situé entre 32° et 33°20' de latitude boréale et entre 0°40' et 2°11' de longitude orientale se trouve à deux cents kilomètres au delà de Laghouat, en plein Sahara central. Véritable savoyard du désert, il a pour objectif d'amasser un pécule qu'il emportera au milieu des siens, où *pendant six mois* nous avons pu l'observer.

INTRODUCTION

C'était au lendemain de la prise de possession du M'zab, au moment où l'on s'occupait d'assurer au pays les divers rouages nécessaires à son fonctionnement. Chargé pour notre part de l'organisation du service médical, il parut utile d'étudier les hommes que nous aurions à traiter, le milieu où nous devrions agir. Séduit par l'attrait du sujet et agréablement entraîné dans nos investigations au delà du cadre préalablement tracé, nous avons trouvé dans les résultats obtenus et dans les renseignements fournis par Ville (*Exploration géologique du M'zab, du Sahara et de la région des steppes de la province d'Alger*, 1867); Masqueray (*Chronique d'Abou-Zakaria*, traduite et commentée, 1879); Rolland (*La mission trans-saharienne d'El Goléa*, dans la *Revue scientifique*, 1880; sur *le terrain crétacé du Sahara central*, dans le *Bull. soc. géol. de France*, 3ᵉ série, t. IX); Rébillet (*Étude sur le Sahara central*, 1882, travail inédit); de Motylinsky (*Guerara depuis sa fondation*, 1885), la totalité des matériaux contenus dans les pages qui vont suivre.

Puisse le lecteur rencontrer quelque intérêt à les parcourir !

CHAPITRE PREMIER

Histoire et Géographie

§ Ier

Une tradition fort accréditée fait descendre d'Amalec les premiers habitants de Barca, de l'Ifrika et du Maghreb.

Venus du fond de la Palestine et des frontières de la Syrie sous le nom de *berbères*, du radical *berr*, qui signifie terre, continent, et dont le verbe veut dire émigrer de pays en pays, ils subirent tour à tour la domination phénicienne, carthaginoise et romaine. Les Vandales, appelés par Genséric, furent refoulés par les Byzantins, mais l'invasion arabe leur fit supporter le contre-coup des révolutions intérieures et des guerres d'extermination qui dévastèrent le monde musulman.

Le Prophète venait de mourir sans désigner son successeur : Abou Bekr, élu après de longs débats, périssait empoisonné ; Omar, nommé par son devancier, expirait en pleine mosquée sous le poignard ; Othman, objet d'un choix restreint et contesté, recevait deux coups d'épée dans sa propre maison.

Ali, gendre de Mahomet, se voyait le trône de calife

disputé par un descendant d'Ommiah, Moawiah, fils d'Abou Sofian. Déjà le champ de bataille de Ciffin était couvert de morts, et les Syriens n'arrêtaient les Persans vainqueurs, qu'en élevant des feuillets du Coran au sommet de leurs piques, lorsque Ali résolut de rapporter aux décisions de deux arbitres l'issue du conflit.

Cette tentative de paix rencontra de nombreuses protestations. Le Coran, dirent les mécontents, précise les conditions de l'arbitrage : désaccord entre époux et chasse sur le territoire sacré de la Mecque ; la contestation actuelle ne peut donc être résolue par un semblable moyen. Au reste, la parole d'Allah est claire, elle indique comme chef des croyants, celui que les croyants ont élu ; son devoir est de commander avec justice, de défendre la religion, et de combattre à outrance Moawiah, s'il ne veut être déclaré rebelle à son tour.

Loin de se laisser intimider par les menaces de ces rigides interprètes des paroles divines, Ali déclara les adversaires de l'arbitrage sortis de son commandement, kharidjites.

Persécutés avec violence, les dissidents se réunirent à Boçra, chez Abd-Allah-ben-Ouahb, dont ils prirent le nom et qu'ils proclamèrent calife. Sous ses ordres ils furent exterminés à Néhérouan, mais un des leurs, Ibhn-Moldjem, fendit la tête d'Ali. Ce jour-là quatre mille ouahbites avaient pris part à l'action ; trente ans plus tard ils étaient cent fois plus nombreux. Le bataillon des kharidjites devenait consistant. Les Nedjéens le soutinrent avec enthousiasme à son origine, et parmi eux, la grande tribu des Benou-Temim, qui fournit Abdallah-ben-Abad, et Abdallah-ben-Saffar.

Tandis qu'au point de vue doctrinal, le premier s'en tenait à l'observation rigoureuse des prescriptions coraniques, qu'il concevait l'ouahbisme non comme l'exagération de l'islam, mais bien comme l'application exacte de la loi d'Allah; le second raisonnait sur les détails et exagérait les commandements les plus sévères en tombant dans l'hérésie. Les ouahbites restés dans les limites de l'interprétation littérale ajoutèrent à leur nom celui d'abadites, pour se distinguer des ouahbites-soffrites, devenus adeptes d'Abdallah-ben-Saffar.

Les uns et les autres firent dans l'Irak une résistance acharnée aux califes. Le héros des abadites fut en cette occasion un certain Abou-Bilal-Meurdas-ben-Aoudir. Il prépara par ses exhortations une sorte de bataillon de dévoués, avides de mourir. Au nombre de quarante, ils recrutaient des troupes, suscitaient des insurrections, ourdissaient des complots. Leur vie n'était qu'une sorte de combat. Le cimeterre au poing, ils allaient, venaient, se dérobaient, recommençaient l'attaque jusqu'à ce que leur nombre fût réduit à trois. Leur pacte avec Allah n'admettait pas de repos.

L'opiniâtreté de la lutte fit sentir aux abadites et aux soffrites que les troupes régulières des califes seraient encore longtemps victorieuses. Il fallait agir par la persuasion, augmenter le nombre des adhérents.

En attendant de pouvoir porter la parole divine dans des contrées lointaines peu accessibles aux armées des tyrans, ils entretinrent leur foi dans des écoles secrètes. Celles-ci, désignées sous le nom de halga, avaient à leur tête des personnages religieux renommés par leur science, et désignés sous le nom de cheikhs. Un des plus célèbres fut Abou-Obeïda, élève de Djabir-ben-Zeïd. Il sut imprimer à tous ses auditeurs la même marque religieuse, pendant qu'il éveillait chez eux l'ambition de régner sur leurs compatriotes. Venus de fort loin, ils se séparèrent du maître pour se rendre les uns dans l'Oman, les autres dans le Maghreb. Les cinq disciples maugrébins furent Abou-el-Khottab, Abderrhaman-ben-Roustem, Hacim-el-Sédrati, Ismaïl-ben-Derrar et Abou-Daoud.

Toutes les populations berbères, depuis la Cyrénaïque jusqu'à Tanger, gémissaient sous le joug de l'envahisseur. La conquête arabe les opprimait outre mesure. Elles n'avaient pas de bon gré abandonné la foi de leurs pères, puisque Ibhn-Khaldoun nous signale qu'elles apostasièrent onze fois avant de croire décidément à l'islamisme; mais soumises à la capitation forcée comme chrétiennes, elles purent un instant espérer que leur conversion les ferait traiter en musulmanes. Leur erreur était grande. Les lieutenants délégués par les califes dans le Maghreb, avides et débauchés, prenaient les femmes et confisquaient les richesses; ils soutenaient en outre que les Berbères ralliés sous l'étendard du Prophète devaient continuer à payer un tribut égal au cinquième de leurs biens, s'ils ne voulaient être réduits en esclavage et vendus sur les marchés.

C'est en un tel moment que les abadites et les soffrites vinrent prêcher la révolte contre les Omméïades. On se doute de la joie avec laquelle les opprimés entendirent des musulmans venus d'Orient, enseigner qu'il n'y a d'autre droit que le droit émané d'Allah, que ceux qui dépouillent des musulmans sont des mécréants. Ils accueillirent avec empressement une croyance religieuse qui leur permettait l'insurrection contre leurs conquérants et la leur recommandait même comme un article de foi. Les passions populaires, comprimées par les excès des lieutenants des califes, firent subitement explosion. En peu de temps, l'ouahbisme eut envahi tout l'espace qu'occupe la Tripolitaine, la Tunisie, l'Algérie et le Maroc. Au nom de l'égalité des hommes devant Allah, dit Ibhn Khaldoun, trois cent soixante-quinze batailles excessivement meurtrières, furent livrées par les Berbères aux troupes syriennes. Les succès furent si grands que soffrites et abadites se partageaient en quelque sorte le monde africain pendant le huitième siècle de notre ère et la moitié du neuvième. Les premiers dominaient dans le Maroc et dans le nord de la province d'Oran. Ils fondèrent Tafilelt et établirent leur influence le long de l'Océan jusqu'au pays des noirs. Le groupe des Beni-Ifren leur fournit les contingents les plus considérables. Les seconds eurent leur fort dans le djebel Néfous, à trois journées sud de Tripoli. C'est de là que leur empire prit son essor ; c'est là que leur foi se maintient même de nos jours. La doctrine se propagea par les Lemaïa, les Louata et les Haoura établis dans le Sersou, ainsi que par la tribu plus occidentale des Zouagha. Les Matmata, les Miknaça et les Zénata adoptèrent aussi leurs croyances. Les Djerba, fraction des Lemaïa, l'introduisirent dans l'île qui porte leur nom, où elle a encore de nombreux adhérents.

Quelques abadites de marque avaient paru dans les environs de Tripoli, mais Abou-el-Khottab est le premier qui ait laissé des souvenirs historiques. Il fut iman, comme l'avait annoncé son maître Abou-Obéïda et prit le premier le nom de prince des Croyants, que Moussa-el-Achari lui donna du haut de la chaire en attirant sur sa personne les bénédictions divines.

Les abadites de la province de Tripoli se rassemblèrent sous son commandement pour châtier les Ourfedjouna, dont la majeure partie habitait le mont Aurès. Après en avoir fait un épouvantable massacre, ils s'emparèrent de Tripoli et de Kairouan. Abou-el-Khottab confia le commandement de cette dernière ville à Abderrhaman-ben-Roustem, et emmena avec lui les abadites qui avaient pris part à l'expédition. La nouvelle de la révolte des Berbères et de la prise de Kairouan, siège du gouvernement de l'Ifrika, déterminèrent le calife Abou-el-Mansour à expédier une armée dans ce pays, avec mission de combattre les kharidjites.

Arrivé aux environs de Tripoli, Ibhn-el-Achat défit l'armée berbère qui était venue l'attaquer, et en tua le chef, Abou-el-Khottab. Son premier devoir fut de ramener par la force à l'orthodoxie ceux qu'il avait vaincus. Mais il fut sans action sur ceux qui, retirés à Ouargla profitèrent de leur éloignement pour bien s'installer et créer un centre prospère.

Abderrhaman-ben-Roustem, se hâtant d'évacuer Kairouan, se rendit avec son fils et les gens de sa suite chez les Berbères abadites du Maghreb central. Ses anciens amis et confédérés, les Lémaïa, s'étant ralliés autour de lui, le proclamèrent imam. Tiaret fut bâtie sur les flancs du djebel Guézoul, montagne qui forme la limite du plateau de Mindas, pour servir de siège du gouvernement. Cette ville, dont Abderrhaman avait posé les fondements, s'agrandit beaucoup sous son règne ; elle eut une bibliothèque renommée. Après sa mort, l'imamat échut à son fils Abd-el-Ouahab. Ce souverain reparut devant Tripoli à la tête d'une armée. Abdallah-ben-el-Agleb gouvernait cette ville quand il s'y vit bloquer par l'ennemi. Obligé, par la mort de son père qu'il apprenait à l'instant, de se rendre à Kairouan pour y exercer le haut commandement, il acheta la paix d'Abd-el-Ouahab, en cédant aux Berbères qui avaient suivi ce chef, la possession de tout le pays ouvert.

Félah, fils d'Abd-el-Ouahab, fut le quatrième imam ; Mohamed, fils de Félah, fut le cinquième ; Youcef, fils de Mohamed, fut le sixième ; Yacoub fut le septième. Ils n'eurent point d'ennemis du côté de l'ouest.

Abderrhaman-ben-Roustem avait pris soin de s'allier par des mariages aux Soffrites du Maroc septentrional et de Tafilelt, avec d'autant plus de raison que sa grand'mère était originaire des Beni-Ifren, adeptes des doctrines d'Abdallah-ben-Saffar. D'ailleurs, abadites et soffrites se prêtaient un mutuel concours contre les représentants des califes. Un peu plus tard cependant, les Beni-Ifren devenus partisans des Edricides déclarèrent la guerre aux Rostemides et les firent succomber. Du côté de l'est, sous le règne de Youcef, les Néfousa essuyèrent encore de la part des califes une si rude défaite à Manoa, que Tiaret resta à découvert. Elle fut même prise et ruinée sous l'imamat de Yacoub par le général fatémite Abdallah-ech-Chii.

A dater de ce jour, les Berbères abadites appartenant aux tribus de Lemaïa, de Louata, d'Azdadja, de Miknaça et de Matmata furent traités avec la dernière rigueur, jusqu'à ce qu'ils eussent embrassé les doctrines de la secte chiite et abandonné pour toujours les croyances kharidjites.

Le dernier des imams abadites quitta Tiaret incendiée avec une petite troupe et se rendit à Ouargla qui dépendait de son autorité, et où il fut rejoint par tous les abadites qui ne voulaient pas renoncer à leur foi. Ce ksar fut longtemps le boulevard de l'abadisme et l'asile de cette secte persécutée. A cette époque remonte la fondation de Cédrata. Melika, Djebel-Abad, Krima, dont on trouve les ruines dans l'oued Mya, à peu de distance d'Ouargla, et qui sont, avec le tombeau de l'iman Yacoub, entre Cédrata et Krima, un lieu de pèlerinage pour les M'zabites.

En présence des victoires nombreuses remportées par les fatémites, l'imam refusa de prendre le titre d'émir qu'on lui offrait, et déclara que la défense devait prendre fin. A dater de cette époque, les cheikhs précisèrent les règles de leur organisation intérieure et se constituèrent en une sorte d'oligarchie. Laborieux et intelligents, ils se fussent créé une nouvelle patrie dans ce pays inhabité et inclément, si leur prospérité naissante n'avait porté ombrage aux gens d'Ouargla. Ceux-ci, envieux et jaloux, déclarèrent la guerre aux abadites et les forcèrent à se retirer. Leur installation dans la vallée de l'oued Mya n'avait pas quarante ans de date, et déjà ils étaient obligés de chercher un autre refuge. Ils vinrent alors s'établir dans le pays qu'ils occupent actuellement où vivait une famille de Berbères Zenata pratiquant la doctrine moatazilite, convertis plus tard par le cheikh abadite Mohammed Seh.

A leur arrivée, il y a un peu plus de neuf siècles, dans le plateau raviné qu'on désigne sous le nom de Chebka, les Beni-M'zab vécurent quelque temps sous la tente. Ils étaient en petit nombre et dispersés à cause de la misère des temps et du lieu. Ceux qui avaient pour chef Khalfa-ben-Abror, fondèrent en l'an 1013 de notre ère, la ville d'El-Ateuf. D'autres, campés soit sur le mamelon rocheux de Bou-Kiao, soit dans le bas-fond nommé Tirichine, soit en un point appelé Mourki, bâtirent en 1407 Bou-Noura et Beni-Isgüen.

Des groupes abadites venus de différents points s'étaient déjà mêlés aux moatazilites convertis, quand un prétendu chérif Mohamed-ben-Yayia, poursuivi par les Arabes malékites, s'arrêta dans l'Oued-M'zab, un peu au-dessous du mamelon qui porte Ghardaïa. La légende raconte qu'après avoir creusé un puits, il découvrit dans une caverne une femme nommée Daïa, qu'il aurait épousée.

A sa mort, il fut enterré sur une colline voisine de son puits, et comme on l'avait nommé de son vivant Bab-ou-Djemaa, le père de l'assemblée, cette colline est appelée aujourd'hui Boudjema, par corruption. Quelques abadites s'étaient réunis autour de lui ; un plus grand nombre se groupa auprès de son fils Aïssa, et il en résulta la fraction, devenue plus tard très considérable, de nos Ouled-Ammi-Aïssa de Ghardaïa. Peu de temps après, un autre dévot, Sliman-ben-Yayia, vint probablement de Figuig s'établir en ce même point. Autour de lui se rassemblèrent les Ouled-Ba-Ahmed du djebel Amour et les Ouled-Bel-Hadj du Maroc pour former la fraction de nos Ouled-Ba-Sliman.

En 1350, quelques familles de nos Ouled-Ammi-Aïssa quittèrent Ghardaïa et vinrent renforcer une petite fraction d'abadites chassés de Metlili, pour fonder Melika.

Un austère personnage, Mohamed-ben-Seïah, suivi par une fraction des Ouled-Ammi-Aïssa, les Ouled-Bakha, qui auparavant habitaient Ghardaïa et Mélika, vint établir Guerara en 1631.

Enfin, en 1679, deux fractions de Ghardaïa, les Afafra et les Ouled-Nouh, assistées de quelques Medabih chassés de la ville, arrivèrent en un lieu qu'ils nommèrent Berrian, du nom du chef des Ouled-Yacoub, auquel ils achetèrent des terres.

A leur installation, les abadites trouvèrent une population d'origine zénatienne comme eux, pratiquant la doctrine moatazilite, c'étaient les Beni-Meçab. Convertis par le cheikh Mohamed-ben-Bekr à la foi importée, ils purent donner leur nom aux nouveaux venus, d'où nos Beni-Mezab, nos Beni-Mozab, nos Beni-M'zab actuels.

Une autre version, basée sur une idée religieuse, jouit auprès des intéressés d'une plus grande faveur.

Leurs savants enseignent que les M'zabi doivent s'appeler Mizabi ou Beni-Mizab (enfants de la gouttière) en mémoire du miracle dont Abou-Bilal-Meurdas fut témoin au tombeau du prophète. Ce personnage vénéré priait à la Mecque par une nuit étoilée, lorsque, suppliant Allah de manifester par un signe qu'il agréait sa pieuse pratique, des gouttes d'eau se mirent à tomber du mizab. Pour ce motif, les pèlerins abadites se prosternent une cinquième fois autour du temple, sous la fameuse gouttière.

L'attention de la France n'a sérieusement été attirée vers le M'zab qu'après le 4 décembre 1852, date de la prise et de l'occupation définitive du ksar de Laghouat. Avant cette époque, les habitants payaient aux tribus des Larbâa, des Saïd-Otthba et des Mekhalif-Djorb un droit de protection pour les caravanes qu'ils expédiaient vers le Tell. Redoutant des représailles de notre part en raison surtout de l'hospitalité donnée au chérif Mohamed-ben-Abdallah, ils prirent la résolution d'entrer en négociations avec nous. Dans une convention restée célèbre, décorée plus tard du nom de traité, mais qui mérite bien mieux le titre de capitulation sous lequel elle est souvent désignée, le général Randon, gouverneur de l'Algérie, posait le 24 janvier 1853 ses véritables conditions : « Il ne saurait être question d'un traité de commerce entre vous et nous, spécifiait-il, mais bien nettement de votre soumission à la France. En dehors de cette pensée, il ne peut y avoir aucun arrangement. Vos ressources de toute espèce nous étant connues, chaque ville ne paiera que ce qu'elle doit raisonnablement payer. Comptés dès lors comme nos serviteurs, notre protection vous couvrira partout, dans vos voyages à travers nos tribus et pendant votre séjour dans nos villes. Nous ne voulons, en aucune façon, nous mêler de vos affaires intérieures ; vous resterez à cet égard comme par le passé. Ce sera donc à vous de régler dans vos villes le mode de perception de la somme que vous devrez verser chaque année au beylik. Nous ne nous occuperons de vos actes que lorsqu'ils intéresseront la tranquillité générale et les droits de nos nationaux et de nos tribus soumises. Quant à votre commerce avec le Maroc et avec Tunis, il continuera, avec l'obligation de payer à nos frontières, aux lieux que nous vous ferons connaître, les droits que la France impose aux marchandises étrangères. Faute de se conformer à ces prescriptions, vos caravanes seront confisquées par les gardiens de la frontière ou par les Arabes du Sud, auxquels nous les donnerons. Nous voulons aussi que vous fermiez vos villes et marchés à nos ennemis et que vous les repoussiez par la force comme doivent faire des serviteurs. »

Ces clauses, acceptées par les djemmâas, facilitaient notre politique coloniale à un moment surtout où il parraissait nécessaire de limiter, pour les affermir, nos points d'occupation. Malheureusement elles ne furent pas longtemps observées.

Le commandant du Barrail entra à Guerara en 1853, et reçut la soumission de la ville. Il désigna deux caïds, l'un pour le sof Gharbi et l'autre pour le sof Chergui, qui concentrèrent entre leurs mains tout pouvoir : ce furent Yaya-ben-Kerouaïa et Bou-Bekeur-ben-Kaci.

Dès 1855, les caïds aux prises avec les difficultés de tout ordre que leur créent sans tarder les notables de Ghardaïa, demandent et reçoivent l'appui du commandant Marguerite qui, à la tête d'un escadron de spahis, arrête et conduit à Laghouat les principaux meneurs.

Peu de temps après, en 1857, Marguerite devant rejoindre sous Ouargla la colonne du général Desvaux, demande, pour abréger sa route et faire reconnaître notre domination, à traverser Ghardaïa. Malgré le refus des notables qui veulent conserver à la ville sa réputation de sainte, vierge du pied des infidèles, la porte fermée vole en éclats sous la hache des sapeurs du génie, et les troupes, tambours battants et baïonnette au canon, longent la rue principale au désappointement de toute la population. Cet acte de vigueur donna satisfaction à notre amour-propre, pour abaisser la vanité des tolbas et leur prétention à être indépendants.

En 1858, Bou-Bekeur-ben-Kaci, caïd de Guerara, fut destitué ; son cousin, Kaci-ben-Zérouïl, est nommé à sa place pour services rendus au gouvernement.

En 1860, cent goumiers des Larbaa et un égal nombre de cavaliers réguliers reviennent au M'zab pour venger un assassinat impuni. Il s'agit d'un Juif qui, accusé de nous avoir renseigné sur les affaires du pays, a été mortellement frappé, entre Mélika et Beni Isguen, par des agents de la djemâa de Ghardaïa. La ville est condamnée à donner à la famille le prix du sang, outre qu'elle est imposée d'une forte amende et de nombreuses contributions de guerre.

La même colonne se rend peu de temps après à Guerara, où le caïd Kaci-ben-Zérouïl, chef du parti Gharbi, vient d'être tué par des hommes du parti Chergui. Ici, nouvelles impositions prélevées. Par la même occasion, une réparation est exigée, tant pour l'absence constatée de tout représentant de la ville à la réception de l'empereur à Alger, que pour le meurtre d'un indigène du Souf. Le premier acte constituait un flagrant délit d'insubordination envers le chef d'un État dont les Beni-M'zab étaient, de par les traités, tributaires, disaient les instructions du général en chef au lieutenant-colonel Marguerite ; le second équivalait à un déni de justice, étant inadmissible qu'on n'ait pu retrouver les auteurs d'un crime commis au milieu de la ville et en plein jour.

Dans la même localité, et vers le milieu du mois de mars 1860, deux hommes attentent à la vie de Brahim Bouhoum, chef de la djemmâa.

Pendant la nuit du 9 au 10 septembre 1861, cet indigène est chassé de la localité avec quelques-uns de ses partisans : cinq d'entre eux trouvent la mort, tous ont leurs biens confisqués.

Deux ans plus tard, aidé par les Chambâa de Metlili, Brahim revient sous Guerara, l'attaque, regagne sa maison où il se fortifie pour soutenir pendant trois semaines un combat acharné. L'avantage lui étant peu à peu revenu, il expulse à son tour le 7 mai tout le parti adverse. Nous sommes obligés d'intervenir en armes pour arrêter cette lutte terrible qui a déjà coûté la vie à soixante-treize personnes. Le colonel Suzoni ramène sous escorte à Laghouat, une partie de la djemmâa et son chef.

Ghardaïa est attaquée pendant la fameuse insurrection de 1864. Durant la nuit du 16 au 17 septembre, les maisons de ceux qui ne veulent pas se rallier au parti des Ouled-Sidi-Cheikh révoltés contre nous, sont mises au pillage par les gens de Mélika, de Bou-Noura et d'El-Ateuf, faisant cause commune avec les Chambâa et quelques Larbâa insurgés.

Cette même ville est assaillie, du 14 au 16 janvier 1867, par un millier d'habitants de Berrian. Appelés par les Ouled-Ba-Sliman qui se disputent le pouvoir, ils pénètrent par surprise. Les Ouled-Ammi-Aïssa et les Médabih attaqués, ripostent aussitôt et ayant repris le dessus, font, pendant les trois jours que dure la lutte, un horrible massacre.

Le 4 avril 1877, Brahim-Bouhoum, que nous retrouvons chef de Guerara, tombe mort sous le feu de huit hommes apostés sur son passage. La djemmâa, suivie des coupables, revient de Laghouat où elle est allée soumettre le différend, lorsque le frère de la victime, Kaci, et ses partisans tombent sur elle et massacrent quatorze d'entre eux.

En février 1880, le marché de Beni-Isguen est le théâtre d'une collision où treize individus sont tués et soixante blessés.

Une centaine de Beni-M'zab et quelques Arabes envahissent Bou-Noura le 11 juin. Refoulés, les assaillants s'enferment dans la maison commune, où on allait les brûler, si les gens du ksar voisin n'étaient venus à temps leur porter secours. Il y avait déjà dix morts.

Le cheik de la mosquée de Ghardaïa, El-Hadj-Salah ben-Kaci, est assassiné le 31 mai 1881.

Quatre mois plus tard, c'est-à-dire le 9 octobre, on massacre à Berrian, en plein jour, un vieillard de quatre-vingts ans d'une charité renommée, connu pour le dévouement dont il faisait preuve à notre égard. Le crime reste absolument impuni.

Enfin le 28 avril 1882, les dissensions se rallument à Ghardaïa. Le parti accusé d'avoir fait donner la mort au cheik Salah dix mois auparavant, est attaqué à l'improviste. Poursuivi à coups de fusil dans la ville et dans les jardins, il a neuf tués et plusieurs blessés. On pousse la sauvagerie jusqu'à décapiter une victime et à jeter la tête tout ensanglantée sur les genoux de sa mère, qui, dans un état pitoyable elle-même, avec une jambe cassée et les oreilles déchirées par le bris des bijoux, succombe deux jours après sous le coup de l'effroi qu'elle a ressenti.

Notre patience, depuis longtemps mise à l'épreuve, se trouvait surtout épuisée par l'horreur de ces derniers méfaits.

Les M'zabi s'étaient en outre engagés à ne pas agir contrairement à nos intérêts, à ne favoriser en rien nos ennemis, à ne pas leur donner asile. Or, il ressort de l'enquête faite par le commandant de la colonne d'El-Golea, lors de son passage dans la contrée, en novembre 1881, qu'ils ont vendu aux insurgés de l'ouest toutes les armes et toute la poudre dont ces derniers ont fait usage contre nous. Les compagnons d'Hamed-ben-Hamed ont trouvé asile chez eux après leur fuite de Djelfa. Il en a été de même pour les Chellegs, fraction des Berasga, en état de rébellion manifeste. Il résulte en un mot de l'exposé ci-dessus que les Beni-M'zab n'ont exécuté de la convention de 1853 que les clauses à eux favorables pour violer outrageusement toutes les autres.

En présence de pareils faits, du plus funeste exemple pour les tribus voisines, il importait de faire preuve de décision, et pour rétablir l'ordre, le calme et la sécurité, l'annexion du M'zab fut résolue.

Le 10 novembre 1882, une colonne forte de 1,200 hommes environ, pourvue d'un convoi de 1,295 chameaux, partait de Laghouat sous le commandement du général de la Tour d'Auvergne : elle arrivait à Berrian le 14, et à Ghardaïa trois jours après. La réunion à la France du nouveau territoire était consacrée le 30 du même mois par cette proclamation :

« Habitants du M'zab,

« Lorsqu'en 1853 vous avez fait votre soumission à la France, nous vous avons promis que notre puissante protection vous couvrirait dans vos voyages à travers nos tribus et pendant votre séjour dans nos villes. Nous avons tenu notre promesse ; tous, vous avez apprécié les avantages que procure le fonctionnement régulier de nos institutions. En échange de ces garanties qui vous étaient données et de la liberté qui vous était laissée de régler vous-mêmes vos affaires intérieures, vous vous étiez engagés à maintenir l'ordre dans vos villes et à ne rien faire qui pût porter atteinte à nos intérêts ou à notre politique. Ces engagements n'ont pas été tenus. En proie à l'anarchie la plus complète, le M'zab n'a pas cessé de donner à nos tribus le funeste spectacle de ses désordres et de ses luttes sanglantes. Les villes sont devenues les refuges assurés de tous les malfaiteurs poursuivis par nos lois. Les marchés sont restés ouverts à tous les insurgés du Sud, et ils leur ont fourni en abondance toutes les munitions de guerre.

« Cependant, nous ne vous avons ménagé ni nos

conseils, ni notre appui moral, ni les avertissements salutaires. Vous n'avez pas voulu ou vous n'avez pas pu en tenir compte.

« Aujourd'hui appelés par tous ceux qui souffrent de ces désordres, nous venons rétablir chez vous l'ordre, le calme et la sécurité. Tout en resserrant les liens qui déjà vous unissent à la France, nous respecterons vos institutions traditionnelles.

« Nous ne vous imposerons ni aghas, ni caïds, ni cadis arabes, vous conserverez dans la mesure utile vos djemmâas municipales pour vous administrer, et vos chioukhs abadites pour vous rendre justice. Nous affirmerons l'autorité de vos chefs et nous ferons respecter les décisions de vos chioukhs, lorsqu'ils agiront avec équité et justice.

« Mais aussi nous saurons atteindre et frapper ceux qui manqueraient à leurs devoirs, soit vis-à-vis des administrés et des justiciables, soit vis-à-vis du gouvernement de la République Française. »

§ II

Le caractère économique des populations de l'Afrique septentrionale varie avec les régions observées. Tandis qu'en Barbarie, au nord d'une ligne partie de l'embouchure de l'oued-Noun sur l'Océan, et passant par Figuig, el Abiod-Sidi-Cheikh, Laghouat,

Biskra et Gabès, les transactions se font suivant des directions perpendiculaires à la côte, dans le Sahara elles rayonnent vers des centres irrégulièrement disséminés.

L'habitant du Tell conduit vers les ports méditerranéens les produits dont il dispose, en échange des objets manufacturés qui lui sont nécessaires. Le nomade des hauts plateaux, amène pendant l'été ses troupeaux dans les vallées de l'Atlas où il achète des grains; en hiver il se pourvoit de dattes dans le Sahara. L'histoire nous apprend que sous les différentes dominations les divisions politiques sont toujours restées parallèles aux voies de trafic.

Le Saharien trouve dans son propre pays les dattes, sa nourriture habituelle; mais dépourvu de toute autre ressource, il reste tributaire des régions limitrophes pour les céréales et divers produits. Ghadamès, Insalah et Figuig, à l'est, au sud et à l'ouest, séparent le Sahara barbaresque du Sahara relevant du Soudan.

Le premier se divise en deux zones, l'une septentrionale, l'autre méridionale. La démarcation est fixée par la limite nord de l'Erg occidental et du plateau de la Chebka du M'zab, Ourlana et les chotts.

La zone septentrionale, constituée par une bande de terrain quaternaire, intermédiaire entre la Barbarie et le Sahara, renferme la région des bas-fonds ou dayas (Tell du Sahara).

La zone méridionale est habitée par une population sobre, se nourrissant de dattes fournies par le pays et à ce titre moins dépendante du Tell que le pasteur des hauts plateaux. Les objets manufacturés et les céréales lui sont fournis, en cas de besoin, par voies d'échange avec le concours d'un élément nouveau qui caractérise la contrée. Entre le nomade du Sahara et l'habitant du Tell se sont réunis en effet des gens prévoyants, aptes au commerce, capables d'économie, qui prennent au premier les fruits du palmier aussitôt après la récolte et lui donnent en retour les produits achetés chez les seconds. Les lignes, suivant lesquelles se font les transactions, rayonnent autour de divers points au lieu d'être, comme en Barbarie, parallèles entre elles et perpendiculaires à la côte.

Le Sahara se divise ainsi en rayons, ayant un ou plusieurs noyaux, vers lesquels tout converge et qui présente une unité d'intérêts dont il faut tenir le plus grand compte dans les démarcations politiques. A ce titre, on peut partager la zone méridionale en trois groupes, au moyen de deux lignes passant l'une par Guerara, El-Hadjira, Bir-el-Sof, l'autre par Oued-el-Gharbi et Insalah.

Le groupe nord est composé de l'Oued-Rhir et du Souf; celui de l'ouest, caractérisé par le Touat et le Gourara; celui du sud et de l'est étendu du M'zab au pays des Touaregs, d'Insalah à Ghadamès et formant le Sahara central.

Ouargla était autrefois le point d'attraction de toute cette dernière contrée; il s'est dédoublé aujourd'hui au profit du M'zab situé à sa limite nord. Ghardaïa, Beni-Isguen, Guerara, Berrian, El-Ateuf, Mélika, et Bou-Noura sont des centres de rayonnement intermédiaires entre la Barbarie et le Sahara.

La conquête romaine, l'invasion des Vandales et des Visigoths, déterminèrent de nombreuses émigrations parmi les populations berbères. Beaucoup d'entre elles vinrent, comme nous l'avons vu, chercher dans Ouargla un asile que l'extrême éloignement rendait sûr. Si les Romains ont réellement pénétré dans cette oasis, comme le prouve une inscription latine trouvée à N'jorissa, il est néanmoins très présumable qu'ils ne s'y sont jamais complètement installés ; se bornant à un simple protectorat, ils donnaient l'investiture à des chefs qui leur payaient tribut. Et cet état de choses fut-il encore d'assez courte durée, puisque à la faveur sans doute des embarras éprouvés dans le nord, Ouargla retrouvait à la fin du IIe siècle l'indépendance qu'il ne devait reperdre qu'à l'époque de l'invasion arabe.

Jusqu'au milieu du XIe siècle, le kharidjisme fut dominant dans cette localité, bien que la création d'un parti dissident eût déterminé le départ pour les vallées de l'ouest de certains d'entre eux. Mais ce qui détermina en masse la fuite des abadites, ce fut l'acharnement avec lequel les ennemis, non contents de les exterminer, coupaient les palmiers et comblaient les puits.

Ceux qui restèrent n'eurent point leur religion interdite, puisque depuis ce jour le rite malékite et le rite m'zabite ont chacun leur mosquée et s'en partagent les habitants en parts à peu près égales. Néanmoins, dès le commencement du xiii° siècle, les sectateurs d'Abdallah-ben-Abad, complètement dominés, furent simplement tolérés à cause de leur obscurité et de leur peu d'importance. Ouargla se ferme bien définitivement à cette population qui émigre et s'installe silencieusement dans la Chebka sans esprit de retour. L'élément commerçant berbère n'y reste plus composé que d'orthodoxes, dont l'émigration des Berbères du nord, chassés par l'invasion, augmente constamment le nombre.

Les Arabes, qui progressent de plus en plus dans la Barbarie, épargnent momentanément l'oasis dont la population arrive dès lors au maximum de prospérité. Ibn-Khaldoum, qui la visite au milieu du xiv° siècle, vante son activité commerciale et la cite comme le point de passage obligé sur les routes de la Barbarie au Soudan, comme le grand marché pour l'échange des produits entre les deux pays.

Au commencement du xvi° siècle, Léon l'Africain surenchérit encore sur l'appréciation de l'historien des Berbères.

Pendant tout ce temps, la nouvelle confédération du M'zab traverse une période d'incubation. Au début, toute relation est interrompue entre elle et Ouargla. Elle a suffisamment à faire pour se constituer et se fortifier contre ses ennemis. Il lui faut fonder l'État, élever les villes, creuser les puits, créer ses oasis, construire ses barrages et ces systèmes ingénieux pour la distribution des eaux qu'on voit encore aujourd'hui.

Mais solidement assise dès la fin du xv⁰ siècle et le souci des affaires intérieures s'affaiblissant, les M'zabites reviennent aux opérations commerciales auxquelles ils se livraient à Ouargla. Si leur situation isolée dans un pays inabordable leur crée des difficultés, elle a aussi des avantages qui, joints à la forte constitution par eux adoptée, les met à l'abri des causes de décadence qui vont atteindre la grande oasis au moment où l'invasion arabe y pénètre. La chute de la dynastie des Hafsides en est le premier signal. Peu à peu, elle tombe dans l'anarchie.

Le commencement du xvii⁰ siècle coïncide avec l'avènement de ses sultans pris dans la famille chérifienne du Maroc. Vers la même époque apparaissent les tribus arabes, celles mêmes qui rayonnent aujourd'hui autour d'Ouargla.

A partir de ce moment la population sédentaire, soumise aux mêmes causes de décadence que toutes les agglomérations berbères en contact avec les Arabes, est réduite à une condition secondaire, pillée et rançonnée. Ruinée dans son commerce, la majeure partie disparaît vers l'ouest ou le sud ; ceux qui restent, réduits à la misère, se fondent dans la population noire, vouée à la culture des jardins.

Les Beni-M'zab, préservés de la décadence par leur isolement, sont prêts à recueillir l'héritage laissé vacant et à remplacer l'élément commerçant de Ouargla disparu. Ce que la révolution avait détruit, la force des choses le recréait, le centre d'Ouargla, violemment dédoublé, se reformait à distance en renouant avec le M'zab une alliance rompue depuis trois cents ans.

L'élément cultivateur désigné à Ouargla sous le nom de Rhouara est un mélange de trois races : Berbères blancs du Nord, nègres du Soudan amenés en esclavage et affranchis, Sub-Éthiopiens désignés par l'histoire comme premiers habitants de la contrée. La teinte noire plus ou moins foncée qui leur est commune n'empêche pas de discerner le type primitif. Il est aussi aisé de retrouver dans quelques familles la prédominance berbère que l'on peut, par la simple constatation, chez le Sub-Éthiopien, de tous les caractères de la race caucasique, le différencier à son tour du vrai nègre. Parlant l'arabe et le berbère, plus du tiers est abadite, c'est-à-dire coreligionnaire des Beni-M'zab, les autres suivent le rite de l'iman Malek.

Répartis entre les Ksours d'Ouargla, les Rhouara se livrent à la culture. Leurs jardins, uniquement composés de palmiers dans la partie basse de l'oasis, renferment en outre des légumes, de la luzerne, des figuiers et quelques pieds de vigne, là où le terrain légèrement élevé n'est pas mélangé à des efflorescences salines.

Les oasis d'Ouargla réunies offrent le spectacle d'une véritable forêt de palmiers. On en compte un million environ, dont près d'un dixième appartient aux M'zabites. Les Rhouara, tombés dans un véritable abâtardissement, sont devenus paresseux et misérables, et incapables de tout effort.

Les tribus arabes qui apparurent les premières au

XVIIe siècle, furent d'abord les Chambâa, puis les Beni-Thour, enfin deux portions de la grande tribu des Saïds, les Mokhademas et les Saïd-Otthbas. Ouargla devint ce qu'il est encore aujourd'hui, le centre de leurs pérégrinations. L'élément arabe se mélange fortement à l'élément berbère pendant le long séjour fait dans les environs de l'Aurès, dans le Zab et l'Oued-Rhir, c'est-à-dire dès son arrivée à la fin du XIe siècle jusqu'au moment où il atteignit Ouargla.

Les Chambâa constituent, sans contredit, le véritable élément nomade du Sahara central. Ils parcourent et sillonnent avec leurs tentes et leurs troupeaux le vaste espace compris entre Bir-el-Sof, Ghadamès, Temassin, Insalah et l'Oued-el-Gharbi. Leur monture de choix est le méhari. Capable de marcher plus d'un mois, à raison de cent kilomètres par jour, cet animal ne boit qu'une fois en six ou huit jours et se contente de la nourriture que lui offrent dans toute cette contrée les pâturages naturels. Les chevaux, très rares, sont un véritable objet de luxe; car, quoiqu'ils soient habitués à ne boire que tous les deux jours, ils ne pourraient rendre les mêmes services que les chameaux.

En troupe de cinquante à cent méharis, les Chambâa partent pour piller. Dépassant les limites de leurs domaines, ils visitent tantôt le sud de la Tunisie, enlevant des caravanes jusqu'aux environs de Tripoli; tantôt les parages compris entre Amguid et la shebkha d'Amaghdor, razziant les Touaregs; tantôt le Touat et le Gourara, enlevant les produits amenés du Soudan. S'ils ne viennent pas dans le Nord, c'est que leurs chameaux, très élevés de taille, aux pieds larges et mous, plus appropriés à un sol sablonneux et mouvant, souffrent de la marche sur un terrain pierreux. Habitués en outre aux pâturages de l'Erg, ceux des pays calcaires leur sont funestes par la quantité de plantes vénéneuses que les chameaux n'ont pas appris à éviter. En somme, un séjour plus prolongé au delà de la limite nord, les faisant dépérir rapidement, les Chambâa évitent de les entraîner dans de semblables parages. S'ils apparaissent dans le Tell, ce n'est que très rarement pour prendre part à un seul marché, et encore passent-ils la plus grande partie du temps au soin tout jaloux de surveiller leurs animaux aux pâturages.

Les Chambâa se divisent en trois groupes : les Chambâa Bou-Rouba, les Chambâa Berasga, les Chambâa Mouadhi.

Les Chambâa Bou-Rouba, possesseurs de palmiers à Ouargla, y reviennent tous les ans pendant quelques mois pour récolter les dattes. Leur pays de parcours, situé à l'est, est à peu près limité par l'oued Mya : c'est l'Erg oriental. Ils se sont subdivisés en deux fractions : les Ouled-Smaïl s'écartant peu de l'oasis et les Hober-Rihe parcourant l'Erg.

Les Chambâa Berasga sillonnent la région du nord-ouest jusqu'au parallèle d'El-Golea. Ils emmagasinent à Metlili, petit ksour, situé à trente kilomètres au sud du M'zab, avec une oasis de 50,000 palmiers appartenant aux nomades, à des M'zabites et à la petite tribu sédentaire des Cheurfa.

Les Chambâa Mouadhi parcourent le pays au sud-ouest et emmagasinent à El-Golea, où les palmiers cultivés sont en nombre trop restreint eu égard au développement qu'ils pourraient atteindre, étant donné la richesse du site en eaux d'arrosage.

Là encore, on se heurte à la paresse d'une centaine de Rhouara analogues à ceux que nous avons vus à Ouargla et qui vivent dans la plus abjecte misère.

Bien que divisés en trois groupes, les Chambâa n'en forment pas moins une seule et grande famille dont l'union ne s'est jamais démentie. Dans le courant du xviie siècle, ceux de Metlili et d'El-Golea marchent au secours de leurs parents d'Ouargla, engagés dans des luttes contre les autres tribus arabes, et les aident à rentrer dans le Ksar. Tous s'allient contre les Touaregs dans des guerres interminables et depuis peu de temps apaisées. L'occasion de manifester leur solidarité, supprimée par notre installation de 1854 dans le Sahara, est retrouvée en 1864 et en 1871 pour marcher réunis contre nous. Un dernier fait vient en démontrer la puissance. C'était en 1877, des tribus marocaines ayant enlevé des troupeaux aux Berasga, ces derniers, avec l'appui de leurs frères d'Ouargla et d'El-Golea, formèrent un rezzou de cinq cents méharis, qui conduit par Ahmed-ben-Ahmed des Chambâa Berasga, gagnant les vallées de l'oued en Namoun et de l'oued Zousfana, vint ravager et piller tout ce qui appartenait à leurs ennemis.

En dehors du lien de famillle, les Chambâa se trouvent unis entre eux par un autre bien plus puissant, c'est le lien politico-religieux qui les rattache aux Ouled-Sidi-Cheikh, dont ils sont depuis plus d'un siècle les fidèles serviteurs. La domination exercée par cette dernière tribu sur le pays de 1854 à 1864, a singulièrement contribué à affermir leur entier dévouement. On sait qu'à cette première date, Si-Hamza, chef des Ouled-Sidi-Cheikh, assisté de nos subsides, a conquis pour notre compte Ouargla sur le faux chérif Mohamed-ben-Abdallah, qu'il a exercé dans la suite une autorité presque sans contrôle sur le pays et que son influence, déjà si puissante, s'y est enracinée de telle façon que l'apparition dans le Sahara d'un membre de cette famille, prêchant l'insurrection, risquerait fort d'amener aujourd'hui même un soulèvement général.

Si la récente insurrection du Sud oranais n'a pas eu d'écho dans le Sahara central, ou pour mieux dire si elle n'y a déterminé que des défections insignifiantes, on doit en retrouver la cause dans ce fait qu'elle a été dirigée par les Ouled-Sidi-Cheikh Khoraba, branche d'une famille à peu près inconnue des Chambâa et que le chef des Ouled-Sidi-Cheikh Cheraga, qui a hérité de l'influence de Si-Hamza, ne s'est jamais franchement mis en campagne.

Les Chambâa ne se contentent pas d'avoir pour les Ouled-Sidi-Cheikh une vénération purement spéculative, ils offrent d'abondantes ziarras à leurs représentants dans le pays : les Abid, qui ont à Metlili une zaouia, reçoivent journellement des offrandes transmises à une famille qui nous est hostile.

Les chefs religieux des Ouled-Sidi-Cheikh viennent eux-mêmes assez souvent visiter les Chambâa. Organisés en djichs, avec un effectif variant de trois cents à cinq cents hommes, ils partent des environs d'Igli sur l'oued Zousfana, leur résidence habituelle, passent entre Metlili et El-Goléa, viennent s'abreuver à Sebseb à une journée de marche au sud de Metlili, et de là se rendent à Hassi-el-Adjers, au sud d'Ouargla. C'est par El-Goléa qu'ils passent au retour. Partout, ils reçoivent les hommages et les offrandes de leurs serviteurs, et le pis est que les chefs indigènes investis par nous se portent à leur rencontre. Ces djichs ont un saint respect pour les troupeaux des Chambâa, mais sont impitoyables pour les autres tribus qu'ils mettent en coupe réglée.

A côté des Chambâa se placent les Mokhadema et les Beni-Thour. Cette dernière tribu, réduite presque à rien aujourd'hui, suit les Mokhadema dont elle partage la bonne comme la mauvaise fortune.

Absolument dévoués aux Ouled-Sidi-Cheikh, ainsi que l'indique leur nom *serviteurs*, les Mokhadema sortent de la grande famille des Saïds. Et cependant, depuis 1874, ceux qu'ils estiment ne sont pas pour eux des plus tendres, puisqu'ils ne manquent aucune occasion de les razzier. Avec une constance absolument caractéristique, les opprimés continuent à baiser la main qui les étreint.

Autrefois les Mokhadema accompagnaient pendant l'été les Ouled-Sidi-Cheikh dans leurs pérégrinations estivales au sud de la province d'Oran. De plus en plus appauvris, ils commencent à renoncer aux longs voyages. Peu riches en palmiers et en troupeaux, ils ne s'écartent d'Ouargla que dans la direction de l'ouest et du nord-ouest. Des liens d'amitié assez intimes s'étant établis depuis quelques temps entre les Mokhadema et les Chambâa Bérasga, les premiers s'étendent de plus en plus sur les terrains de parcours des seconds.

Un seul et unique parti est né de la communauté du lien religieux qui rattache aux Ouled-Sidi-Cheïkh les Chambâa, les Mokhadema et les Beni-Thour : on le nomme Gharbi, en opposition au parti Chergui. Ils se partagent tout le sud. Le dernier n'est représenté parmi les nomades d'Ouargla que par la tribu des Saïds-Otthbas.

Entre les deux partis existe un abîme ouvert par les dissentiments et les guerres intestines dont Ouargla a été le théâtre. Il faut remonter, pour l'expliquer, à l'époque de la conquête turque. Les Saïds-Otthbas, jetés dès cette époque dans les bras des vainqueurs et constitués en tribu maghz, en protégeaient le recouvrement des impôts que devait tous les ans payer Ouargla. Entre autres bénéfices, ils obtenaient celui d'être exemptés de leur quote-part. Depuis, ils ont encore été les premiers parmi les nomades à se soumettre à la domination française. Et la fidélité qu'ils nous gardent dès cette époque est moins causée par dévouement pour nous que par haine de leurs ennemis. A l'inverse des autres nomades, les Saïds-Otthbas forment une tribu de cavaliers, et c'est dans la province d'Oran qu'ils vont acheter leurs montures. Pour éviter leurs ennemis Chambâa et Mokhadema, ils ont leur terrain de parcours non aux environs d'Ouargla, mais le long de la vallée de l'oued En N'ça, ensuite entre Laghouat et Tadjerouna, puis enre montant vers Tiaret. Pendant quelques années, les Saïds-Otthbas ne sont pas allés jusqu'au Tell ; ils se sont contentés d'acheter des graines à Bou-Saâda et à Djelfa.

Contrairement à ce qui existe pour les Chambâa, les Saïds-Otthbas et les Mokhadema ont deux races de chameaux présentant beaucoup d'analogie avec la race de chameaux du Nord. Cela tient assurément à la nourriture différente rencontrée sur les terrains de parcours pris en grande partie sur les régions calcaires.

Nous ne devons pas oublier de signaler une association formée en vue de l'exploitation régulière du Sahara. Composée de rebelles de toutes les tribus des Chambâa, Mokhadema, Beni-Thour, joints à des Touaregs-Hoggar et à des Ouled-Sidi-Cheikh, et formés en tribu de soixante-dix à quatre-vingt tentes avec djemmâas et kébars, ils ont pour base d'opération Insalah, où ils vendent leurs butins et s'approvisionnent. Leur nom général est M'dagnat, en souvenir d'une fraction ainsi nommée des Touaregs-Hoggar, qui fit autrefois des razzias terribles sur Ouargla : les Ouled-Sidi-Cheikhs, les Ouled-Lechab, les Ouled-Zid, les Ouled-Bou-Saïd constituent les principales fractions de cette tribu. A l'heure actuelle le Sahara appartient aux M'dagnat : Ouargla seul et une petite zone de terrain à l'entour nous reste. Ils viennent jusqu'à Touggourt et le M'zab, et se sont même avancés jusqu'à Tilremt, à une journée de Laghouat.

Font encore partie des nomades du Sahara les Mokhalif-djorb, parcourant la Chebka. Leur nom veut dire galeux, en raison, sans doute, de leur extrême misère. Viennent ensuite les tribus zaouias du M'zab qui ont le même parcours. Formées d'agglomérations de transfuges d'autres tribus arabes, groupées autour des villes m'zabites, ils déchargent les habitants du travail extérieur qui exige la vie pastorale et concourent à l'élevage des bestiaux et aux transports par caravanes. Ils forment, en outre, comme nous le verrons plus loin, une sorte de garde prétorienne chargée de les protéger. Avec le temps, ils se sont immiscés aux affaires du M'zab et jouent un rôle assez important dans le pays. Beaucoup d'entre eux ont, au reste, adopté la vie sédentaire des M'zabites. Ces tribus zaouïas comprenant les Ouled-Yayia à Berrian, les Médabih à Gardaïa, les Atatcha à Guerara, s'écartent peu des villes qui servent de centre.

Au-dessous de la ligne Timimoum, Hassi-Inifel et Aïn-Taïba, se trouvent les régions parcourues par les Touaregs : les Asgueurs sont à l'est, les Hogghars au centre et les Ouled-Bahamou à l'ouest, du côté d'Insalah. Tandis qu'on voyait autrefois certaines tribus Asgueurs venir camper autour des palmiers d'Ouargla, tandis qu'en 1865, lors de la rébellion des Ouled-Sidi-Cheikhs, Si-Lalla parvenait à entraîner un parti touareg avec les Chambâa jusqu'au djebel Amour, tous descendent de plus en plus vers le sud. Si un parti s'est montré en 1883 à une centaine de kilomètres au sud d'Ouargla, c'était pour razzier. En fait, depuis que ce centre est devenu français, il n'a plus exercé d'attraction sur les Touaregs qui se sont définitivement rejetés sur Ghat, Ghadamès et Insalah.

Les détails historiques et géographiques dans lesquels nous venons d'entrer sont destinés à bien faire connaître les nombreux éléments du Sahara central avec lesquels le M'zabite va se trouver désormais en rapport. Ennemi de tous, sa politique consiste à se garantir des uns en se servant des autres; mettant à profit leur imprévoyance il se les attachera, non par le sentiment, mais par les liens plus durables de l'intérêt et les transformera presque malgré eux, comme nous le verrons plus loin, en ses véritables éléments de prospérité commerciale.

CHAPITRE II

Topographie, Hydrographie, Hydrologie.

§ Ier

La charpente rocheuse de la Barbarie, infléchie à la limite nord du Sahara, et recouverte par le terrain quaternaire dans toute l'étendue de la zone septentrionale, se relève à cent dix ou cent vingt kilomètres au sud de Laghouat. Elle constitue une immense région d'une superficie moyenne de quatre millions d'hectares qui fait partie du groupe des plateaux alimentateurs des dunes de l'Erg. Sa portion nord, étendue de dix-huit cents à deux mille lieues carrées environ et comprise entre 32° et 33°20 de latitude boréale et entre 0°4' et 1°50 de longitude orientale, supporte le pays des Beni-M'zab. Cette contrée, généralement inclinée du nord-ouest au sud-est, possède une altitude variable de trois cents à huit cents mètres. Vers l'ouest, elle se termine brusquement à El-Loua, point de son maximum d'élévation, par un grand escarpement qui règne sur plus de cent kilomètres du nord au sud. A la hauteur de Metlili, cet escarpement, avec les terrasses d'alluvions étagées sur ses flancs, domine d'environ deux cents mètres le bas-fond de l'oued Loua et l'immense plateau d'atterrissement qui s'élève vers l'ouest jusqu'à la base de l'Atlas oranais. A l'est, il plonge sous les alluvions quaternaires de l'oued Rhir.

Découpée par des vallées nombreuses, irrégulièrement enchevêtrées les unes dans les autres, la région a été justement comparée à une mer agitée par une violente tempête et solidifiée tout à coup. Cet aspect particulier, qui, de tout temps, a frappé l'esprit des indigènes, a fait donner à cette contrée le nom caractéristique de chebka (réseau, filet).

Le relief général montre qu'indépendamment des oscillations des couches, il y a eu dans cette formation de terrain des érosions considérables, au-dessus desquelles s'élèvent des dômes, dont les points sont à peu près au même niveau. A ce titre, le paysage présente au loin une série de grands témoins, presque d'égale hauteur, et souvent constitués par des plateaux (hamada) très étendus et sensiblement horizontaux.

Vers le centre de la chebka se trouve une sorte de cirque formé par une ceinture de roches luisantes, ouvert au nord-ouest et au sud-est par deux tranchées qui laissent passer l'oued M'zab. La nature paraît morte, aucune trace de végétation ne repose la vue, seuls les rayons d'un implacable soleil se réflètent sur les rocs blancs-grisâtres et produisent par les ombres portées des dessins fantastiques. Intérieurement le cirque mesure dix-huit kilomètres de long sur deux de large au maximum, et renferme cinq villes entourées de palmiers fort nombreux.

La plus importante, Ghardaïa (lat. bor. 32°28′36″; long. orient. 1°33′54″) n'a pas moins d'un kilomètre carré de superficie et se trouve bâtie en amphithéâtre autour d'un mamelon dont la mosquée occupe le sommet. Elle est défendue par une mauvaise muraille de deux mètres à deux mètres cinquante d'élévation, flanquée de quatre ou cinq tours en ruines et percée de sept portes. Au niveau de celle qui ouvre sur l'ouest, l'altitude est de 519 mètres. Deux monticules forment une sorte de barrage dans la vallée qui présente en amont un large renflement où se trouvent d'assez bonnes terres de culture.

Les jardins de palmiers se développent au milieu des alluvions jusqu'au confluent de l'oued Touzouz.

Un peu à l'ouest de Ghardaïa, à 500 mètres environ en amont de l'oued, sur la rive droite, se trouvent les ruines du ksar Sidi-Saïd, édifié sur le sommet d'un mamelon détaché comme une presqu'île du massif rocheux qui forme le flanc de la vallée. Il est à 610 mètres d'altitude, d'où résulte pour cette dernière un encaissement de 80 mètres environ. Son but était de protéger les débouchés de l'oued et de garder la ligne des hauteurs qui domine du côté du sud et s'étend d'une manière continue jusqu'aux limites de la chebka vers l'ouest. Sa destruction daterait d'un siège fait à une époque indéterminée par un bey turc qui y aurait péri avec sa troupe.

A 10 kilomètres en amont de Ghardaïa se trouve une petite oasis arabe, Daïet-ben-Daoua, de création récente.

En aval de Ghardaïa et un peu au sud de la ville se dresse un mamelon élevé de 530 mètres sur lequel un fort a été construit. Il commande directement ou par un repérage les cinq centres de la vallée de l'oued M'zab. De forme rectangulaire et orienté du nord-ouest au sud-est, il renferme la maison du commandant et les casernes. Tous les services, bureau arabe, subsistances, hôpital, s'y trouvent installés. Une citerne de 70 mètres cubes contient une réserve d'eau. Tout à côté l'on a creusé un puits profond de 42 ^{m} 50, fournissant par heure cent litres d'eau de médiocre qualité.

Au pied du mamelon existe une construction quadrangulaire flanquée à l'ouest d'un prolongement en écuries et basses-cours. Le corps de bâtiment principal, désigné primitivement sous le nom pompeux de « réunion des officiers, » sert d'école aujourd'hui. On peut lire à un des angles de la façade, la curieuse inscription que voici : Route nationale n° 1, d'Alger à Insalah !

A l'est se trouvent quelques petits réduits blanchis à la chaux et coquettement aménagés, que les officiers habitant ces pays désolés ont fait édifier à leurs frais pour se soustraire aux rigueurs des intempéries.

La petite ville de Mélika (lat. bor. 32°28'30"; long.

orient. 1°34′52″), est située sur un mamelon qui domine la rive de l'oued M'zab, à 600 mètres en aval de Ghardaïa. On ne l'atteint qu'en suivant une route en colimaçon. Son altitude prise à la porte nord-est, est de 537 mètres. Entourée d'un mur à moitié détruit, elle conserve une double enceinte dans sa portion sud pour abriter le seul puits que la ville possède.

La commerçante Beni-Isguen (lat. bor. 32°28′12″, long. orient. 1°34′48″), est bâtie à 2 kilomètres sud-est de Mélika sur le flanc nord d'une colline qui longe l'oued. La partie inférieure de la ville est plane ; le reste s'élève en amphithéâtre jusqu'au sommet, formé par un plateau rocheux de 150 mètres carrés en moyenne que couronne la mosquée et son minaret. Cette plate-forme est défendue par une tour faite de terre, de pisé et de bois de palmier, haute de 25 mètres et large de 12, qui faisait partie des anciennes fortifications. D'après la légende, on raconte que, sur l'invocation d'un saint personnage, elle aurait été construite en une seule nuit, grâce au concours d'ouvriers invisibles qui soutinrent ainsi Beni-Isguen au moment où elle allait tomber au pouvoir d'une troupe ennemie.

Les anciens murs de protection, en briques séchées au soleil, ont fait place à de nouvelles murailles crénelées, bâties à chaux et à sable et flanquées de tours nombreuses. Ce travail, d'une construction récente, a été entrepris à 100 mètres environ de la première enceinte, sous la direction d'un M'zabite de la localité, ancien entrepreneur des travaux du génie militaire à Blidah.

Bou-Noura, qui signifie « père de la lumière », sans doute à cause des nombreux borgnes qui s'y rencontrent (lat. bor. 32°28′32″ ; long. orient. 1°35′28″), se trouve à environ 1,800 mètres nord de Beni-Isguen, sur la rive gauche de l'oued.

La ville est bâtie sur un piton isolé, formant presqu'île dans la vallée de l'oued M'zab, auprès du confluent que ce dernier forme avec l'oued Zouïli. Un escarpement vertical, élevé de 6 mètres au-dessus du niveau du lit de la rivière et faisant face au sud-est, supporte de ce côté le mur de défense. Les maisons s'élèvent en amphithéâtre jusqu'au sommet du mamelon que couronne la mosquée. Sur le versant opposé on ne voit que des ruines, résultat des dissensions politiques survenues dans le ksar, il y a déjà plus d'un siècle.

El-Ateuf (lat. bor. 32°28′28″, long. orient. 1°36′56″), est à 6 kilomètres environ en aval de Bou-Noura, sur la rive droite de l'oued, en un point où ce dernier fait coude pour sortir de la chebka. La ville a deux mosquées. Les anciennes murailles, très vieilles et flanquées de quatre tours à peu près ruinées, sont percées de quatre portes. Étagée sur le flanc d'une colline, la cité comprend une partie plane et une autre bâtie en gradins. Elle possède trois puits.

La première ville du M'zab que l'on rencontre en venant du nord est Berrian (lat. bor. 32°51′20″; long. orient. 1°27′32″). Bâtie en amphithéâtre sur un mamelon situé au confluent de l'oued Soudan avec l'oued Ballouh, elle est entourée par un mur d'enceinte en assez bon état, flanqué de quelques tours. Sa mosquée a un minaret d'une élévation remarquable, au bas duquel une inscription grossière indique la date de sa construction et celle de la fondation de la ville (1101 de l'hégire). La place de la Djemmâa, rectangulaire et spacieuse, se trouve au bas de la ville. A la porte sud, l'altitude est de 547 mètres.

Guerara (lat. bor. 32°9′426″; long. orient. 2°10′52″), se trouve à 85 kilomètres est de Ghardaïa, sur l'oued Zéghrir. Bâtie à la limite est de la chebka, ou d'une façon plus précise, sur un témoin de grès rouge saharien, dans une portion de terrain quaternaire qui la borde, c'est la ville la plus éloignée des Beni-M'zab.

« Le ksar qui n'occupait à l'origine que le sommet du Koudiet-el-Agareb, dit M. de Motylinski, et dont l'enceinte primitive est encore visible, s'est étendu du nord au sud sur toute la longueur du mamelon et s'est élargi en descendant vers la Daïa jusque dans la plaine du côté de l'est et de l'ouest. Des rues bien tracées descendent de la mosquée ou du marché vers les différentes portes qui donnent accès dans la ville. D'autres suivent les courbes de niveau et la ligne des trois enceintes qui ont successivement été reportées plus bas à mesure que Guerara s'agrandissait. Les maisons ont presque toutes un étage. Sur les faces les plus larges du ksar, surtout du côté de l'ouest, les constructions s'élèvent en amphithéâtre dans le sens de la plus grande pente du mamelon, et offrent à l'œil le spectacle pittoresque de leurs arcades superposées. Le minaret quadrangulaire de la mosquée, la plus belle des sept villes du M'zab, domine tout le kzar.

« L'enceinte flanquée de plusieurs bastions à créneaux et mâchicoulis est percée de cinq ouvertures. Trois portes principales : Bab-Chergui, la porte de l'est ; Bab-Gharbi, la porte de l'ouest ; Bab-en-Mouadeur, la porte des meules, donnant sur l'oasis ; deux poternes : Kheradjet-Bordj-Ez-Zoukh, ouverte sur l'ouest ; Kheradja-Daharaouïa donnant accès dans le cimetière.

« L'oasis commence à quelques pas des murailles. La forêt de palmiers, d'un seul tenant, s'étale dans la daïa jusqu'à la hauteur d'un éperon de grès rouge appelé Goumgoumt-Cheurfa, surmonté d'une koubba qui domine la vallée. » Les dunes de sable sont abondantes dans ces parages.

A 3 kilomètres de Guerara existent les ruines d'un petit ksar nommé El-Amar. Il est situé sur une colline dominant la ville du côté du sud et serait d'autant plus remarquable que M. Berbrugger prétend y avoir trouvé les vestiges des fondations d'une tour de construction romaine.

Enfin nous devons signaler les ouvrages quadrangulaires à deux et trois étages qui se trouvent au débouché de chaque vallée. C'est là qu'avant la domination française, les M'zabites plaçaient leurs vedettes. Ils devaient signaler l'arrivée des goums ennemis qui tentaient souvent des coups de main sur les marchands m'zabites, en frappant sur un tambour ou au moyen d'un coup de feu. La plupart de ces petits bordjs tombent aujourd'hui en ruines.

§ II

La chebka du M'zab est dépourvue de tout cours d'eau naturel et de toute source d'eau vive. L'eau nécessaire à la subsistance des habitants et à l'arrosage des palmiers est tirée de puits irrégulièrement disséminés et creusés à main d'homme à des profondeurs diverses.

Les rares eaux pluviales, qui tombent en cette contrée, sont dirigées vers quatre vallées principales et utilisées sur la majeure partie de leur parcours à fertiliser le sol au moyen de barrages ingénieusement placés.

Tout à fait au nord se trouve la vallée de l'oued En-N'ça dont la tête est à El-Feyd, à l'est de Nili et qui va se perdre dans El-Heicha, au nord de N'goussa, près d'Ouargla. Dans son trajet elle reçoit les vallées de l'oued Settafa, de l'oued Regam, de l'oued El-Kebch, de l'oued El-Bagel, de l'oued Soudan, de l'oued Ballouh, de l'oued El-Bir, de l'oued Madar, de l'oued Nechou, de l'oued Farch.

Un peu plus bas, la vallée de l'oued M'zab commence au nord-ouest de la chebka et se dirige vers l'est pour se jeter aussi dans le bas-fond d'El-Hicha.

à seize kilomètres nord de N'goussa, à l'ouest de l'oued En-N'ça. Sur elle s'embranchent les vallées de l'oued Touzouz, de l'oued N'tissa, de l'oued Zouïli, de l'oued Noumrat, de l'oued Nimel, de l'oued Lelfat, de l'oued Ourirlou.

La vallée de l'oued Metlili dirigée du nord-ouest au sud-est vers le bas-fond de Ghemsa, limite au sud le pays des Beni-M'zab.

Sur les confins est de la Chebka se trouve la vallée de l'oued Zéghrir qui prend naissance près d'Ogla-Mdaguin, passe à Guerara et va se perdre à quinze ou dix-huit kilomètres sud-est de cette ville dans la dépression de Lakkaz. Les vallées de l'oued El-Euch, de l'oued Mérirès, de l'oued Seneuk, de l'oued Bou-Aïcha viennent y aboutir.

Au point de vue de l'orographie générale, ces vallées descendent des collines de Ras-Chaab (têtes des ravins), qui forment la ceinture nord d'un bassin intérieur du Sahara. Elles convergent vers le bas fond d'El-Heïcha, où se réunissent également les vallées de l'oued Mya et de l'oued Igharghar, descendues des montagnes du Touat et des Hoggars.

El-Heïcha est une dépression, qui s'étend de M'raïr au nord de Tuggurt jusqu'à Ouargla : elle reçoit les eaux de cette partie du Sahara. Dans le projet Roudaire, elle ferait partie de la mer intérieure.

A la limite du terrain des dayas et de la chebka se trouve un plateau appelé Ras-Besbaïer, situé à 788 mètres d'altitude, d'où part la vallée de l'oued Stetfafa. Fortement encaissée à 33 kilomètres nord de Berrian, elle se trouve à 700 mètres d'altitude au point où la nouvelle route de Laghouat l'aborde, alors que la hamada qui le sépare de l'oued Kebch, rencontré un peu plus loin, se trouve à 757 mètres.

Le fond de la vallée de l'oued Settafa a 200 mètres environ de large sur une longueur de plusieurs kilomètres. Un puits de 45 mètres y a été creusé depuis peu de temps. On a l'intention de créer une petite oasis et d'édifier les constructions sur le mamelon qui domine la rive droite, séparé lui-même du plateau principal par un col très déprimé.

La vallée de l'oued Soudan présente quatre barrages échelonnés à distance. Sur son flanc gauche, à 2 kilomètres en amont de Berrian, existe un trou de 25 centimètres de diamètre, percé en pleine roche, auprès duquel il suffit d'approcher l'oreille pour entendre un bruit semblable à celui d'un cours d'eau qui roule sur un lit de galets. L'intensité est la même en toute saison et sous les diverses influences météorologiques. Les alluvions récentes et les gros blocs que l'on rencontre, témoignent de l'abondance des eaux roulées parfois par cet oued.

La vallée de l'oued El-Bir, ramification de celle de l'oued En-N'ça, a une largeur de près de 20 mètres dans laquelle des palmiers ont été plantés. Des puits et des barrages servent à les arroser. Ces derniers, percés à claire-voie, servent surtout pendant les grandes inondations en amenant l'eau des deux côtés de la vallée, mais par un temps de petite crue, ils la laissent passer jusqu'au centre de l'oasis.

La vallée de l'oued M'zab pénètre par le nord-ouest dans le cirque rocheux. A la partie supérieure des jardins de Ghardaïa, elle se réunit à celle de l'oued Touzouz.

Trois barrages ont été échelonnés sur le cours de ce dernier oued. Celui d'amont, fait en pierres sèches, que protègent des enrochements de moellons, part de la rive gauche et se poursuit jusqu'au pied de la berge de la rive droite. Ainsi disposé, il alimente un canal qui, parcourant le flanc droit de la montagne, rend possible l'irrigation de la partie la plus haute de l'oasis.

Le deuxième, construit d'une semblable façon, fait passer les eaux sous une digue transversale en sable de cinq mètres d'élévation destinée à protéger les terrains contre les crues. La conduite souterraine permet l'arrosage d'une partie des jardins situés sur la rive droite de la vallée.

Le troisième, plus solidement établi au moyen de moellons reliés par un mortier de chaux, retient les eaux qui ont passé par-dessus les deux barrages précédents, et les conduit dans un canal qui traverse souterrainement la grande digue transversale, pour venir arroser la partie centrale de l'oasis.

Trois barrages parallèles, en maçonnerie, construits sur l'oued M'zab, en amont, s'attachent à la rive et marchent obliquement à la rencontre de la digue. Le premier sert à l'irrigation de la partie centrale de l'oasis, en déviant une portion des eaux vers le même canal que le barrage d'aval de l'oued Touzouz. Celui du milieu est situé à 30 mètres environ à l'aval du précédent et les eaux comprises entre eux deux sont également dirigées vers le même point que précédemment, en traversant sous terre la grande digue. Le troisième, distant de 150 mètres du second, retient les eaux qui, sans issues, s'infiltrent doucement dans le terrain et contribuent à alimenter les puits. La portion qui, par les grandes inondations, passe par-dessus la crête, se rend dans un large canal tracé le long de la berge de la rive gauche de l'oued M'zab, et fournit quatorze divisions avant de traverser souterrainement la grande digue transversale.

A un demi-kilomètre environ en amont de Ghardaïa, la vallée présente un large encaissement de plus de 100 mètres.

Sous Mélika un fort barrage se trouve construit. Long de 60 mètres et épais de trois, avec six de hauteur, il est destiné à retenir les eaux des fortes crues. Elles refluent sur les alluvions de la rive gauche et alimentent les puits de cette région par pénétration des couches sous-jacentes.

L'oued-M'zab reçoit au pied de Beni-Isguen la vallée de l'oued N'tissa le long de laquelle se trouvent les jardins. Ceux-ci commencent d'une façon plus précise au confluent de l'oued N'tissa et de l'oued Inrit. On trouve un barrage à la tête de l'oasis en travers de chacun de ces oueds. Les eaux, dirigées par un passage laissé à leur centre, dans un chenal encaissé, sont disséminées dans toutes les directions par de petits barrages transversaux, d'où partent des canaux maçonnés.

Le barrage principal situé en avant des deux oueds, a 200 mètres environ de longueur. Sa hauteur est moitié moindre du côté de l'amont : cette différence prouve que les crues ont remblayé la vallée.

De Beni-Isguen, l'oued M'zab gagne Bou-Noura en marchant vers le nord-est. Aux pieds de la ville il reçoit la vallée de l'oued Zouïli, et prend ensuite une direction sud-est.

La vallée de l'oued Zouïli commence à partir d'un plateau que rencontre la nouvelle route de Laghouat à 6 ou 7 kilomètres avant d'arriver à Ghardaïa. En ce point, existe une excavation en forme de tronc de cône de 4 mètres de haut et de un mètre de diamètre, sur le sol de laquelle l'oreille perçoit un bruit analogue à celui déjà signalé en amont de Berrian, sur le flanc gauche de l'oued Soudan : on croirait entendre le bruit d'une eau courante.

En aval de ce point, jusqu'à Bou-Noura, on trouve trois ou quatre petits barrages destinés à retenir et à déverser dans les jardins riverains les eaux pluviales.

Au point où l'oued Zouïli atteint la vallée de l'oued M'zab, cette dernière se trouve encaissée et étranglée. Un petit dépôt quaternaire situé au nord-est de la ville, apprend que le monticule sur lequel elle est édifiée émergeait autrefois sous forme d'îlot.

A fort peu de distance en aval de Bou-Noura se trouve un barrage peu élevé, mais assez large, qui rejette les eaux sur la rive droite. Le plus important situé à près d'un kilomètre en aval de la ville est élevé de 4 à 5 mètres, et long de 150 environ. Épais de près de 1 mètre à la crête, il s'élargit par le bas et s'enfonce de 2 mètres environ au-dessous du lit de l'oued. Il est établi de telle façon que par un pertuis situé sur la rive droite, le trop-plein des eaux qui s'écoule en temps de grandes pluies, peut arriver jusqu'à l'oasis d'El-Ateuf.

L'encaissement de la vallée de l'oued M'zab sous cette dernière ville est de 116 mètres. Un soin particulier a été apporté à la construction des barrages. A 100 mètres en aval de la ville on en trouve un de 200 mètres environ de longueur. Il dévie les eaux dans une oasis située au débouché d'une petite vallée transversale sur la rive droite de l'oued M'zab. Formé d'un simple mur en maçonnerie ordinaire de 2 mètres environ de hauteur, il est flanqué sur les deux parois par un enrochement de moellons. La crête sert de canal pour amener les eaux d'un puits de la rive droite dans un jardin de la rive gauche. A la partie médiane existe un passage large de 2 mètres environ, dont les parois constituent les deux branches verticales d'un vase communiquant et assurent la continuité du canal supérieur. A 20 mètres à l'aval du précédent, il y a un deuxième barrage entièrement semblable, servant de conduite pour les eaux tirées d'un puits de la rive gauche.

A 3 kilomètres en avant d'El-Ateuf, au point où l'oued M'zab se coude pour prendre la direction est-sud-est, un barrage très important a été établi : il a près de 500 mètres de long avec un seuil au centre de

3 mètres de large. Les ruines d'un ksar se remarquent sur la rive gauche de l'oued à peu de distance de ce dernier point.

La vallée de Laoualouan, encaissée de 40 à 45 mètres au milieu de hautes berges atteint l'oued M'zab par sa rive droite. Elle est sillonnée par un chemin que coupent transversalement de petits barrages, destinés à répartir les eaux dans les diverses directions.

Le lit de l'oued Mezadjir au point où il est coupé par la route de Metlili est à 513 mètres d'altitude. La corniche du plateau qui longe la rive droite de la rivière est à 569, ce qui fait pour cette dernière un encaissement de 50 mètres. La vallée large de 40 à 50 mètres se réunit à celle de l'oued Noumrat.

Un bruit analogue à ceux déjà signalés sur les rives de l'oued Zouïli et de l'oued Soudan se perçoit contre une fissure dolomitique verticale, située sur la rive gauche du ravin par lequel la route descend dans la vallée de l'oued Metlili. Les gens de Metlili tendraient à penser qu'il est dû à la présence d'un cours d'eau souterrain.

Les vallées de l'oued Nimel et de l'oued Maboula affluent à droite et à gauche vers l'oued M'zab.

La corniche de l'oued Maboula est à 641 mètres. Le lit de cet oued, à l'endroit où la route le quitte pour remonter sur le plateau, est à 605 mètres. Les vallées de l'oued Nimel et de l'oued Maboula ont au plus 30 à 40 mètres d'encaissement et s'étalent en divergeant.

La vallée de l'oued Metlili, au niveau de l'oasis de

ce nom, présente un encaissement de 76 mètres avec une altitude de 505 mètres. Elle possède deux barrages longitudinaux en maçonnerie et un autre transversal à claire-voie qui donne passage aux eaux dans l'intérieur de l'oasis. La hauteur de chacun d'eux n'excède pas 2 mètres au-dessus du lit de la rivière : ils sont insuffisants pour arrêter les grandes crues.

Sur le flanc gauche de la vallée de l'oued Metlili, à 500 mètres environ en amont du ksar, on entend un bruit souterrain susceptible d'être perçu à une distance de un à trois mètres.

La vallée de l'oued Zéghrir part du Ras-Châab à 150 kilomètres de Guerara. Venue du nord-ouest au sud-est, elle fait un crochet vers le nord-est, direction de l'oasis, pour se détourner de nouveau au sud-est. Durant les crues moyennes, l'eau circule dans le milieu de l'oasis, suivant le thalweg naturel sur lequel s'embranchent les chemins de circulation. Sur ceux-ci aboutissent des canaux dont la section est déterminée par des règlements, proportionnellement à la surface des jardins à arroser. Ce dispositif ingénieux est également mis en usage à Ghardaïa et à Beni-Isguen.

Pour contraindre les eaux des crues à passer par les voies préparées, les habitants de Guerara ont construit un fort barrage sur l'oued Zeghrir. Sa grande longueur, près d'un kilomètre, tient à ce qu'il coupe obliquement la vallée, large à ce niveau de 150 mètres au moins. Quoique solidement établi, il a été rompu à diverses reprises. Les brèches sont d'autant plus vite réparées que le sort de l'oasis est en grande partie lié à sa conservation.

Un deuxième, situé en amont du précédent, a une longueur moitié moindre, et se compose de deux murs parallèles entre lesquels on a tassé du béton.

§ III

L'eau que la nature distribue avec tant de parcimonie au M'zab est cependant absolument nécessaire à l'existence des oasis : elle doit baigner les pieds des palmiers alors que leurs têtes se trouvent exposées aux ardeurs du soleil.

Les oueds remplis par des pluies torrentielles coulent très rarement et pendant un laps de temps fort court. L'oued M'zab, le plus important de la région, reste régulièrement à sec pendant plusieurs années consécutives. L'hiver 1883-1884, quoique relativement pluvieux, ne l'a cependant pas été suffisamment pour lui permettre de rouler ses eaux. Et pourtant il est certain que la saison a été très favorable. Nous avons vu le 4 octobre 1883 l'oasis de Berrian entièrement submergée, grâce à une forte crue de l'oued Soudan.

Inutile de dire qu'en cette contrée pas une goutte de pluie n'est perdue : sans parler des barrages de plus ou moins grandes dimensions, il faut mentionner les pentes abruptes des rochers absolument stériles qui, par actes authentiques, sont constituées comme propriété individuelle de tels ou tels, pour avoir le droit de recueillir et de diriger vers les jardins les eaux qui peuvent y être déversées.

En présence de cette extrême disette, on se prend à rechercher s'il ne serait pas possible d'y porter remède. Grave question dont la solution intéresse au plus haut degré l'avenir de la colonie.

Si nous voulons rester au M'zab avec le désir d'y prospérer et de tirer tout le parti possible de l'intelligente et curieuse population qui s'y trouve, il est d'un intérêt majeur de chercher les moyens d'y créer des puits artésiens. Nos administrateurs militaires réclament à grands cris l'entreprise de pareils travaux et M. Tirman, gouverneur général, dans sa grande sollicitude pour tout ce qui touche à notre France africaine, en a compris, pendant son voyage à la fin de 1883, l'extrême nécessité. « Donnez-nous de l'eau, disent les Beni-M'zab et nous produirons tout ce que vous voudrez. Vous faites des puits à Ouargla, pourquoi n'en construiriez-vous pas ici ? » Et ils font semblant de ne pas comprendre par ces paroles que la configuration géologique du sol en est le principal obstacle.

La région de la chebka n'est pas au vrai sens du mot une protubérance montagneuse, c'est un plateau régulier produit par le relèvement de la charpente crétacée de la Barbarie. Primitivement uni, il a été raviné dans la succession des âges par les divers agents météoriques. L'eau que l'on rencontre en creusant, fournie plus tôt par un simple suintement que par une nappe distincte, se trouve partout à un niveau presque uniforme : le puits sera d'autant plus profond qu'il aura été creusé d'un point plus élevé. Quand on pense qu'un d'entre eux a été foré à Beni-Isguen jusqu'à 108 mètres sans mettre à jour une nappe ascendante, il est difficile de prévoir le point jusqu'où il faudra aller pour obtenir le résultat recherché. Quelques puits artésiens transformeraient la face des choses ; aussi nous désirons bien ardemment que les sérieuses études actuellement entreprises dans cette direction soient au plus tôt couronnées d'un succès complet.

Le voyageur qui vient au M'zab remarque avec étonnement une vraie forêt de colonnettes en maçonnerie surmontant des margelles nombreuses. Bien que beaucoup de puits soient morts, pour employer l'expression consacrée, le dénombrement des restants en service se fait encore par milliers. Ils fournissent l'eau nécessaire aux usages alimentaires, agricoles et industriels. L'appareil d'extraction consiste en une peau de bouc et un boyau terminal inférieur, relevés en vases communiquant par deux cordes accouplées, dont la grosse s'engage sur une poulie établie au-dessus de l'orifice, alors que la petite passe sur un rouleau fixé au niveau du sol. La piste suivie par les manœuvres (nègre, châmeau, âne) qui tirent, descend à partir de la margelle : à l'extrémité de la course, le boyau se détend et laisse déverser le contenu dans un plus ou moins large bassin. Pour recommencer l'opération, on fait redescendre les récipients en marchant vers les puits.

Les eaux ont été examinées par régions durant l'été 1883. Chaque échantillon correspond à un numéro d'ordre inscrit à la peinture sur les montants du puits. Les températures, l'épaisseur de la nappe et la profondeur totale au moment du puisage sont exactement indiquées. S'y trouvent également l'appréciation des indigènes au point de vue de la qualité, le degré hydrotimétrique, le dosage de l'acide carbonique libre, du carbonate ou sulfate de chaux, du sulfate de magnésie et des matières organiques.

Arrivé au terme d'une exposition utile, mais assurément fastidieuse, il reste à dégager quelques conclusions générales.

Les analyses qui précèdent ont pour but de donner une expression juste de la composition des eaux. Facile à prévoir dans ses grands traits, en raison de la nature du sol, elle devait se montrer peu riche en acide carbonique et en composés calciques, très chargée, au contraire, en sels magnésiens.

La dolomie ordinaire ($CaO.CO^2 + MgO.CO^2$), avec léger excès de carbonate de chaux, forme la charpente rocheuse d'une part, alors que de l'autre les eaux se trouvent à des profondeurs diverses mais notables au-dessous du niveau du sol et à des températures relativement élevées. Ces deux facteurs défavorables à l'*aération*, et plus encore à l'absorption du *gaz carbonique*, puisque, d'après les observations de Péligot, une eau le dissout d'autant mieux qu'elle est à un degré thermique plus bas, entraînent la présence d'une *faible proportion de carbonate de chaux*. Cette base, on le sait, ne peut rester dissoute qu'en passant à l'état de bicarbonate sous l'influence d'un excès d'acide.

Le *sulfate calcique* s'y rencontre en plus grande quantité chaque fois qu'un banc de gypse est atteint : seule pierre soluble dans l'eau en quantité un peu notable. La proportion peut encore en être considérablement diminuée par la présence des matières organiques qui décomposent en sulfures les sulfates alcalins et terreux.

Régions	N° d'ordre	Nom du puits	Température de l'air	Température de l'eau	Profondeur de la nappe	Profondeur totale	Degré hydrotimétrique	Acide carbonique libre	Carbonate de chaux	Sulfate de chaux	Sulfate de magnésie	Matières organiques	OBSERVATIONS
			Degrés	Degrés	Mètr.	M. c.	Degrés						
Bordj.		Citerne	31.5	25.0	»	70.0	42	0.0150	0.0824	0.0360	0.3380	0.0400	Eaux transportées de divers puits avec peaux de boucs. Ce réservoir mesure 70 mètres cubes. Il renferme, le 6 juillet, la moitié de son volume d'eau.
Du fort.	1	Kerma	32.0	24.0	1.00	27.5	96	0.0100	0.1230	0.0280	1.0000	0.0240	Ces eaux sont *mauvaises*. Impropres à l'alimentation, à la cuisson des légumes et au savonnage, elles servent exclusivement à l'arrosage des palmiers. Quelques chevaux ont été abreuvés pendant un certain temps au *Botma* : pris de diarrhée dès le début, ils dépérissaient tous. Les matières organiques contenues ... profond (93 mètres), creusé même jusqu'à 118 mètres.
	2	Botma	32.2	22.0	1.3	27.10	112	0.0100	0.0927	0.0140	1.2500	0.0128	
	3	Tlart	32.5	23.0	0.20	34.5	200	0.0100	0.1751	0.2940	2.0000	0.0256	
B	15	Puits des Juifs	25.6	22.5	2.80	31.2	63	0.0100	0.0103	0.3360	0.4500	0.0128	Les eaux de la ville sont *mauvaises* et impropres à la cuisson des légumes et au savonnage. Celles qui se trouvent en dehors, à faible distance des murs direction nord-est,
	16	id	25.6	22.5	»	27.2	54	Traces	0.0206	0.0280	0.6250	0.0440	
	17	id	26.0	23.0		32.0							
asis de sar.	47	Bab-el-Kebira	21.2	23.0	2.00	40.0	114	0.0100	0.0927	0.4340	0.9000	0.0060	puits étudiés, trois fournissent une eau d'un degré hydrotimétrique relativement bas et sont susceptibles
	48	Ras-Zouïli	21.2	23.5	3.00	35.0	31	0.0050	0.4030	0.2660	0.3875	0.0060	

Région	N°	Nom										Observations
De la Pépinière	34	Bel-Aziz	27.8	23.0	4.5	29.0	153	0.0050	0.0309	0.6860	1.9000	0.0200	est quotidiennement transportée des jardins.
	35	Pépinière	31.2	23.0	1.00	23.5	124	0.0100	0.0515	0.2940	1.2000	0.0100	Ces eaux sont toutes *détestables*: elles ne peuvent convenir qu'à l'irrigation des palmiers. Les matières organiques sont notablement diminuées. Il est à remarquer combien la composition des eaux des deux puits *Chaben* varie à une distance de 10 mètres.
	36	id.	31.5	22.0	0.5	32.0	112	0.0050	0.0406	0.5320	0.8875	0.0060	
	37	Hamou-Chaben	31.8	25.5	1.00	36.0	94	Traces	0.0103	0.4200	0.7875	0.0060	
	38	Bahamou Chaben	32.0	22.0	1.20	24.6	170	0.0050	0.0103	0.8960	1.3000	0.0060	
	39	Addoun	32.0	22.0	5.70	31.0	250	0.0050	0.1236	0.4120	2.9375	0.0200	
Oasis de Bou-Noura	40	id.	25.0	22.0	8.50	30.5	260	0.0050	0.0103	0.6160	2.6750	0.0060	Ces puits fournissent une eau *détestable* ou médiocre, suivant qu'ils sont éloignés ou rapprochés du lit de l'oued M'zab. Ils renferment peu de matières organiques, si l'on excepte toutefois celui de la mosquée de Bou-Noura Hanou. Les eaux examinées sont tantôt *bonnes*, tantôt *mauvaises*. Elles se trouvent *meilleures* dans une vallée d'érosion située à l'extrémité ouest de l'oasis. Leur teneur en matières organiques est minime, aussi leur conservation est facile. Parmi les puits étudiés, trois fournissent une eau d'un degré hydrotimétrique relativement bas et sont susceptibles d'être utilisées pour la cuisson et pour le savonnage. Une ébullition préalable et l'adjonction d'un peu de potasse faciliterait le ramollissement par coction des légumes. Le puits *Hamou* ne fait pas, à proprement parler, partie de la région qui nous occupe: c'est le seul puits du Ksar de Mélika.
	41	Dans l'Oued	25.0	22.0	0.10	14.0	54	0.0050	0.0103	0.1680	0.5000	0.0060	
	42	Hassi-Dabdaha	23.5	22.0	7.00	20.0	124	0.0100	0.1751	0.2940	1.0500	0.0060	
	43	Bahamed	22.8	22.0	5.00	23.0	62	Traces	0.0103	0.1820	0.6000	0.0060	
	44	Tasa	23.0	21.0	»	8.0	60	Traces	0.0103	0.3220	0.4500	0.0100	
	45	Djellab	23.0	22.0	2.50	20.0	50	0.0050	0.0412	0.1400	0.4375	0.0060	
	46	Hanou	23.5	23.0	2.00	35.0	86	0.0050	0.0412	0.3080	0.7375	0.0860	
	47	Bab-el-Kebira	21.2	23.0	2.00	40.0	114	0.0100	0.0927	0.4340	0.9000	0.0060	
	48	Ras-Zouïli	21.2	23.5	3.00	25.0	31	0.0050	0.1030	0.2660	0.2875	0.0060	
	49	Aïou	21.4	21.0	2.00	31.0	53	0.0050	0.1030	0.2660	0.2975	0.0060	
	50	Hassi-Zouïli	21.5	22.0	1.00	26.0	76	0.0050	0.0927	0.4480	0.4250	0.0040	
	51	El-Aàrt	20.5	22.0	2.50	28.0	148	0.0050	0.1440	0.4620	1.2500	0.0040	
	52	Hamou	20.5	23.0	1.50	55.0	212	Traces	0.0103	0.8820	1.8500	0.0100	
Oasis d'El-Ateuf	53	Hassi-Tamarit	20.2	23.0	14.5	38.0	147	0.0050	0.1339	0.9100	0.8500	0.0060	Ces eaux sont *mauvaises* ou *très médiocres*, et doivent autant que possible, être rejetées pour la boisson. Elles renferment peu de matière organiques. Leur richesse en sulfate de chaux est assez notable. *Hassi-el-Djaoua* est un puits creusé au milieu de l'oued M'zab, en aval d'El-Ateuf. Il est situé auprès d'un barrage-abreuvoir dont le bord supérieur forme canal pour porter sur la rive gauche les eaux de la rive droite; à la partie médiane existe une ouverture de 2 mètres de haut sur 2 de large environ. Les parois de ce passage constituent les deux branches verticales d'un vase communiquant et assurant la continuité du canal supérieur.
	54	Bouchlargn	20.5	22.0	17.00	34.5	116	Traces	0.0309	0.4900	0.9750	0.0060	
	55	Hadj-Mhamed	21.0	21.0	3.50	22.0	152	0.0100	0.2260	0.4900	1.5000	0.0060	
	56	Hassi-Amadour	21.0	22.0	2.00	24.0	106	0.0050	0.1236	0.4620	0.7500	0.0060	
	57	Hassi-Djaoua	21.0	22.0	2.00	22.5	92	Traces	0.0206	0.4200	0.7500	0.0120	
	58	Djaour-Daïa	21.2	23.0	5.00	28.0	158	0.0050	0.0206	0.8400	1.1875	0.0060	
	59	id.	21.5	23.0	15.00	49.0	90	0.0050	0.0206	0.3920	0.7375	0.0060	
El Ateuf-Ksar	60	Hasi-Tassa	21.5	23.0	6.00	24.0	166	Traces	0.0309	0.7140	1.4000	0.0080	Toutes ces eaux sont incontestablement très mauvaises et impropres à la boisson, à la cuisson des légumes et au savonnage. Le sulfate de chaux s'y trouve assez abondant; les matières organiques y existent en quantités relativement minimes.
	61	Hassi-Ksar	22.0	21.0	7.00	38.0	172	0.0100	0.1339	0.6300	1.4000	0.0060	
	62	id.	22.2	21.5	5.50	36.0	152	0.0100	0.0721	0.6380	1.1875	0.0080	
Nord-ouest de Ghardaïa	63	Hassi-Chaba	25.8	22.5	5.50	33.2	228	Traces	0.0206	0.7000	2.2000	0.0060	Ces eaux sont *détestables*: une exception cependant pour celle que fournit le puits de *Foussa*; elle peut, au besoin, être utilisée pour la boisson des animaux et pour le savonnage. Leur teneur en matières organiques est minime. Elles diffèrent assez nettement par leurs richesses en carbonate et sulfate de chaux.
	64	Nakhmar	25.8	22.5	5.50	33.2	272	0.0206	0.9800	2.5000	0.0040		
	65	Hassi-Chrah	26.0	21.0	1.00	17.5	152	0.0100	0.4223	0.2660	1.1250	0.0080	
	66	Foussa	26.0	22.0	0.5	17.0	78	Traces	0.0103	0.4060	0.6000	0.0200	
Nord-ouest de Beni-Isguen	67	Mammou	22.8	22.0	0.50	17.0	70	0.0050	0.0412	0.2660	0.5750	0.0060	Ces eaux sont ou *médiocres* ou *très mauvaises*. Les deux premières peuvent, à la rigueur, être utilisées pour l'alimentation: les deux autres ne conviennent qu'à l'arrosage. Elles renferment peu de matières organiques. Trois sont proportionnellement comparables, quant à leur teneur, en carbonate et sulfate de chaux.
	68	Kroschba	23.0	20.0	2.00	23.5	81	0.0100	0.1236	0.2240	0.6375	0.0060	
	69	Abderrhaman	23.0	20.5	3.00	40.0	244	0.0050	0.0412	0.5600	2.4875	0.0060	
	70	Hadj-Younès	23.2	23.0	0.20	30.2	136	Traces	0.0206	0.3080	1.4000	0.0060	
		Oued-Settafa	»	»	»	45.0	106	Traces	0.0103	0.2660	1.0750	»	Puits creusé par le 2e bataillon d'Afrique entre Berrian et Tilghemt. Matières organiques notables provenant des procédés défectueux de puisage.

Oued-Ourirlou. — Dans le but d'établir un point d'eau entre Berrian et Ghardaïa, un détachement du 2e bataillon d'infanterie légère fut préposé au forage d'un puits commencé par la main-d'œuvre m'zabite. Creusé jusqu'à 35 mètres sans résultat, il se trouvait abandonné depuis quelques années.

Peu de jours après la reprise des travaux, nos soldats atteignaient une profondeur de 40 mètres. Chaque mineur travaillait trois heures sans être incommodé. A partir de 45 mètres, la couche calcaire, très dure, commença à alterner avec des strates de sable concrétionné : dès lors la lampe s'éteignit : l'anhélation, la précipitation du pouls, le vertige firent restreindre à deux heures et à une heure les séances des travailleurs. Finalement, on dut, jusqu'à nouvel ordre, abandonner le chantier. Cette détermination fut prise après une descente dans le puits, où il devint facile de vérifier sur nous-mêmes l'exactitude des faits avancés. Au reste, l'analyse chimique de deux litres d'air recueillis révéla la présence à peu près exclusive du *Gaz carbonique*

Régions.	N° d'ordre.	Nom du puits.	Température. de l'air.	Température. de l'eau.	Profondeur. de la nappe.	Profondeur. totale.	Degré hydrotimétrique.	Acide carbonique libre.	Carbonate de chaux.	Sulfate de chaux.	Sulfate de magnésie.	Matières organiques.	OBSERVATIONS.
			Degrés	Degrés	Mètr.	M. c.	Degrés						
Bordj.		Citerne	31.5	25.0	»	70.0	42	0.0150	0.0824	0.0560	0.3380	0.0400	Eaux transportées de divers puits avec peaux de boucs. Ce réservoir mesure 70 mètres cubes. Il renferme, le 6 juillet, la moitié de son volume d'eau.
Du fort.	1	Kerma	32.0	24.0	1.00	27.5	96	0.0100	0.1230	0.0280	1.0000	0.0240	Ces eaux sont *mauvaises*. Impropres à l'alimentation, à la cuisson des légumes et au savonnage, elles servent exclusivement à l'arrosage des palmiers. Quelques chevaux ont été abreuvés pendant un certain temps au *Botma* : pris de diarrhée dès le début, ils dépérissaient tous.
	2	Botma	32.2	22.0	1.3	27.10	112	0.0100	0.0927	0.0140	1.2500	0.0128	
	3	Tiart	32.5	23.0	0.20	34.5	200	0.0100	0.1751	0.2940	2.0000	0.0256	
	4	Achacha	34.2	23.0	1.00	34.0	166	0.0100	0.1030	0.1400	1.8000	0.0128	
Du Champ de Tir.	5	Baamar-Entadi	32.0	22.0	3.5	25.0	60	0.0100	0.0103	0.1560	0.5750	0.0100	Ces eaux sont *assez bonnes*; elles peuvent être utilisées pour le savonnage et l'alimentation des animaux. En général, peu propres à la cuisson des légumes et à la conservation, à cause des matières organiques qu'elles renferment ; une exception pour *Hadj-Abess*, dont l'eau est suffisamment bonne. *Champ de tir* sur la rive gauche de l'Oued, au nord du Bordj. La butte se trouve au pied de la montagne qui fait partie du cirque rocheux du M'zab. Altitude moyenne, 524 mètres.
	6	Hadj-Habess	32.3	24.0	0.20	26.0	36	0.0150	0.0824	0.0560	0.2625	0.0080	
	7	Bahmahmed	32.7	22.0	5.80	29.0	76	0.0100	0.0721	0.2380	0.6250	0.0240	
	8	Tzerzaïn	33.0	23.0	7.00	35.0	74	0.0100	0.0309	0.2940	0.6000	0.0240	
	9	Dabdaba	33.2	23.0	3.00	38.5	64	0.0100	0.0515	0.2380	0.5000	0.0240	
Oasis de Ghardaïa.	10	Srira-bel-Renem	33.0	23.0	1.00	25.5	22	0.0100	0.0309	0.0840	0.1375	0.0112	Eaux *très bonnes* et abondantes. Il est à regretter qu'elles contiennent des traces appréciables de matières organiques. Avant de s'approvisionner pour un départ en colonne on devrait nettoyer scrupuleusement tonnelets et guerbas, et surveiller, au point de vue de la propreté, le procédé de puisage.
	11	Derouel	33.2	22.0	2.5	17.5	33	0.0100	0.0515	0.0840	0.2500	0.0160	
	12	Baba ou Nasser	33.5	21.0	0.35	28.5	20	0.0050	0.0103	0.1120	0.1250	0.0440	
Oasis de Beni-Isguen.	13	Zékri-ben-Youb	29.0	24.0	48.00	93.0	116	Traces	0.0309	0.0700	0.3500	0.0100	Ces eaux sont *très mauvaises* et absolument impropres à l'alimentation, à la cuisson et au savonnage. Cette oasis possède le puits le plus profond (93 mètres), creusé même jusqu'à 118 mètres.
	14	Hadj-Sliman	29.2	23.0	0.5	46.0	100	Traces	0.0515	0.2940	0.9250	0.0100	
De Ghardaïa-Ksar.	15	Puits des Juifs	25.6	22.5	2.80	31.2	63	0.0100	0.0103	0.3360	0.4500	0.0128	Les eaux de la ville sont *mauvaises* et impropres à la cuisson des légumes et au savonnage. Celles qui se trouvent en dehors, à faible distance des murs direction nord-est, sont très médiocres. Elles renferment toutes des quantités remarquables de matières organiques provenant des instruments de puisage, de l'insouciance et de l'excessive saleté des gens. On chercherait vainement à la conserver. Le *fil de terre* du télégraphe plonge dans le puits n° 17. Pendant longtemps le n° 19 a fourni de l'eau à l'ambulance de la colonne d'occupation. Altitude moyenne, 526 m.
	16	id	25.6	22.5	»	27.2	54	Traces	0.0206	0.0280	0.6250	0.0440	
	17	id	26.0	23.0	4.80	33.2	80	0.0100	0.0515	0.0700	0.8500	0.0240	
	18	id	26.2	23.0	0.20	36.8	80	0.0050	0.0206	0.2520	0.7375	0.0640	
	19	id	24.5	22.5	0.20	27.8	67	0.0050	0.0206	0.3220	0.5125	0.0220	
	20	Hassi-Souk	24.6	23.0	2.00	27.0	114	Traces	0.0309	0.0280	1.3625	0.0480	
	21	Sga-el-Souk	24.6	23.0	1.25	28.0	142	0.0100	0.0309	0.4900	1.2750	0.3200	
	22	Hassi-Affari	25.0	23.0	»	31.0	138	Traces	0.0721	0.2940	1.3750	0.1250	
Oasis de Mélika.	23	Saâba	32.0	23.0	4.00	29.0	116	0.0050	0.1236	0.2660	1.0500	0.0400	Ces eaux sont de qualités fort variables : ou *très mauvaises*, ou *médiocres* ou *assez bonnes*. En conséquence, certaines doivent exclusivement être employées pour l'arrosage ; d'autres peuvent servir à la boisson en cas de nécessité. L'eau du puits *Saâba* ne convient pas au savonnage. Avant de produire un effet utile, elle exige la décomposition de 11 kg. 600 de savon par mètre cube ; perte de temps, d'argent et nettoyage imparfait. Les meilleures cuisent mal les légumes ; elles sont de conservation assez difficile par leurs matières organiques. Mélika possède beaucoup de palmiers à Metlili et peu dans l'oued M'zab.
	24	Baâzi	32.0	22.5	3.50	28.0	56	Traces	0.0103	0.0140	0.6750	0.0240	
	25	Aïssa-Naktelli	32.5	23.0	3.00	30.0	43	Traces	0.0103	0.0140	0.5125	0.0200	
	26	Bahamou	33.0	23.0	0.50	17.0	82	0.0050	0.1133	0.2660	0.6375	0.0240	
	27	Abderraïn	27.3	23.0	1.50	26.5	86	Traces	0.0103	0.2380	0.8500	0.0240	
	28	Baâzi	27.6	23.0	1.00	23.0	249	0.0050	0.0103	0.3220	2.2425	0.0400	
	29	Aïssa	27.8	23.0	2.00	28.0	219	Traces	0.0103	0.2360	2.2425	0.0800	
	30	Sarrada	28.0	22.0	4.00	25.5	88	Traces	0.0103	0.3780	0.7500	0.0400	
De Beni-guen-Ksar.	31	Hadj-Derouidj	26.6	23.0	2.00	18.0	196	Traces	0.0103	0.0420	2.4000	0.0640	Ces eaux sont *détestables* et ne peuvent servir qu'à l'arrosage : insuffisamment renouvelées, elles se chargent de matières organiques. L'eau nécessaire à l'alimentation
	32	Hadj-Youssef	27.0	23.0	4.5	31.0	214	0.0050	0.0103	0.5040	2.4800	0.0600	
	33	Hadj-Moussa	27.4	23.0	3.5	29.0	153	0.0050	0.0206	0.8680	4.1000	0.0240	

Reste la *magnésie*. Sans avoir la compétence voulue pour rechercher les conditions de sa solubilité, nous savions par expérience qu'elle était la substance particulièrement nuisible et à peu près inévitable de toutes les eaux sahariennes.

Ce que la théorie indiquait, nos analyses, prises au hasard, le confirment de tous points.

Ces résultats généraux mis à part, on se demande comment il se fait que des eaux, dont la composition répond au même type, possèdent cependant entre elles des différences nettement accusées? Pour quelles raisons abondantes et potables ici, marquant un degré hydrotimétrique plus ou moins faible, deviennent-elles rares, mauvaises et même dangereuses à 100, à 150 mètres plus loin? Des géologues, d'une autorité incontestée, ont expliqué par l'absence d'une nappe souterraine la différence de débit entre deux puits creusés dans un même sol et à une égale profondeur.

De ce fait, que les eaux diminuent au M'zab en raison de la rareté des pluies, elles ne constitueraient que le reliquat emmagasiné des inondations antérieures. L'eau arrivant dans les puits par pénétration des couches dolomitiques, sa constitution chimique ne peut-elle pas être influencée par la porosité plus ou moins grande de ces roches, par la lenteur ou la rapidité de la filtration?

Nous éviterons de rien préjuger, bien que notre hypothèse nous paraisse affermie par ce fait que si des eaux rapprochées sont parfois très dissemblables, le cas le plus fréquent est de les voir différer graduellement et par distance dans la même région.

En résumé, voici les résultats généraux auxquels nous sommes parvenus.

La *profondeur totale* des puits à partir du niveau du sol varie entre 8 et 55 mètres. Le puits de 93 mètres de Beni-Isguen avec 48^m,15 d'eau constitue une exception dont nous ne tenons pas compte.

Le *point d'affleurement* moyen se trouve à 25^m,65.

L'*épaisseur de la couche liquide* oscille entre 0 mètre et 17 mètres.

La *température de l'eau* va de 20 à 24 degrés. Elle n'est pas influencée par celle de l'air extérieur. Elle n'augmente pas d'une façon régulière, soit avec la profondeur du puits, soit avec l'épaisseur de la couche liquide, ce qui tend à démontrer que l'alimentation n'est pas faite par des nappes artésiennes ascendantes, mais bien par des eaux d'infiltration latérale.

Généralement *mauvaises* et souvent *très mauvaises*, les eaux se trouvent *bonnes* et même *exquises* dans de bien rares circonstances.

L'*appréciation des indigènes* est toujours trop favorable ; mais en l'absence de toute analyse chimique, elle devient d'un précieux secours.

Décomposant de 2 kilos à 27 kilos 200 de *savon* par mètre cube avant de produire un effet appréciable, l'utilisation des eaux pour le savonnage est subordonné au choix qu'on en fait.

Elles *cuisent mal ou pas du tout les légumes*, non à cause des sels de chaux qu'un peu de potasse et l'ébullition préalable précipiteraient, mais bien par le fait de la présence des sels magnésiens d'une neutralisation difficile.

Les *matières organiques* sont assez abondantes, et les quantités dosées varient entre 0 gr. 0060 et 0 gr. 3200. Elles proviennent du défaut de curage des puits, de la malpropreté des alentours et des procédés d'extraction absolument défectueux. Il était important de les déterminer, non seulement à cause de leur influence pathogénique, mais encore en raison de la puissance de conservation des eaux durant de longues et pénibles marches auxquelles nos colonnes se trouvent tous les jours exposées. Dans ce but, le procédé Monnier, basé sur la décomposition du permanganate de potasse, a constamment été mis en usage.

Le travail qui précède, d'une lecture aride, sera, nous osons l'espérer, un document utile à consulter. Il n'a d'autre prétention que de prendre place dans les archives d'un pays nouvellement acquis à la France, où tout est à étudier, où tout est à faire connaître et mérite d'être connu.

CHAPITRE III

Géologie, Botanique, Zoologie.

§ Ier

Des concrétions calcaires marquent le passage précis de la région quaternaire à la hamada, plateau rocheux bordé à l'est par les dépôts quaternaires de l'oued Mya et Igharghar, à l'ouest par ceux de l'oued Ghuir et qui continue par Metlili et El-Goléa, a été suivie par les membres de la mission Choisy jusqu'au djebel Baten, d'où elle s'avance jusqu'à Insalah selon toute apparence. Le relief intervient si faiblement que l'on est averti de la nature du sol par les seuls îlots dolomitiques blanchâtres, saccharoïdes, aperçus peu à peu au milieu des rocailles. Dès lors, les couches sensiblement horizontales présentent une série d'entailles singulièrement entrecroisées constituant le réseau enchevêtré des vallées qui, comme nous l'avons déjà dit, a fait donner au pays le nom caractéristique de Chebka. Dirigées dans leur ensemble suivant le prolongement des strates, les principales d'entre elles s'appellent l'oued Zeghrir, l'oued En-N'ça, l'oued M'zab, l'oued Metlili. Dues en majeure partie à l'érosion des eaux, ainsi que le démontre la parfaite correspondance des couches d'une berge à l'autre, le creusement paraît avoir été préalablement dessiné par des cassures expliquant les dispositions coudées et en zigzag. Leur profondeur n'atteint pas cent mètres, alors qu'elles peuvent posséder plus de deux kilomètres de large.

Le sol, constitué par des dolomies d'un jaune brun au dehors, blanches au dedans, à structure cristalline et bien stratifiées, présente à sa surface des fragments de grès quartzeux, noirs grisâtres souvent assez multipliés pour former de grandes taches, qui, de loin, fixent le regard. La roche raboteuse, âpre, mordante, est tantôt remarquablement polie, tantôt singulièrement burinée, sculptée, fouillée, transformée par places en une véritable dentelle. Les divers agents météorologiques président à de telles modifications. Il faut signaler l'usure par les sables que les vents transportent ; les dilatations et les contractions résultant d'écarts si brusques de la température qu'ils peuvent atteindre 90, 100° et même davantage ; l'action de certaines pluies très chargées en acide carbonique. A ce dernier point de vue, il n'est pas fait allusion aux eaux pluviales qui, pendant l'hiver, fertilisent les jardins, alimentent les puits et font parfois couler les oueds ; l'attention doit être particulièrement attirée sur ces gouttes d'eau très larges et très rares qui apparaissent au milieu d'un coup de vent ou résultent des ouragans de sable si fréquents dans cette contrée. Leur teneur en gaz est si grande, u'elles produisent, dans un verre rempli d'eau de chaux absolument limpide, des pellicules nacrées de carbonate aussitôt après leur chute, le même phénomène ne se produisant pas dans un autre récipient rempli d'eau ordinaire et mis à titre de contre-épreuve. Ce fait explique tout d'abord l'altération chimique de la roche calcaire que viennent ensuite désagréger les contractions et les dilatations thermiques, enfin les vents érodants polissent et résolvent en sable les points primitivement touchés, points de moindre résistance. De là résultent, d'une part, ces pertes de substance circulaires, profondes de un à deux millimètres et larges de dix à douze, à bords si franchement taillés à pic qu'on les croirait obtenues à l'emporte-pièce ; de l'autre, les sables trouvés un peu irrégulièrement, mais plus spécialement au fond des vallées qui, irrigués et amendés, formeront le véritable terrain de culture des oasis. L'analyse chimique de ces derniers révèle une composition analogue, sinon absolument identique, à celle des roches et établit une différence notable entre les sables exclusivement quartzeux des dunes parfaitement triés en grains polis, et roulés d'un millimètre en moyenne et d'une coloration plus jaunâtre sous une grande masse.

En certains points, et au-dessous d'une couche dolomitique de vingt-cinq à cinquante centimètres d'épaisseur, se rencontre un calcaire brun marron, mélangé de gypse terreux : c'est le *kaddan*, qui, soumis à la cuisson, donne le *timchent*, employé pour faire du mortier. Il est à remarquer que cette roche fournit des amas épars et non un niveau régulier.

Les formations encaissantes des vallées sont composées de dolomies tantôt jaunâtres, avec nids et veines de calcaire rouge servant de gangue à des grains de sable, tantôt plus foncées et criblées de vacuoles remplies ou tapissées par une cristallisation de carbonate de chaux.

Des sables alluviens et éoliens constituent le lit des oueds : au-dessous se montrent, avec des calcaires dolomitiques subcristallins gris blanchâtres, des calcaires marneux et grès subordonnés, de l'argile verdâtre. Telles sont les couches traversées par les puits de l'oasis de Ghardaïa. Ceux de Mélika rencontrent des calcaires et des marnes jaunes souvent ébouleuses. Un poudingue consistant comble en partie la vallée de Chabat-Bahmann-Ben-Kassi où est située l'oasis de Beni-Isguen.

Ce dépôt de trois ou quatre mètres d'épaisseur, surmonte des alternances de marnes, de calcaires et de gypses.

Les alluvions de l'oued Zouïli, sableuses dans le voisinage de l'oued M'zab, sont composées plus haut par une gangue argileuse rougeâtre contenant des débris dolomitiques.

En amont du barrage de Bou-Noura se trouvent deux petits dépôts quaternaires, situés, l'un, dans un affluent de la rive gauche de l'oued M'zab ; l'autre, dans l'oued M'zab lui-même. Ils présentent à leurs bases des grès rouges sableux recouverts par des fragments de calcaires dolomitiques et des sables entraînés par les eaux. A signaler, le même terrain au nord du ksar et à un demi-kilomètre à l'aval sur la rive droite.

Les puits d'El-Ateuf traversent les mêmes couches que ceux précédemment cités ; la dolomie, d'un aspect saccharoïde blanc grisâtre, est ici mélangée à un léger excès de carbonate de chaux. Les empreintes spécifiquement indéterminables des coquilles marines, *Cardium*, *Mediola*, *Pectunculus*, *Cerithium*, *Nactica*, ont été constatées par M. Ville à la partie inférieure de l'escarpement, dans le calcaire jaunâtre que supporte un banc de marnes grises et feuilletées surmontant elles-mêmes une grande épaisseur de dolomies saccharoïdes blanchâtres.

Les alluvions de l'oued El-Bir, épaisses de deux à huit mètres, exigent que les puits creusés dans l'oasis de Berrian soient muraillés sur une hauteur variable jusqu'à la rencontre du moins du terrain dolomitique. Même remarque pour ceux qu'on a forés dans l'oued Soudan, en faisant observer que le diluvium est ici composé de gros blocs roulés calcaires. Ceux-ci sont constitués par de la dolomie avec traces d'argile et de sables quartzeux.

Du sable argileux, de la dolomie et des marnes jaunes verdâtres ont été rencontrés par le puits de l'oued Settafa, creusé tout dernièrement. Entre Berrian et ce dernier point, M. Ville a constaté dans la formation dolomitique des fossiles du genre *Cardium*, *Lutraria*, *Mitylus*, *Bulla*, *Pyramidella*, *Solarium*, *Trochus*, *Turritella*.

La vallée de l'oued Ourirlou présente les étages

successifs déjà mentionnés, c'est-à-dire des alluvions sablonneuses avec des alternances de calcaires dolomitiques et de marnes sous-jacentes. Or, ici, un fait tout particulier a fixé l'attention. Un puits, entrepris par la main d'œuvre m'zabite et creusé jusqu'à trente-cinq mètres, se trouvait depuis fort longtemps délaissé, lorsque, à la prise de possession du pays, on résolut de poursuivre le forage dans le but d'établir un point d'eau entre Gardaïa et Berrian. Jusqu'à quarante-cinq mètres, le calcaire dolomitique caverneux fut rencontré ; mais à partir de ce point, une couche épaisse de marnes jaunâtres mise à jour, donna lieu à un tel dégagement d'acide carbonique que le travail devint très dangereux et pour un assez fort long temps impossible. D'après les renseignements fournis, de pareils phénomènes se produiraient assez souvent, surtout en été et à des profondeurs variables. Avec la cessation des chaleurs disparaîtraient de tels inconvénients.

Guerara n'appartient pas à la Chebka du M'zab. La ville est édifiée sur un témoin de grès rouge saharien et les puits sont creusés en plein terrain quaternaire. Le calcaire très dolomitique qu'on y rencontre daterait de cette dernière formation, puisque M. Ville a rencontré sur un échantillon l'empreinte d'une petite coquille turriculée, le *Bulimus acutus*, très répandu dans les eaux artésiennes de l'oued Rhir.

Malgré la rencontre des fossiles précédemment signalés, on peut dire que ceux-ci sont rares au M'zab et d'une détermination spécifique particulièrement difficile. M. Thomas en a recueilli dans l'étage marneux inférieur, et M. Durand a rencontré l'*Ostrea mermeti* au-dessous des masses dolomitiques supérieures. Les calcaires du plateau ont encore fourni à ce dernier, entre Berrian et Tilrhemt, des fossiles très frustes, parmi lesquels des rudistes et un *Cyphosoma*.

Les étages indiqués par ces témoins se placent entre le gault et la craie blanche des géologues français, et correspondent aux étages turonien et cénomanien de d'Orbigny. La croûte calcaire supérieure constituant le sol du plateau est turonienne, les escarpements formés par les marnes et les calcaires sont cénomaniens.

§ II

A chaque aspect particulier sous lequel s'est présenté jusqu'ici le pays, caillouteux sur les plateaux, sablonneux dans les vallées, amendé dans les jardins, correspond une flore spéciale adaptée à la résistance nécessitée par la rudesse du climat : telle est la flore désertique proprement dite.

Pour faire germer, croître et fructifier les plantes des régions tempérées, il fallait les mettre à l'abri d'une température excessive et d'une radiation extrême : le dattier seul pouvait répondre à ce but en permettant à l'air de circuler, à la lumière et à la chaleur de pénétrer dans les proportions réclamées par la végétation sous-palméenne. Que les palmiers soient décapités, et le sol rentre dans les conditions climatériques des terres voisines, frappées de mort de juin à septembre par l'ardeur solaire. Sous leur abri protecteur, l'indigène peut cultiver une quantité de plantes alimentaires ou industrielles. Chose assez singulière, l'ombre bienfaisante de ce roi de la flore saharienne paraît spécialement nécessaire à l'acclimatation de certains végétaux. Ceux-ci, protégés par d'autres abris, se flétrissent et se dessèchent parfois, alors qu'ils sont prospères, dans les oasis.

La *pépinière* ou *jardin d'essai du M'zab*, dans lequel ces dernières observations ont pu être faites, est plantée de soixante-quinze palmiers et possède sept puits ; des canalisations spéciales répartissent l'eau sur les divers points des 3 hectares 80 ares qui mesurent sa superficie. Sous la puissante activité du commandant Didier, on cultive en ce lieu des plantes qu'il y aurait grand intérêt de rendre prospères. Malheureusement le sol est trop ensoleillé ; au lieu de trouver ici, comme dans les autres jardins de la contrée, deux cents à deux cent-cinquante palmiers par hectare, il n'en reste plus que dix-huit, et pour ce motif on a dû jusqu'à ce jour créer des ombrages artificiels au moyen de claies de roseaux, venus à grands frais des environs de Bou-Saâda. M. le gouverneur de l'Algérie, heureux des résultats constatés lors de son voyage en janvier 1884, a demandé et obtenu pour le commandant supérieur du cercle une distinction d'autant plus appréciable qu'elle est plus rarement susceptible d'être décernée au corps des officiers, et, partant, absolument méritée.

Pendant les six mois passés au M'zab, d'avril en octobre 1883, nous avons dressé la liste des végétaux qu'on peut y rencontrer.

Conifères. — Dans le fond de la vallée croît l'alenda (*ephedra alata*), dont les chameaux affamés mangent les jeunes pousses. Les indigènes en utilisent, au point de vue médical, les propriétés astringentes. Les semis de cyprès (*cupressus sempervirens*, L.), de thuya (*thuya*, L.), de genévrier (*juniperus communis*, L.), ont fourni à la pépinière des résultats médiocres. Le pin de Bordeaux (*pinus maritima*, Lamk.), était plus prospère.

Urticées. — On trouve dans les oueds de la Chebka quelques spécimens de l'ortie grièche (*urtica ureus*, L.).

Cannabinées. — Le chanvre cultivé (*cannabis sativa*, L.), est rare dans les jardins. Les M'zabites n'en fument pas les sommités fleuries.

Morées. — Le mûrier noir (*morus nigra*, L.) s'acclimate. Le figuier commun (*ficus carica*, L.), très abondant, fournit des fruits nombreux, mais peu sapides.

Euphorbiacées. — Le ricin (*ricinus communis*, L.) se développe, sans posséder malheureusement la propriété qu'on a voulu lui attribuer d'éloigner les mouches.

Chénopodées. — L'épinard (*spinacea oleracea*, L.), vient difficilement alors que l'arroche (*atriplex hortensis*, L.) très vivace, y constitue au point de vue culinaire une précieuse ressource. Sur la lisière des jardins et sur les murs d'enceinte de Ghardaïa et d'El-Ateuf, se montrent des échantillons d'ansérine (*chenopodium murale*, L.). Les chameaux et les moutons sont très friands du guetaff (*atriplex halimus*, L.) qui pousse un peu irrégulièrement dans la Chebka. On cultive les trois variétés principales de la bette (*beta vulgaris*, L.). La bette poirée, dont les feuilles émollientes servent à l'alimentation ; la bette carde, aux nervures seules comestibles ; la bette rave, soit jaune, soit rouge, à racine charnue nutritive. Sur les sables grandissent une salsolée ligneuse appelée remetz (*caroxylon articulatum*, Moq. T.) et le dhomran (*tragonum nudatum*, Delile), plante frutescente avidement recherchée par les herbivores. Enfin le guedham (*salsola vermiculata*) est une espèce de gueule-de-loup qui fleurit dans les jardins.

Cistinées. — Les chameaux et les moutons trouvent dans l'oued M'zab le reguig (*helianthemum sessiliforum*, Pers.) et le regâa (*Helian. cahiricum*) dont le fruit est une capsule à déhiscence loculicide.

Frankéniacées. — Aux pieds humides des palmiers pousse le mléfâa (*frankenia pulverulenta*, L.).

Capparidées. — Le kebbar (*capparis spinosa*, L.),

remarquable par ses belles fleurs roses irrégulières, à étamines nombreuses, fructifie dans l'interstice des roches. Il jouit d'un certain crédit comme antidysentérique. L'oum-el-djeladj (*cleome arabica*, L.) se rencontre dans les vallées.

TAMARASCINÉES. — L'athal est une espèce de tamaris (*tamarix articulata*, L.) signalée sur le flanc du gara.

CRUCIFÈRES. — La culture du cresson de fontaine (*nasturtium officinale*, R.) donne des résultats satisfaisants en hiver seulement. Le guelguelam (*matthiola livida*, D. C.) se trouve dans les sables des vallées. Le navet (*brassica napus*, L.) cultivé, acquiert en volume ce qu'il perd en qualité. Le chou (*br. oleracea*, L.), rare, est doué d'une grande amertume. Les semis de graines venues de France ont été prospères. Les spécimens obtenus avaient un meilleur goût. Le chou-rave (*br. rapifera*, L.) vient, en revanche, très bien à la pépinière ; il grossit rapidement, mais son âcreté commande d'en faire un usage parcimonieux. C'est avec beaucoup de peine qu'on a pu obtenir quelques échantillons de chou pommé (*br. capitata*, L.). La roquette (*eruca sativa*, Lamk.) possède une odeur très forte et une saveur très piquante. Les indigènes la cultivent pour l'employer spécialement contre les affections cutanées des chameaux. Des radis (*raphanus sativus*, L.) venus assez facilement, sont remarquables par leur grosseur et leur dureté. Une plante relativement abondante dans le pays est le chebry (*zilla macroptera*, Coss. in *Bull. soc. bot.*). Sur les plateaux fleurit et fructifie la rose de Jéricho (*anastatica hierochuntica*, L.) que les vents peuvent emporter une fois contractée par la sécheresse. Déposée sur un sol humide, ses rameaux s'entrouvrent et abandonnent des graines dans des conditions favorables à la germination.

Renonculacées. — Le cumin noir, produit de la nigelle cultivée (*nigella sativa*, L.), est récolté dans quelques oasis de Ghardaïa.

Ampélidées. — La vigne (*vitis vinifera*, L.), cultivée dans tous les jardins, donne des fruits mûrs dès les premiers jours de juillet. Ces derniers, fortement aqueux, présentent parfois une certaine amertume. Les ceps prennent, au point de vue de la longueur, un développement inaccoutumé. Le défaut d'ombrage a fait échouer les essais d'acclimatation entrepris à la pépinière. La fermentation des raisins a fourni en deux circonstances un vin de médiocre qualité.

Rutées. — Le harmel (*pegonum harmala*, L.) très commun dans l'oued M'zab, offre en mai une jolie fleur à pétales blancs; son odeur est forte et désagréable. Le djell (*ruta bracteosa*, D. C.), qui croît dans les oasis, à l'ombre des palmiers, posséderait la propriété d'éloigner les scorpions.

Zygophyllées. — Une plante fréquemment rencontrée entre Ghardaïa et Berrian est le chegaa (*fagonia fruticans.*)

Méliacées. — Les semis de margousiers (*melia*

azedarach, L.) fournissent de bons résultats à la pépinière.

Malvacées. — Dans les jardins, prospère la mauve (*malva rotundifolia*, L.) à fleurs petites, d'un rose pâle et bleuissant à peine par la dessication. On cultive encore l'*hibiscus esculentus*, L., dont le fruit vert est apprécié, soit à cause de son abondant mucilage, soit cuit et assaisonné comme aliment.

Aurantiacées. — Le cédratier (*citrus medica*, L.), le citronnier (*citr. limonium*, L.), l'oranger (*citr. aurantium*, L.), croissent difficilement et fournissent de mauvais fruits. On les rencontre à titre d'exception dans l'oasis de Beni-Isguen. Il est à remarquer que les mandariniers plantés à la pépinière ont très bien pris.

Portulacées. — Le pourpier (*portulaca oleracea*, L.) est acclimaté dans les jardins. Fortement aqueux, il prend, après assaisonnement et macération, une odeur de concombre tout à fait caractéristique.

Cactées. — Le figuier de Barbarie (*opuntia vulgaris*, Mill.), assez abondant, fournit des fruits appréciés par les indigènes.

Cucurbitacées. — Dépourvu de saveur et d'odeur, le melon (*cucumis melo*, L.) du M'zab est un mauvais fruit. Les rares spécimens obtenus à la pépinière paraissent démontrer, par leur goût supérieur, la nécessité de renouveler les graines. Le concombre (*cucumis sativus*, L.) donne un produit fortement aqueux. Les semis de cornichons ont fourni de médiocres résultats. La coloquinte (*cucumis colocynthis*, L.) pousse dans les oueds, mais elle y est moins abondante que dans certains autres bas-fonds du sud de l'Algérie. Le potiron (*cucurbita maxima*, Duch.), atteint de belles dimensions. Le kabouïa (*cucurbita pepo*, D. C.), estimé par les M'zabites, prospère très bien, de même que la pastèque (*citrullus vulgaris*, Schrad.), sapide et recherchée. La courge-bouteille (*lagenaria vulgaris*. Ser.) est cultivée pour son écorce solide.

Rhamnées. — Dans les oueds de la Chebka, croît le jujubier sauvage (*zizyphus agrestis*, Lamk.). Les semis de *ceanothus americanus*, L., ont parfaitement levé à la pépinière.

Ombellifères. — Le persil (*apium petroselinum*, L.) est rare, quoiqu'il pousse très bien à l'ombre des palmiers. Le fenouil (*fœniculum officinale*, All.) s'acclimate. Cultivé dans les oasis comme épices, le cumin (*cuminum cyminum*, L.) est encore administré contre les douleurs intestinales. La carotte (*daucus carotta*, L.), sans trop perdre de sa qualité acquiert un assez gros volume. Une petite plante odorante, fréquemment rencontrée dans les vallées, est la gouzzah (*deverra scoparia*, Coss.). La coriandre (*coriandrum sativum*, L.), spécifique, dit-on, des affections de poitrine, entre encore dans la préparation de certains mets.

Térébinthacées. — A la pépinière, les graines du

vernis du Japon (*rhus vernix*, L.) et du lentisque (*pistacia lentiscus*, L.) ont donné de bons résultats. Le béloum ou pistachier térébinthe (*pis. terebenthinus*, L.) a peu de représentants : un aux pieds du bordj, un autre sur la route de Bou-Noura à El-Ateuf, sont particulièrement à signaler. Les semis réussissent et rendent de précieux services.

Légumineuses. — La luzerne (*medicago sativa*, L.) pousse moins bien qu'à Ouargla, par défaut d'ombrage et de suffisante irrigation. Les graines de sophora (*sophora heptaphilla* et *soph. tinctoria*, L.) ont levé bien péniblement. En revanche, celles de l'acacia vulgaire (*robinia pseudo-acacia*, L.) produisent de beaux sujets. Le pois ordinaire (*pisum sativum*, L.) donne abondamment, s'il se trouve à l'abri et à l'humidité : il n'est pas très bon et résiste peu au siroco. Même remarque pour le haricot (*phaseolus vulgaris*, L.). Le pois chiche (*cicer arietinum*, L.) est exceptionnellement cultivé. La fève des marais (*faba vulgaris*, L.) abonde. Les diverses variétés d'acacia (*floribunda, calamistrata, lophanta, ornithophora*) s'acclimatent. L'*astragalus gombo*, Coss. est commun dans l'oued M'zab. Le retem (*retama retam*, L.), antérieurement très abondant, a été coupé dans un rayon de vingt-cinq à trente kilomètres pour servir à la cuisson de la chaux que nécessitait la construction du fort. Seul bois de chauffage utilisable, il était payé aux Arabes quatre francs le quintal vert.

Rosacées. — Les diverses boutures de rosiers (*rosa*

centifolia ; R., *damascena* R., *moschata*, Gesn.) n'ont pas pris. Le pêcher (*amygdalus persica*, L.) réussit mal. Il est rare dans les oasis, et ses fruits sont de qualité médiocre. Dans quelques jardins de Ghardaïa mûrissent des pêches à peau verte. Le prunier cultivé (*prunus domestica*, L.) n'a pas prospéré. Il en est autrement de l'abricotier (*pr. armeniaca*, L.), des poiriers (*pirus*, L.) et des pommiers (*malus*, D. C.). L'abricot est abondant, mais assez fade. Une fois sec, il entre dans la préparation de certains aliments. On mange des pommes à la fin du mois de juin : elles sont d'un goût peu agréable, aussi est-il nécessaire de les utiliser sous forme de compote. Le coignassier ordinaire (*pyrus cydonia*, L.) est cultivé dans l'oasis de Beni-Isguen. Le grenadier (*punica grenatum*, L.) donne de beaux et excellents fruits.

MYRTACÉES. — Les eucalyptus (*eucalyptus robusta, globulus, resinifera*, Sm.) ont été brûlés par le soleil. La variété *redgum* fournit un assez beau spécimen.

LYTHARIÉES. — La panacée des Arabes, le henné (*lawsonia inermis*, L.) se rencontre dans les jardins. Les caravanes en importent beaucoup.

PLOMBAGINÉES. — On trouve dans l'oued M'zab de petites plantes herbacées (*statice Bonduelli*, Lestib.) à cinq pétales cohérents par la base et à style distinct, ainsi que le zeïta (*limoniastrum guyonianum*, D. R.)

SALVADORACÉES. — L'ézal (*calligonum cosmosum*, l'Hérit.) est brouté par les chameaux durant leurs courses dans la Chebka.

Borraginées. — L'héliotrope d'Europe (*heliotropum europæum*, L.) se rencontre parfois dans le bas des vallées.

Asclépiadées. — Les herbivores mangent l'hallab (*periploca angustifolia*, Labill.) assez fréquemment trouvé sur le flanc des gara.

Apocynées. — Le laurier-rose (*nerium oleander*, L.) est prospère dans les affluents de l'oued Metlili.

Gentianées. — La petite centaurée (*erythræa centaurium*, Pers.) croît le long des ravins.

Solanées. — Il n'a pas été encore possible de faire lever des graines d'el bethina (*hyoscyamus Faleslez.*) Cette plante se rencontre beaucoup plus au sud. A son nom s'attache un grand intérêt historique, puisqu'elle a servi à empoisonner des dattes qui devaient, le 9 mars 1881, faire des victimes parmi les débris de la mission Flatters. Les kanouns du M'zab proscrivent le tabac (*nicotiana tabacum*, L.); à ce titre, il est extrêmement rare dans les oasis. Les essais les plus constants ont laissé, jusqu'à ces derniers temps, infructueuse la culture de la pomme de terre (*solanum tuberosum*, L.). Dès qu'un tubercule, atteignait la grosseur d'une noisette, il se mettait à germer aussitôt et formait de nouveaux rejetons. En ce pays, la pomme de terre doit être ensemencée au mois de juillet : abritée et convenablement irriguée, elle produit en automne des fruits. L'aubergine (*solanum melongena*, L.) se développe, mais elle est d'une amertume prononcée. Il a été obtenu des sujets meilleurs à la pépinière. Même remarque pour la tomate (*lycopersicon esculentum*, Dun.) qui vient très bien. Le felfel ou piment rouge (*capsicum annuum*, L.) est abondant. C'est le condiment de la plupart des mets.

OLÉINÉES. — Le frêne ordinaire (*fraxinus excelsior*, L.) et le philyrée (*philyrea latifolia*, L.), ont été obtenus par semis.

EBÉNACÉES. — Le plaqueminier d'Orient (*diospyros lotus*, L.) provient également de graines.

LABIÉES. — Les indigènes cultivent la menthe poivrée (*mentha piperita*, L.). La lavande (*lavandula multifida*, L.) et le thym (*thymus vulgaris*, L.), situés dans les bas-fonds, fournissent aux chameaux une nourriture appréciée. La sauge (*salvia ægyptiaca*, L.), qu'on trouve dans les oueds, est employée en infusions théiformes comme excitant digestif. Inutile de parler des feuilles mises dans les fosses nasales pour y maintenir une certaine fraîcheur.

SYNANTHÉRÉES. — Les herbivores sont friands de l'adhidh (*zollikoferia resedifolia*, Coss.) pendant leurs pérégrinations dans la Chebka. La laitue officinale (*lactuca sativa*, L.) pousse très bien ainsi que la laitue romaine (*lac. romana*, L.) à la condition expresse d'être parfaitement abritées. La culture de l'artichaut (*cynara scolymus*, L.) fournit d'assez bons résultats à la pépinière. Le cardon (*cyn. cardunculus*, L.) et le chih (*artemisia odoratissima*, L.) sont abondants sur les plateaux. Sur ce dernier, un insecte dépose des cocons appelés *kaa* dont les Arabes se servent en guise d'amadou. Il existe dans la région deux autres variétés de chih, l'*artemisia herba alba*, Asso., dont les sommités fleuries sont prises en poudre comme digestives et antihelmintiques chez les enfants et l'*artemisia campestris*, L., espèce plus grande que la précédente, servant aux mêmes usages.

Cypéracées. — Le souchet rond (*cyperus rotundus*, L.) croît dans les mares d'irrigation des dattiers.

Graminées. — Le *setaria verticillata*, P. B., que les M'zabites appellent oulefa, germe le long des seguia. On rencontre le diss (*imperata cylindrica*, P. B.) dans certains parages. Sur les plateaux fleurit le lemaad (*andropogon laniger*, Desf.) d'une odeur aromatique très prononcée. Le drinn (*artheratherum pungens*, P. B.) trouvée dans la Chebka, sert à divers usages ; sa graine, appelée *loüt*, réduite en farine est utilisée dans le Sahara pour faire de mauvaises galettes, son prix marchand est trois fois inférieur en moyenne à celui de l'orge. Les herbivores recherchent le neçi (*arther. plumosum*, Nees), plante fourragère croissant en petites touffes. L'*arther. obtusum*, Nees, et l'*agrostis verticillata*, Vill. poussent, le premier sur les gara, et le second le long des vallées. Dans les petites mares situées au pied des dattiers, croît l'ennedjem (*cynodon dactylon*, Rich.) : il paraît posséder des propriétés diurétiques. Le zera el bou-aoud (*hordeum murinum*, L.) vient dans l'oued M'zab. L'orge commune (*hord. vulgare*, L.) et le blé (*triticum durum*, Desf.) sont cultivés, mais dans des limites fort restreintes à cause des irrigations nécessaires. Le bechna (*penicillaria spicata*, Wild.) assez abondant, est une céréale affectionnée des nègres. Le sorgho (*sorghum vulgare*, Pers.), peu fréquent dans les oasis, vient bien à la pépinière. Le millet blanc et le millet noir *panicum miliaceum*, L.) sont prospères.

Palmiers. — Le palmier dattier (*phœnix dactylifera*, L.) est assurément le roi de la végétation saharienne. Il serait trop long d'insister sur les services directs ou indirects qu'il rend aux habitants des régions désertiques. La datte, aliment sucré et d'une conservation facile, constitue une immense ressource pour les populations nomades. Les chameaux trouvent dans le noyau un aliment essentiellement réparateur. La palme, composée du pétiole et du limbe, sert tantôt comme latte dans les constructions, les clayonnages, tantôt comme matière textile et se transforme en nattes, paniers, cordes. La bourre, provenant des feuilles radicales ou du tronc, est employée au rembourrage des bâts, à la confection de certains tissus. La sève, récoltée au printemps après ablation de tous les rameaux supérieurs nourrit, pendant de long mois des familles entières : à l'état frais, c'est une boisson fade, quoique sucrée; fermentée, elle fournit un liquide dont le goût rappelle celui de la jeune bière. On peut obtenir par distillation un alcool de qualité inférieure. Enfin la tige du dattier lui-même, débitée comme les bois de tous les autres arbres, est le seul utilisable.

Les dattes de qualités justement renommées présentent plus de cinquante variétés connues : les *deglat amameur*, les *tamzouert* mûrissent en août ; les *rharse*, les *thouadjet* sont bonnes en septembre ; les *deglet nour*, les *tim djohert*, les *tizaout*, les *karboucha*, les *ben arouss*, doivent être cueillies en octobre.

Liliacées. — L'oignon (*allium cepa*, L.), l'échalotte (*al. ascalonicum*, L.) et l'asperge (*asparagus officinalis*, L.) sont cultivés à la pépinière. L'ail (*allium sativum*, L.) croît dans les jardins.

Polypodiées. — Le capillaire de Montpellier (*adiantum capillus veneris*, L.) se rencontre sur les racines de quelques dattiers et sur les pierres qui bordent les rigoles d'irrigation.

Champignons comestibles. — Les essais de culture n'ont pas réussi, par suite d'une température trop élevée. De nouvelles tentatives devaient avoir lieu pendant l'hiver.

Arthrosporées. — Au M'zab se rencontrent un grand nombre de végétaux parasites de l'homme, à signaler : le tricophyte tonsurant (*tricophyton tonsurans*, Malmsten) dans les cas d'*herpès* ; le microspore furfur (*micr. furfur*, Ch. Robin), dans le *pityriasis versicolor* ; l'achorion de Schœnlein (*achorion Schœnleinii*, Remak), dans les nombreux *favus* des enfants ; l'oïdium blanchâtre (*oïdium albicans*, Ch. Robin), dans quelques atteintes du *muguet*.

La Chebka du M'zab doit son aspect désolé à la configuration du sol, à la sécheresse de l'air, aux températures extrêmes, à l'absence de relèvements montagneux et de cours d'eau permanents, à la grande rareté des pluies. Ces dernières, qu'aucun courant atmosphérique ne règle, proviennent de tempêtes déterminées par des perturbations dans les contre-courants aériens supérieurs. Torrentielles, elles s'écoulent rapidement sur un terrain peu perméable et produisent des érosions, dont les plus profondes, devenues oueds, restent souvent à sec plusieurs années.

Malgré l'aridité toute particulière de la contrée, le règne végétal y conserve encore d'assez nombreux représentants. Maigres, durs, à surfaces foliaires réduites sur les hauteurs, ils se transforment dans les vallées et s'allient même à des spécimens des zones plus tempérées. Il n'est pas enfin jusqu'aux plantes du bassin méditerranéen qui ne viennent et ne prospèrent dans les oasis, au grand avantage des indigènes et des colonisateurs.

Un soin tout particulier a été porté pendant nos six mois de séjour au M'zab à l'établissement de l'inventaire des divers végétaux. Nous avons signalé ceux qui croissent naturellement, ceux que les Mzabites cultivent depuis longtemps dans leurs jardins, ceux enfin qu'il y aurait intérêt d'acclimater et les résultats produits par les tentatives faites jusqu'à ce jour. Loin de nous, cependant, la pensée de n'avoir rien omis: On voudra bien nous pardonner les lacunes qui pourraient exister.

§ III

Comme le règne végétal, le règne animal a peu de représentants dans les solitudes sahariennes. Un des caractères particuliers de ces régions, celui qui surprend le plus le voyageur, c'est l'absence à peu près complète d'oiseaux. On peut errer pendant des semaines entières sans en rencontrer un seul, et le nomade croit que ceux aperçus par le plus grand des hasards sur sa route, lui sont envoyés par le Prophète pour le consoler, relever son énergie et redoubler son courage.

N'oublions pas que nous avons surtout pour but de faire ici le relevé des animaux existant au M'zab dans les villes, dans les jardins et à quelque distance de ces derniers.

CHEIROPTÈRES. — La chauve-souris est commune. Elle habite de préférence le tronc des palmiers, ce qui est prévu comme pouvant constituer un vice rédhibitoire de vente.

CARNIVORES. — L'hyène (*hyena vulgaris*) vient rôder parfois autour des ksours. Le chacal (*canis aureus* Pall.) vit surtout dans la Chebka. Le fennec, espèce de renard minuscule à museau allongé et à très longues oreilles, se cache dans les régions sablonneuses. Le renard (*canis variegatus*, Rupp.) se tient dans les bas-fonds. Le guêpard habite surtout le sud du M'zab et les régions avoisinant l'Erg. Les Arabes l'emploient parfois pour la chasse au lièvre et à la gazelle. Bel animal, à pelage rappelant celui du tigre, et dont le commandant Didier possédait trois remarquables spécimens à peu près entièrement domestiqués. Signalons dans les jardins le chat sauvage (*felis catus*, L.), et dans les villes le chat domestique (*felis catus domesticus*, L.). Le chien (*canis familiaris* L.) est fort rare au M'zab. Les tribus qui parcourent la contrée ont quelques beaux slouguis.

Rongeurs. — La gerboise (*dipus jaculus*), petit animal recherchant les sables, où elle creuse son terrier. Les représentants de la famille des muridés sont assez nombreux : on trouve le rat noir (*mus rattus*); une autre espèce plus petite habitant les sables, avec un corps trapu, des pieds robustes et une queue courte, se rapprochant des rats-taupes; quelques rats rayés (*mus barbarus*); une autre espèce, particulière, grosse, désignée sous le nom de goundi; enfin la souris commune (*mus musculus*), qui infestait déjà le bordj à moitié construit. Les porcs-épics ne sont pas rares dans les vallées. On peut chasser le lièvre (*lepus timidus*, L.) dans ces mêmes parages, mais il est très petit. Le lapin (*lepus domesticus*) n'existe pas plus au M'zab que dans le sud de l'Algérie. Nous en avions importé pour notre basse-cour, mais ils eurent énormément à souffrir de la chaleur et n'eurent pas de produits.

SOLIPÈDES. — Le cheval (*equus*) est une rareté. Il doit apprendre à devenir très sobre. Les nôtres n'avaient la plupart du temps que de l'orge pour nourriture ; parfois s'ajoutait de la paille. Ils ne boivent qu'une fois par jour, et en certains points, chez les Chambâa notamment, on ne les abreuve en été qu'une fois tous les deux jours. Ce sont généralement des chevaux petits, maigres et d'une très grande résistance, au pied sûr. L'âne (*asinus*) est l'animal qui, après le chameau, rend le plus de services ; il en existe de plusieurs variétés. Les plus beaux viennent de chez les Touaregs, et sont remarquables par leur taille élevée et leur sobriété excessive. Ils ont le pelage gris cendré sous le ventre avec une croix très marquée d'un beau noir sur les épaules.

RUMINANTS. — Le chameau (*camelus dromedarius*, L.) que l'on a, à juste titre, surnommé le vaisseau du désert, est indispensable à la vie des nomades. Son existence se trouve intimement liée à celle des Sahariens. Monture de guerre, instrument de transport, il est encore le pourvoyeur de ses principaux besoins. A l'époque des pâturages, son lait est presque l'unique aliment de la famille ; sa viande est le *nec plus ultra* de l'hospitalité offerte à l'hôte de distinction ; son cuir, l'un des meilleurs qui existe, sert à la confection des selles, des bâts, des chaussures, et d'une foule d'ustensiles de ménage ; son poil se file en cordes d'arrimage. Sa fiente, qui peut servir d'engrais, est utilisée surtout comme combustible, pour la cuisson des aliments. Enfin, les empreintes de ses pieds fournissent au voyageur des indications précieuses, soit qu'elles annoncent le voisinage pacifique d'un troupeau en pacage, soit qu'elles signalent le passage d'individus isolés ou en groupe, chargés ou non, amis ou ennemis. Toutes ces remarques, nous avons eu l'occasion de les voir faire par un de nos guides, une nuit où nous étions égarés. Mettant pied à terre et s'éclairant d'une allumette que nous lui passions, il reconnaissait à la largeur du pied, à la longueur des ongles, à la nature des déjections, les dispositions de ceux qui avaient suivi ou traversé la même route.

On distingue le chameau de selle et le chameau de bât. Le premier, plus particulièrement désigné sous le nom de mehari, est l'analogue de notre cheval de course, tandis que le second répond à notre cheval de trait. Ce dernier constitue la base des troupeaux, l'élément des transports par caravanes. Le mehari est une véritable monture de luxe, dont les riches font seuls usage. Quelques chameaux ordinaires sont parfois exercés à la marche accélérée.

Les chameaux du sud, comparés à ceux du nord, ont les formes plus délicates, le poil ras, la robe d'un ton clair et rappelant la couleur des sables ou des plaines jaunâtres au milieu desquelles ils vivent. Plus sobres, ils endurent mieux la faim et la soif. En tous cas, sept jours paraissent être la plus grande limite d'abstinence qu'ils puissent supporter en été lorsqu'ils sont en marche et chargés. En hiver, au moment où les herbes sont aqueuses, ils peuvent rester au pâturage sans eau un mois et même plus.

En raison de la stérilité du sol, le nombre de chameaux entretenus par les M'zabites ne dépasse guère le chiffre de cinq cents.

Le chameau de bât va jusqu'à complet épuisement. On peut le voir alors tomber comme foudroyé. Le plus souvent, quand sa fatigue est extrême, il refuse de se lever, même sans son fardeau, et succombe résigné, sans pousser une plainte. Il vit de seize à dix-huit ans, et meurt le plus souvent d'inanition, comme le cheval et le mulet, lorsque l'usure des dents ne lui permet plus la mastication des aliments. Il commence à porter à trois ans. Tous sont châtrés, à l'exception des plus beaux, conservés pour la reproduction. Un étalon suffit à environ cinquante chamelles. La durée de la gestation est d'une année. Il faut éviter la fatigue à cette époque, l'avortement pouvant en être facilement la conséquence.

Le bon état d'un animal se juge surtout d'après l'examen de la bosse : pleine et proéminente, elle indique de la vigueur et de l'énergie, tandis que, diminuée et oscillante, elle dénote une grande faiblesse.

Le bœuf (*bos taurus*, L.) est très rare et de petite espèce ; sa viande est dure et peu sapide.

La chèvre (*capra hircus*, L.) est réunie en assez nombreux troupeaux. Chaque ville du M'zab les confie à un pasteur particulier, et nous verrons plus loin à quelles conditions celui-ci s'en charge et les bénéfices qu'il en retire. La chèvre donne du lait, du poil et de la viande très appréciés, le premier et le dernier comme aliments, le second comme matière textile. C'est en poils de chèvre que sont tissées les tentes des nomades et les sacs qui leur servent à faire les transports.

Le mouton (*ovis aries*, L.), plus délicat que la chèvre, est aussi plus rare. On le fait pâturer dans les vallées de la Chebka. Buvant peu, sa chair est moins appréciée.

L'antilope mohor et l'antilope onyx rarement rencontrés dans la Chebka, fréquentent plus habituellement les dunes de l'Est.

Les gazelles sont assez abondantes au nord et à l'est du M'zab. Nous les avons rencontrées en bandes très nombreuses aux environs de Tilrhemt. Leur viande est tendre et savoureuse.

Le mouflon à manchettes (*ovis tragelaphus*) vit sur les plateaux en petites troupes.

RAPACES. — Parmi ceux-ci il convient de signaler l'aigle à tête blanche planant fort rarement au-dessus des jardins, le faucon, la chouette et surtout le corbeau.

PIGEONS. — Le ramier et la tourterelle sont assez fréquents au milieu des oasis. Le pigeon commun y prospère assez bien, aussi se promettait-on de donner beaucoup d'extension à son élevage. En novembre 1883, M. Massontié, chef du bureau à Ghardaïa, a rappporté de France deux ou trois couples de pigeons voyageurs, sur le sort desquels nous ne sommes pas fixés.

Gallinacées. — La volière du bureau arabe possédait des coqs, des poules, des dindons, des canards. Il s'agissait de connaître la résistance que ces divers animaux présenteraient au climat. Comme on l'avait fait au jardin d'essai pour les plantes qu'on désirait faire prospérer, on avait pris ici toutes précautions. Les résultats furent peu satisfaisants pour les canards et les dindons qui eurent beaucoup à souffrir de la chaleur. Ces derniers s'allongeaient à terre, la crête bleuâtre et restaient pendant un assez long temps dans cet état avant de succomber : c'étaient les signes de l'asphyxie par la chaleur. On trouve aux environs des jardins quelques cailles et de rares perdrix.

Passereaux. — La fin de juillet et le commencement d'août sont signalés par le passage de nombreux guêpiers au superbe plumage. A signaler encore les alouettes, les pinsons vivant dans les ksour, l'hirondelle, la huppe, le merle cul-blanc, le moineau des arbres, le cardinal à tête blanche et une variété de pie-grièche.

Échassiers. — L'autruche (*struthio camelus*) n'existe plus que dans le souvenir. Les chasses du général Margueritte ont surtout contribué à la faire disparaître. Les dépouilles que nous apportaient les caravanes arrivaient du Soudan par Insalah.

Reptiles. — A cette classe appartient le grand

scinque (*lacerta scincus*) vulgairement désigné sous le nom d'ourane ; le gecko des murailles, le lézard jaune, la vipère cornue (*cerastes ægyptiacus*). Cet animal est très répandu dans le Sahara. Commun dans les bas-fonds et les vallées, rare dans les lieux élevés, il cherche les points où le sol est blanc. Engourdi en hiver et restant sous les sables, il se tient volontiers dans son trou en été pendant que le soleil ne darde pas ses rayons. Très craintif, il fuit au moindre bruit, circonstance fort heureuse en raison de la gravité de sa morsure. Un homme a été sur le point de succomber aux accidents généraux déterminés par la blessure venimeuse de cet animal. En tous cas la phalange du doigt mordu, atteinte de sphacèle, a dû être ultérieurement enlevée.

A signaler encore le zorreïg, ou vipère minute, possédant la faculté de se dresser et de se lancer à très faible distance sur son ennemi. Ce reptile rare a été rencontré au sud de la Chebka.

Il existe deux ou trois variétés de couleuvre, dont l'une affectionne les régions sableuses, les cimetières et même les tombeaux.

Batraciens. — Des crapauds de petite taille en sont à peu près les seuls représentants.

Insectes. — Comme en toutes régions cette classe est la plus riche.

Coléoptères. — D'autant moins nombreux et moins variés qu'on s'avance dans le Sahara, ils n'offrent guère à l'entomologiste que les genres suivants :

cicindèles, graphiptères, carabes, scarites, buprestes, ateuchus, bouziers, blaps.

Névroptères. — Libellules de petite taille que la lumière attire.

Hyménoptères. — Les fourmis abondent. Leurs dimensions varient de deux à trois millimètres jusqu'à deux centimètres.

Lépidoptères. — Il est rare de voir des papillons. Le spécimen que nous avons rencontré dans l'oasis de Ghardaïa, blanc jaunâtre, de moyenne taille, était de la famille des piérides.

Diptères. — Un fait digne de remarque, c'est que les puces (*pulex irritans*, L.) sont inconnues au M'zab. Et l'on sait combien elles sont fréquentes en Algérie. Ce que nous avançons est connu de tous ceux qui ont séjourné dans le pays. Nos chevaux étaient parfois tourmentés par l'hippobosque (*hippobosca equina*. L.), tandis que les chameaux ont souvent beaucoup à souffrir d'une variété de taon atteignant parfois près de trois centimètres de long et possesseur d'un appareil de succion formé de six scies triangulaires très tranchantes. Ces diptères couvrant de piqûres les corps des chameaux, ces derniers entrent en fureur et beaucoup meurent dans le courant de l'été ; la plupart résistent jusqu'aux premiers froids de l'hiver.

Au dire des nomades, l'animal atteint est condamné sans rémission, ce que fait prévoir, du reste, l'apparition sur la peau de nombreuses taches noirâtres.

Les mouches abondent dans les ksour, mais surtout pendant les mois jouissant d'un certain état hygrométrique. En novembre, décembre, janvier, février, mars, avril et mai elles sont un vrai fléau pour ceux qui ne sont pas habitués à un tel voisinage. Nous gardons pour notre part le souvenir vivace de tout ce qu'elles nous ont fait souffrir. Elles disparaissent avec les grandes chaleurs. A la fin de juillet on n'en trouve déjà plus.

Le cousin commun (*culex pipiens*, L.) est représenté par une petite espèce dont la piqûre est assez douloureuse.

ORTHOPTÈRES. — On peut trouver dans les maisons quelques grillons. Les sauterelles occasionnent parfois dans les oasis des dégâts, moindres toutefois que ceux observés dans le Tell. Le Saharien, dit-on, mange les sauterelles qu'il garde, soit confites dans l'huile, soit desséchées ou réduites en poudre.

HÉMIPTÈRES. — Comme la puce, la punaise des lits (*achantia lectularia*, Fabr.) est absolument inconnue au M'zab.

APTÈRES. — Les diverses variétés de pou peuvent se trouver chez les habitants de la Chebka. Signalons-en un énorme qui, se logeant sous les poils, aux jambes, aux pieds, et quelquefois dans les narines des chameaux, peut amener dans ce dernier cas l'asphyxie si on ne prend soin d'en débarrasser l'animal.

MYRIAPODES. — La scolopendre se glisse partout. Nous en avions au bordj.

ARACHNIDES. — Le scorpion, très commun au M'zab, aime les bas-fonds chauds et humides. Il en existe deux variétés : le noir et le jaune. Les piqûres du scorpion noir sont dangereuses et nous avons vu une petite fille de six à sept ans succomber aux accidents généraux qui en étaient la conséquence. Cet animal est à craindre dans les maisons des oasis, où il trouve un refuge dans les interstices des briques crues des murailles. L'obscurité du reste favorise ses attaques. Sur les plateaux de la Chebka, tout particulièrement, vit une araignée venimeuse du genre galeodes, peu redoutable par sa piqûre. Il en est tout autrement de la tarentule qui s'insinue partout. Nous en avons tué une près de notre lit.

ACARIDES. — La gale est une affection dont les M'zabites ne sont pas exempts. C'est dire que le sarcopte de la gale (*sarcoptes scabiei*, Latr.) a prise sur eux. Le chameau est aussi souvent atteint de gale et l'animal qui l'occasionne se rapproche du genre psorotes.

ANNÉLIDES. — Nous avons trouvé dans un bassin des jardins Ghardaïa une *hœmopis* chevaline. Il est à présumer que cette sangsue est d'importation étrangère. Les chevaux de la colonne d'occupation en ayant beaucoup à leur arrivée ont pu en laissser quelques-unes là où ils venaient boire.

Parmi les nématoïdes nous signalerons l'ascaride lombricoïde (*ascaris lombricoïdes*, L), et l'oxyure (*oxyuris vermicularis* Bremser) assez fréquents. Le *ténia inerme* est le représentant des cestoïdes.

Les mollusques donnent le *zonites candidissimus* (Moq-Tand), assez abondant à Ghardaïa; l'*hélix agrioïca* (Bourguignat) dans les endroits arides, aux pieds des arbrisseaux, sous les touffes d'herbes; l'*hélix terveri* (Bourguignat) et l'*helix cricetorum* (Muller) rencontrés plus particulièrement dans le sud de la Chebka. En ces régions on trouve une variété zonulée dont le dernier tour est légèrement subcaréné. Se trouvent encore aux alentours des ksour le *bulimus decollatus* (Bruguière) et le *limnœa truncatula* (Lamarck) dans les fossés d'irrigation pratiqués pour l'arrosement des palmiers.

Comme nous l'avons dit pour la flore, nous n'avons pas la prétention d'avoir donné la liste de tous les animaux qui se rencontrent ou qui peuvent se rencontrer dans la Chebka.

Notre énumération comprend seulement ceux que nous avons pu voir nous-mêmes et ceux dont la présence nous a été assurée par des personnes dignes de foi.

Cet inventaire n'est qu'une simple ébauche de ce qui reste à faire.

CHAPITRE IV

Météorologie

Située entre la Méditerranée et le Sahara, l'Algérie éprouve l'influence alternative d'un bassin d'évaporation et d'un foyer de chaleur. Sa configuration topographique déterminée à grands traits par les régions désertique, montagneuse et maritime, révèle des conditions climatériques correspondantes, et sous ce rapport, les nombreux éléments recueillis, depuis la conquête, suffisent à en exprimer les caractères essentiels. L'extension du réseau de stations météorologiques dans l'extrême sud restait désormais désirable. Les essais d'organisation déjà tentés étaient demeurés presque sans résultats, car à défaut d'Européens, on avait dû recourir à des indigènes dépourvus de l'esprit de suite et du degré d'instruction nécessaire. Il ne fallut rien moins que l'annexion du M'zab, en novembre 1882, avec occupation consécutive d'Ouargla, pour que les médecins militaires de ces deux postes prissent encore une fois le rôle d'observateurs : depuis cette époque, ils adressent un bulletin mensuel au service météorologique du gouvernement général.

C'est au bordj qu'était installé notre observatoire. Est-il nécessaire d'insister sur son agencement et sa disposition ? Convient-il de dire qu'avec son abri en bois à double paroi, élevé de $2^m,50$ environ au-dessus d'un sol sablonneux et incliné de 30° vers le sud, qu'avec ses volets mobiles et son orientation générale il satisfaisait pleinement aux instructions données par le bureau météorologique central pour obtenir des résultats comparables ?

Au centre de l'abri, étaient disposées deux traverses horizontales dirigées de l'est à l'ouest entre lesquelles suspendaient atmismomètre et thermomètres : les secs et le mouillé (*psychromètre*) au milieu, de part et d'autre, le thermomètre à minimum et le thermomètre à maximum presque horizontaux, le réservoir en bas, fixés par des fils à un cadre en laiton. Au-dessous, un papier ozonoscopique de Schönbein protégé des radiations solaires et des rares gouttelettes de pluie par une assiette creuse renversée. Un pluviomètre placé à peu de distance, en un point bien découvert, et une girouette, complétaient le matériel.

Nous ne disposions que d'un baromètre anéroïde de dimension moyenne réglé sur un Fortin, peu de temps auparavant. Il était installé à une altitude approchée de 530 mètres.

Durant les six mois de notre séjour, d'avril à octobre 1883, les observations ont été faites trois fois par jour. A sept heures du matin et du soir, étaient relevées la pression, la température, la tension de la vapeur, l'humidité relative, l'évaporation, l'ozone, la quantité de pluie, l'état du ciel, la direction et la force du vent. A une heure de l'après-midi, on ne notait que les indications fournies par le baromètre, le psychromètre, la nébulosité et l'anémologie.

Nous enregistrions en outre les phénomènes divers qui pouvaient intéresser la climatologie.

La situation toute particulière du M'zab, rendait très intéressante l'étude de la météorologie. On n'avait à notre époque d'autres documents sérieux que ceux publiés par Duveyrier dans son beau livre, *Les Touaregs du Nord* et se rapportant à son passage à Ghardaïa en août 1859.

Voir ci-après le tableau résumé de nos observations.

Avant d'entreprendre l'étude détaillée de chacun des éléments qui entrent dans la constitution du climat du M'zab, il pourra être intéressant de suivre la marche des principaux d'entre eux à des instants très rapprochés de la même journée. On trouvera ci-contre les constatations faites de quinze en quinze, ou de trente en trente minutes, le 22 août 1883, en rééditions de celles faites par Duveyrier, jour par jour, vingt-quatre ans auparavant.

Autant que certains M'zabi ont pu nous l'affirmer, le célèbre explorateur était installé à la porte de Ghardaïa, tandis que nous nous trouvions au bordj à une altitude supérieure ; un orage avait duré une partie de la nuit du 21 au 22 août 1859 alors qu'aucun phénomène saillant n'était venu frapper notre attention.

HEURES	BAROMÈTRE ANÉROÏDE à 0°	THERMOMÈTRE SEC	THERMOMÈTRE MOUILLÉ	TENSION DE LA VAPEUR	HUMIDITÉ RELATIVE	TEMPÉRATURE du sable au soleil sous une épaisseur de 5 centimètres	ÉTAT DU CIEL ET VENTS
7 heures	708,56	25°2	14°0	5,1	21,0	23°4	Ciel pur. Vent léger N.-O.
7 h. 15	709,18						do
7 — 30	709,18	26°8	14°6	5,0	19,0	23°9	do
7 — 45	709,18						do
8 heures	709,18	29°6	16°0	5,2	17,0	25°0	do
8 h. 15	709,18						do
8 — 30	709,26	30°2	16°0	4,9	15,0	26°6	do
8 — 45	709,36						do
9 heures	709,36	31°C	17°0	5,9	17,0	28°7	do
9 h. 15	709,36						do
9 — 30	709,36	31°5	17°2	5,9	17,0	30°7	Vent léger N.-N.-O.
9 — 45	709,36						do
10 heures	709,34	32°6	17°8	6,1	16,0	32°8	Vent très léger N.-N.-O.
10 h. 15	709,34						do
10 — 30	709,34	32°7	18°0	6,4	17,0	34°8	Vent très léger tournant à l'est.
10 — 45	709,34						do
11 heures	709,34	32°8	17°8	6,0	16,0	36°3	Vent très léger. E.
11 h. 15	709,34						do
11 — 30	709,34	33°4	17°8	5,6	14,0	38°6	do
11 — 45	709,14						do
12 heures	709,12	34°5	18°0	5,3	12,0	39°6	do
12 h. 15	709,00						do
12 — 30	709,00	34°0	17°6	4,9	12,0	40°6	do
12 — 45	708,90						do
1 heure	708,88	34°8	18°0	5,1	12,0	41°6	do
1 h. 15	708,78						do

HEURES	BAROMÈTRE ANÉROÏDE à 0°	THERMOMÈTRE SEC	THERMOMÈTRE MOUILLÉ	TENSION DE LA VAPEUR	HUMIDITÉ RELATIVE	TEMPÉRATURE du sable au soleil sous une épaisseur de 5 centimètres	ÉTAT DU CIEL ET VENTS
1 h. 30	708,68	35°0	18°0	4,9	11°0	42°7	Vent très léger. E.
1 — 45	708,58						do
2 heures	708,48	35°0	18°0	4,9	11°0	43°4	do
2 h. 15	708,38						do
2 — 30	708,38	36°0	18°0	4,6	10°0	44°0	Cirrhus au N.-N.-O., N. et N.-N.-E. très tenus. Même vent. De légers tourbillons de sable apparaissent dans la vallée.
2 — 45	708,28						do
3 heures	708,28	35°0	18°0	4,9	11°0	44°5	Cirrhus deviennent très apparents
3 h. 15	708,18						Cirrhus augmentent en nombre.
3 — 30	708,07	34°8	18°0	5,1	12°0	44°7	Vent très léger. N.-N.-E.
3 — 45	708,06						Quelques cirrhus disparaissent.
4 heures	708,06	34°6	18°2	5,5	13°0	44°6	do
4 h. 15	708,06						Les nuages ont en partie disparu.
4 — 30	708,05	34°2	17°8	5,1	12°0	44°2	do
4 — 45	707,95						
5 heures	707,93	34°0	17°5	4,6	11°0	43°6	Un cirrhus fort léger avance vers le zénith.
5 h. 15	707,93						do
5 — 30	707,93	33°5	17°2	4,7	12°0	42°7	Le vent d'E. tourne vers le S.
5 — 45	707,93						do
6 heures	707,93	33°0	17°4	5,3	14°0	41°4	Trois petits cirrhus à l'ouest.
6 h. 15	707,93						
6 — 30	707,93	31°5	16°5	4,7	13°0	40°1	Vent très faible S.-E.
6 — 45	707,93						do

PRESSION ATMOSPHÉRIQUE. — La moyenne générale est de 707^{mm},67.

La moyenne la plus basse de 702^{mm},23 doit être opposée à la plus élevée de 712^{mm},98.

Le minimum absolu de 699^{mm},41 obtenu le 14 avril à une heure du soir et le maximum absolu de 716^{mm},50 relevé, le 17 juillet, à un semblable moment de la journée, donnent un écart de 17^{mm},09.

Le baromètre a moyennement indiqué 705^{mm},36 en avril, 707^{mm},46 en mai, 706^{mm},36 en juin, 707^{mm},13 en juillet, 708^{mm},84 en août et 710^{mm},88 en septembre; ce qui dénote une pression à peu près régulièrement croissante. L'écart mensuel moyen a été de 5^{mm},52 avec 10^{mm},78 en avril, 13^{mm},78 en mai, 6^{mm},71 en juin, 8^{mm},86 en juillet, 5^{mm},06 en août, 8^{mm},09 en septembre.

Les courbes des moyennes maxima et minima sont assez régulières puisqu'elles ne présentent pas plus d'un millimètre pour la première, et de quatre millimètres pour la seconde.

La différence entre le maximum et le minimum de pression absolue a été de 11^{mm},76 en avril, de 13^{mm},17 en mai, de 8^{mm},40 en juin, de 14^{mm},61 en juillet, de 6^{mm},71 en août, de 9^{mm},75 en septembre.

Pressions moyennes aux diverses heures de la journée

	AVRIL	MAI	JUIN
7 heures matin	705^{mm},59	707^{mm},84	706^{mm},81
1 heure soir	705^{mm},13	707^{mm},07	705^{mm},97
7 heures soir	705^{mm},41	707^{mm},49	705^{mm},90

	JUILLET	AOUT	SEPTEMBRE
7 heures matin	707^{mm},53	708^{mm},79	709^{mm},02
1 heure soir	707^{mm},28	708^{mm},26	708^{mm},52
7 heures soir.....	706^{mm},66	707^{mm},88	708^{mm},56

La moyenne générale des pressions est de 707^{mm},53 7 heures du matin, de 707^{mm},04 à 1 heure de l'après-midi, de 706^{mm},93 à 7 heures du soir.

L'oscillation diurne moyenne s'est trouvée de 1^{mm},46 en avril, de 0^{mm},77 en mai, de 0^{mm},91 en juin, de 0^{mm},87 en juillet, de 0^{mm},91 en août, de 0^{mm},76 en septembre; et cette différence s'est généralement traduite en faveur de la pression vespérale.

En somme, les mouvements barométriques sont peu étendus à Ghardaïa pendant l'été, c'est à l'époque des fortes chaleurs qu'ils se trouvent encore le plus considérablement amoindris.

La pression la plus basse a été obtenue par le vent du sud-ouest, la plus haute par celui du sud-est. Assez peu influencée par les variations dans l'intensité, elle paraît être en raison inverse de l'état hygrométrique.

Température. — La moyenne générale des six mois a atteint 30°,02 avec 17°,93 pour moyenne des minima, et 37°,06 pour celle des maxima.

Le thermomètre *minimum* a fourni des écarts de 9° en avril, de 8°,6 en mai, de 13° en juin, de 11° en juillet, de 10° en août, de 6°,4 en septembre. Il a indiqué comme minimum et maximum absolus 4° le 5 mars et 31°,5 le 7 juillet.

Le thermomètre *maximum* révélait des écarts de

28°,6 en avril, de 15,5 en mai, de 13°,3 en juin, de 12°,7 en juillet, de 14°,4 en août, de 11°,5 en septembre avec minimum et maximum absolus de 15° le 9 avril et de 49°,7 et 49°,9 les 27 et 29 juillet.

Les moyennes mensuelles se, répartissent comme suit :

Avril, 19°,50 ; mai, 26°,10 ; juin, 33°,86 ; juillet, 36°,90 ; août, 34°,10 ; septembre, 29°,69.

Si l'on établit la différence entre la moyenne des mois successifs on trouve qu'elle est de 6°,60 d'avril à mai, de 7°,76 de mai à juin, de 3°,04 de juin à juillet, de 2°,80 de juillet à août, de 4°,41 d'août à septembre. Ces données, dont la moyenne est 4°,92 démontrent bien que la température croît et décroît en éprouvant des écarts considérables.

Oscillations diurnes moyennes

	AVRIL	MAI	JUIN
7 heures matin	15°,2	21°,5	28°,16
1 heure soir	26°,1	32°,3	34°,57
7 heures soir	17°,2	24°,7	28°,20
	JUILLET	AOUT	SEPTEMBRE
7 heures matin	31°,9	30°,7	21°,7
1 heure soir	39°,7	39°,3	31°,9
7 heures soir	37°,9	34°,4	30°,2

Les mois les plus chauds sont ceux de juin, juillet et août, de même qu'il y a eu de mai à juin une ascension assez prononcée de la température, il existe en septembre une chute assez brusque.

Juillet est de beaucoup le mois le plus brûlant. La chaleur est très élevée durant les vingt premiers jours et fléchit relativement peu la nuit. Dans nos chambres absolument inhabitables persistaient 36 à 38 degrés de chaleur. De fin mai à octobre, il faut coucher à la belle étoile.

Les vents du sud-sud-est et surtout sud-sud-ouest élevaient encore la température. C'est par un siroco embrasé que le thermomètre marquait 44 degrés le 22 juillet à dix heures du soir !

On a pu voir, à l'article hydrologie, que le degré thermique d'eaux puisées, entre quatre et sept heures du matin, dans des puits d'une profondeur moyenne de 25 mètres, variait de 20 à 24 degrés. Ne se trouvant pas influencé par celui de l'air extérieur, il n'augmentait pas d'une façon régulière, soit avec la profondeur, soit avec l'épaisseur de la couche liquide.

La température au soleil n'a pu être déterminée. Tout ce qu'il est possible de dire, c'est qu'elle est incontestablement supérieure à 70 degrés, puisqu'un thermomètre gradué jusqu'à ce point et oublié sur le sol, en juin, éclatait peu d'instants après.

Il eut été très intéressant de rechercher la quantité de calories absorbées journellement par un mètre cube de maçonnerie du bordj, mais les moyens d'action nous ont fait complètement défaut. D'une expérience pratiquée de quart d'heure en quart d'heure, le 22 août 1883, sous une couche de sable épaisse de cinq centimètres, il résulte qu'un échauffement régulièrement croissant se produit de 7 heures du matin à

4 h. 30 du soir, tandis que l'air ambiant atteignait le même jour son maximum thermique de 36 degrés à 2 h. 30. A 6 h. 30, la température du sable à la profondeur indiquée était de 40°,1, c'est-à-dire supérieure de près de 10 degrés à celle de l'air 31°,5. Elle avait été de 44°,7 à 3 h. 30.

Tension de la vapeur. — Elle est de $4^{mm},3$ en avril, de $10^{mm},4$ en mai, de $14^{mm},4$ en juin, de $5^{mm},1$ en juillet, de $5^{mm},6$ en août, de 6^{mm} en septembre, avec une moyenne générale de $7^{mm},7$.

La tension minimum moyenne absolue a été de $0^{mm},6$. Le 22 juin, le 24 juillet et le 11 septembre, elle n'était pas appréciable.

La tension maximum moyenne absolue de $19^{mm},2$ donnait $11^{mm},1$ le 2 avril à sept heures du soir, $26^{mm},7$ le 31 mai à semblable moment, $30^{mm},7$ le 4 juin à sept heures du soir, $9^{mm},8$ le 23 juillet à sept heures du matin.

Oscillations diurnes moyennes

	AVRIL	MAI	JUIN
7 heures matin	4°,3	6°,4	5°,8
1 heure soir	3°,9	15°,3	20°,2
7 heures soir	4°,8	9°,3	17°,2

	JUILLET	AOUT	SEPTEMBRE
7 heures matin	6°,1	7°,3	8°,2
1 heure soir	4°,6	4°,9	5°,3
7 heures soir	4°,20	4°,3	4°,8

En avril la tension est à son minimum au milieu de

la journée, l'inverse se produit en mai et en juin. En tous cas la tension vespérale est supérieure à la tension matinale. En juillet, août et septembre, les phénomènes sont absolument reuversés. La tension du matin conserve l'avantage sur celle de midi et du soir.

Humidité relative. — La moyenne générale 24,4 exprimée en centièmes est de 28,1 pour avril, de 37,5 pour mai, de 32,2 pour juin, de 11,9 pour juillet, de 14,4 pour août, de 22,5 pour septembre.

La moyenne du minimum absolu a été de 2,3 : avec 0,0 le 5 avril à une heure du soir ; 11,0 le 19 mai à sept heures du matin ; 0,0 le 22 juin à une heure de l'après-midi ; 0,0 le 17 juillet à sept heures du matin ; 3,0 le 7 août à une heure du soir ; 0,0 le 11 septembre à sept heures du matin.

La moyenne du maximum absolu soit 69,0, donnait 75,0 le 3 avril à sept heures du soir ; 79,0, le 30 mai à une heure de l'après-midi ; 86,0 le 17 juin à un pareil moment ; 45,0 le 1er juillet à sept heures du matin ; 59,0 le 29 août et 70,0 le 2 septembre à semblable heure.

Oscillations diurnes moyennes

	AVRIL	MAI	JUIN
7 heures matin	34°,8	33°,8	21°,5
1 heure soir	15°,3	40°,0	40°,5
7 heures soir	34°,1	38°,5	43°,0

	JUILLET	AOUT	SEPTEMBRE
7 heures matin	19°,8	26°,0	31°,2
1 heure soir	8°,0	10°,0	16°,0
7 heures soir	8°,0	12°,0	18°,2

La courbe de l'humidité relative présente d'assez grandes analogies avec celle de la tension de vapeur.

Comme cette dernière, elle est à son maximum le matin pendant les mois de juillet, août et septembre, mais on observe un état hygrométrique croissant du matin au soir en juin, avec un maximum au milieu de la journée en mai, et un minimum correspondant en avril comme il a encore été noté du reste, pour la tension de vapeur.

ÉVAPORATION. — Les résultats fournis deux fois par jour par l'atmismomètre indiquent qu'en six mois 14,539 millimètres [d'eau sont passés à l'état de vapeur.

L'évaporation mensuelle moyenne est basée sur un total de 1,499 en avril, de 2,194 en mai, de 2,300 en juin, de 3,162 en juillet, de 2,838 en août, de 2,646 en septembre.

Oscillations diurnes moyennes

	AVRIL	MAI	JUIN
7 heures matin	751	1175	1167
7 heures soir	748	1019	1228

	JUILLET	AOUT	SEPTEMBRE
7 heures matin	1578	1524	1420
7 heures soir	1597	1314	1226

L'évaporation paraît varier assez peu du matin au soir. Elle présente cependant un léger maximum le matin en avril et en mai (3 et 56 millimètres); en août et en septembre (210 et 194 millimètres) ; en juin et juillet l'inverse se produit (61 et 22 millimètres).

Le maximum des vingt-quatre heures a été de 72 le 7 avril, de 110 le 6 mai, de 125 le 30 juin, de 161 le 12 juillet, de 130 le 10 août, de 114 le 17 septembre.

Le minimum dans le même laps de temps présentait 30 le 25 avril, 35 le 18 mai, 105 le 29 juin, 41 le 20 juillet, 54 le 5 août, 69 le 6 septembre.

L'évaporation était en rapport avec la température, l'état hygrométrique et le vent.

État du ciel. — Il est généralement d'une très grande pureté. Sa nébulosité moyenne notée de 0 à 10, le premier terme signifiant une absence complète de nuages et le second un temps absolument couvert est de 1,6, avec 2,0 pour avril ; 0,8 pour mai ; 0,7 pour juin ; 2,2 pour juillet ; 2,3 pour août ; 1,9 pour septembre.

Le nombre de jours sans nuages a été de 18 en avril, de 24 en mai, de 19 en juin, de 4 en juillet, de 12 en août, de 3 en septembre. On voit d'une part que, durant ces six mois, le ciel est resté absolument découvert pendant près de la moitié du temps, soit dans la proportion de 42 0/0, et de l'autre que les mois de juillet, août et septembre sont de beaucoup les plus nuageux.

La nébulosité augmente par de vrais orages, où le sable remplace la pluie, très fréquemment observés à l'époque des fortes chaleurs, entre deux et huit heures du soir.

Il peut être assez intéressant encore de rechercher comment la nébulosité se répartit aux différentes heures.

Oscillations diurnes moyennes

	AVRIL	MAI	JUIN	JUILLET	AOUT	SEPT.
7 heures matin....	1,7	0,9	0,5	2,0	4,0	2,7
1 heure soir.....	2,0	0,8	0,3	1,0	4,6	2,7
7 heures soir.....	2,2	0,8	0,6	3,0	5,5	2,7

VENTS. — Ils viennent généralement du sud-est. Ils ont été sud-sud-est en avril, nord-ouest en mai, est en juin, sud-sud-est en juillet, sud-est en août, est en septembre. Le nord-ouest s'établissait quelquefois avec une apparence de persistance. Quant au nord, au sud et à l'ouest ils ne soufflaient que transitoirement.

Les vents de la demi-rose nord ont régné pendant la valeur d'un grand mois, ceux de la demi-rose sud se sont manifestés deux fois plus longtemps.

La direction changeait assez fréquemment du matin au soir et plus particulièrement durant la saison très chaude. Dans l'après-midi, le vent tournait assez brusquement, amenant une perturbation atmosphérique de trois à cinq heures de durée. Ce phénomène coïncidait généralement avec une ascension barométrique légère et passagère.

L'intensité moyenne de 3,0 en avril; de 2,0 en mai; de 2,3 en juin; de 3,0 en juillet; de 3,0 en août; de 2,5 en septembre, donnait 2,6 comme moyenne générale. Elle se trouvait indiquée par des chiffres allant de 0 à 9, le premier signalant un calme absolument plat, le dernier caractérisant un vent de tempête.

Généralement nulle ou presque nulle le matin, l'intensité croissait dans la soirée au point d'atteindre 7 et 8 de l'échelle, par les perturbations accidentelles ci-dessus signalées.

Les jours sans vents sont bien plus nombreux en mai et en juin que pendant les quatre autres mois. C'est surtout par les vents sud-est et sud-sud-est que le siroco se faisait sentir. Ils sont en outre très préjudiciables à la bonne venue et à la maturité des dattes lorsqu'ils persistent trop longtemps en août. Ce sont les plus violents et les plus désagréables en raison de l'élévation de température qu'ils produisent. Les vents nord et est nuisent à la fécondation des palmiers lorsqu'ils soufflent en avril.

Pluies. — Il ne pleut qu'en hiver et l'eau tombée est généralement insuffisante pour faire couler l'oued M'zab. Les statistiques démontrent que celui-ci roule ses eaux une fois tous les quatre ans en moyenne. Si le manque de pluie est la calamité du Sahara, c'est le fléau du M'zab en particulier.

Nous avons insisté par ailleurs pour démontrer que les puits contiennent le reliquat des inondations antérieures, la région se trouvant dépourvue de tout cours d'eau naturel, de toute source vive et sans nappe souterraine. Par suite de l'absence à peu près complète de pluies les années précédentes, la disette était extrême en 1883. La plupart des puits étaient taris.

D'avril à septembre la quantité de pluie tombée est à peu près négligeable. De 14^{mm},4 mesurée au pluviomètre pendant le premier mois, il y a une sécheresse absolue en mai et des gouttelettes le 30 juin. De larges gouttes très chargées d'acide carbonique apparaissaient au milieu des orages de sable du 18, 19, 25, 26 et 27 juillet; du 1er, 4, 17, 26, 31 août; du 19 septembre.

Au moment de notre départ de Ghardaïa, c'est-à-dire les premiers jours d'octobre 1883, il a plu avec assez d'abondance. Si l'oued M'zab n'a pas coulé, le terrain était fortement détrempé et les petites dépressions ont pu se remplir.

Le nord de la Chebka s'est trouvé plus favorisé, et à la grande satisfaction des habitants de Berrian, nous avons vu, lors de notre passage, le 4 octobre, leurs jardins sous l'eau par suite de la crue de l'oued Soudan.

Ozone. — Le papier ozonoscopique de Schönbein trempé dans l'eau distillée et comparé à une gamme de teintes de plus en plus foncées, graduée de 0 à 21, marquait 4,4 comme moyenne générale, avec 6,8 pour avril, 7,1 pour mai, 4,1 pour juin, 2,9 pour juillet, 2,3 pour août, 2,4 pour septembre. D'autant plus impressionné que l'état hygrométrique était plus élevé et la température moins forte, il n'a pas paru présenter de relation apparente avec la pression atmosphérique.

Oscillations diurnes moyennes

	AVRIL	MAI	JUIN	JUILLET	AOUT	SEPT.
Matin	6,7	7,1	3,9	2,8	3,0	2,3
Soir	6,9	7,2	4,1	2,9	3,0	2,3

Comme on peut le voir, la quantité d'ozone varie fort peu du matin au soir. Ce qui nous a toujours frappé, c'est sa faible proportion journalière.

ÉLECTRICITÉ ATMOSPHÉRIQUE. — Bien que dépourvu de tout instrument tant pour en constater la présence que pour en mesurer l'intensité, nous n'avons pas négligé de recueillir des faits, de procéder à des expérimentations pour déceler son existence, déterminer sa nature et étudier les lois de ses variations.

Dans une communication à l'Académie des sciences, le 30 août 1880, mon frère, M. Louis Amat, insistait sur les phénomènes de surcharge électrique fréquemment observés dans le nord du Sahara, au niveau des couches les plus basses de l'atmosphère. Il signalait qu'en parcourant la région située au delà du 35° de latitude, tantôt à la côte de 1100 (porte de Djelfa), tantôt à celle de 750 (porte de Laghouat) ou, plus loin encore, au pied du revers méridional du grand Atlas, il avait pu souvent, le soir, entre sept et neuf heures, sans s'isoler du sol, faire jaillir de larges étincelles par le passage d'un peigne de poche à travers ses cheveux ou les poils de sa barbe. Pendant les chaudes et sèches journées d'été, continuait-il, les chevaux laissaient diverger les crins de la queue à la manière des filaments d'un balai dévié en éventail. Pour peu que cet appendice fut caressé de la main, on entendait une série de petites crépitations, dues au pétillement d'étincelles imperceptibles pendant le jour, mais évidentes le soir et à la nuit close.

De semblables phénomènes très fréquents au M'zab y acquièrent encore une plus vive intensité. Non seulement les crins de la queue des chevaux divergeaient sous l'influence des passes de la main ou même par la simple agitation, non seulement ils donnaient de fortes crépitations et la nuit de vives étincelles, mais encore ces dernières jaillissaient toutes les fois qu'en battant les flancs, la queue de l'animal rencontrait un corps étranger. Cet appendice caudal nous a servi d'électromètre, la tension se trouvait d'autant plus grande qu'il fallait moins de passes pour faire diverger les crins.

L'attraction constamment exercée sur ces derniers par une canne cirée au vernis de térébenthine et préalablement frottée, nous les a fait considérer comme chargés d'électricité positive.

La tension électrique s'est trouvée à son maximum en juillet et août, par les vents du sud-est. Liée aux variations de l'état hygrométrique, elle décroissait encore avec l'altitude : le claquement particulier et la divergence étaient moins accentués au bordj que dans la vallée.

Deux maxima survenant peu après le lever et le coucher du soleil correspondaient à deux minima de la journée et de la nuit. En avril, mai et juin, le premier maximum apparaissait entre sept et neuf heures du matin, le second entre huit et dix heures du soir. En juillet, août et septembre le maximum matinal était observé plutôt entre cinq et sept heures, le vespéral plus tard, entre neuf et onze heures ou minuit.

Quoique nos observations ne présentent pas toute la rigueur désirable, il reste parfaitement établi qu'à Ghardaïa la tension électrique est généralement portée à son degré le plus élevé à l'heure de son maximum nocturne.

Phénomènes divers. — Par deux fois, le 8 et le 13 avril, entre quatre et cinq heures du soir, et dans la direction sud-est, on a pu contempler les couleurs de l'arc-en-ciel. Des éclairs accompagnés de quelques coups de tonnerre étaient perçus dans les soirées du 25 juin, des 18 et 19 juillet, du 17 août, du 2 septembre. Enfin deux bolides volumineux apparaissaient le 17 juin, à quatre heures du matin, et le 15 juillet, à dix heures du soir. Le premier, se dirigeant vers le nord, resta peu de temps au-dessus de l'horizon ; le second, affectant une marche du sud-sud-est au nord-nord-ouest, jeta un vif éclat sur toute la contrée par sa longue traînée lumineuse.

La pureté de l'atmosphère, sa transparence parfaite engageaient à poursuivre plus avant l'étude des phénomènes célestes. Comme l'avait fait Duveyrier vingt-quatre ans plus tôt, notre nuit du 10 au 11 août 1883 fut consacrée à l'observation du ciel.

M. le commandant Didier voulut bien s'installer avec nous sur le plateau situé au sud de Ghardaïa et nous prêter encore une fois son utile concours.

Il était dans nos desseins de nous attacher à déterminer plus spécialement les principaux points de divergence ou radiants d'où semblent se répandre sur la voûte céleste des essaims de météores. Quatre parurent correspondre aux constellations de la Lyre, du Cygne, de Cassiopée et du Poisson austral (Fomalhaut).

De 9 h. 30 à 10 heures, trois belles étoiles partaient des environs de la Chèvre, des gardes de la grande Ourse et du Cygne avec une direction sud. De 10 à 11 heures s'en montraient de nouvelles allant de Fomalhaut, de Cassiopée, de Véga, de l'Aigle vers le sud ; de la Croix et de la Grande-Ourse vers l'ouest. A 10 h. 40, une belle étoile venue des environs du char de la Petite-Ourse se dirige vers l'ouest. A 10 h. 48, étoile rougeâtre filant de la Grande-Ourse vers le sud. Presque coup sur coup trois étoiles tombent de Cassiopée vers l'ouest. Une autre très belle va, à 10 h. 55, de la Grande-Ourse vers Arcturus. A 11 h. 05, traînée lumineuse laissée par une étoile disparaissant au sud. A 11 h. 25, deux étoiles tombant à l'ouest. A 11 h. 45, séries d'étoiles se détachant du voisinage de Véga et de Cassiopée. A 11 h. 50, une étoile va de Persée sur la Chèvre, deux autres courent à peu d'intervalles de Cassiopée et d'Algol vers l'est. L'observation de ces météores ignés dura jusqu'à 3 heures du matin.

La limpidité du ciel, sa transparence extraordinaire, l'extrême facilité avec laquelle on peut suivre la marche des astres dès que l'obscurité se produit, feront toujours regretter qu'un observatoire sédentaire ne soit établi dans cette contrée.

ALTITUDE du BAROMÈTRE =530m ANNÉE 1863	PRESSIONS BAROMÉTRIQUES Lectures corrigées à 0°			Différence entre le maximum et le minimum de pression	TEMPÉRATURES DE L'AIR						Température moyenne du mois (thermomètre sec)	HYGROMÉTRIE						Nébulosité (de 0 à 10) moyenne	VENT		Ozone (de 0 à 21) moyenne	Pluie (en millimètres) totale	Évaporation (en millimètres) totale	DATES de CERTAINS PHÉNOMÈNES							REMARQUES DIVERSES
	Moyenne générale du mois	Minimum absolu	Maximum absolu		MINIMA			MAXIMA				TENSION de la vapeur			HUMIDITÉ relative				DOMINANT	Intensité moyenne de 0 à 9				Pluie	Arc-en-ciel	Siroco	Éclair, tonnerre	Tempête de sable	Coup de vent (direction)	Étoiles filantes	
					Moyenne des minima	Minimum absolu	Maximum absolu	Moyenne des maxima	Minimum absolu	Maximum absolu		Moyenne du mois	Minimum absolu	Maximum absolu	Moyenne du mois	Minimum absolu	Maximum absolu		Direction moyenne												
Avril......	705.36	699.86	711.82	11.76	7.9	4.0	15.0	23.9	15.0	33.5	12.5	4.3	0.1	11.1	25.1	6.0	75.9	3.0	3.5	S.-4.-E.	3.0	6.8	14.4	1499.0	9, 10, 12, 13, 14	8, 13						
Mai.......	707.40	699.41	712.58	13.17	11.1	9.0	17.6	32.3	23.0	38.5	24.1	10.4	2.0	26.7	37.5	11.0	79.0	0.8	N.-N.-O.	2.0	7.1		2194.0									
Juin......	706.36	704.07	712.47	8.40	18.47	13.90	26.50	39.40	31.70	45.00	33.86	14.4	0.0	38.7	23.3	0.0	90.0	0.7	E.	2.3	4.1	gouttes	2300.7	30		25, 26, 27, 28	29	25		16	Nombreuses étoiles filantes vers la fin du mois. — Le bolide remarqué S.-S.-E., N.-E.
Juillet.....	707.13	701.89	716.5	14.61	25.6	20.9	31.5	43.9	34.5	47.5	36.9	8.1	0.0	9.8	11.9	0.0	43.0	2.2	S.	3.0	2.9	9 gttes	3169.5	18, 19, 25, 26, 27		7, 8, 13, 14, 15, 22, 23, 24	18, 19	23, 9		30, 31	
Août......	708.54	706.8	712.52	6.71	22.7	17.5	27.5	41.8	33.5	47.9	34.1	5.6	1.8	14.1	14.14	3.0	59.9	2.3	S.-E.	3.0	3.2	9 gttes	2838.0	1, 6, 17, 26, 31		8, 9	17	4, 27, 30, 31	4, N.-O.		Bolide le 8. N-S
Septembre..	710.38	702.50	713.90	9.76	18.3	16.00	22.4	39.0	32.0	43.5	29.59	6.8	0.0	13.0	22.1	0.0	70.0	1.9	S.	2.8	2.4	9 gttes	2846.0	19		16, 17	2				Bolide.

CHAPITRE V

Économie

§ Ier

On a parfois comparé le Sahara à une gigantesque peau de panthère dont les taches seraient représentées par les oasis. Sans vouloir rechercher le degré de vérité et surtout d'erreur renfermé dans cette image trop orientale, on peut dire que vues à distance les oasis du M'zab tranchent étonnamment sur le ton gris de la contrée, que de plus près leur vert sombre se découpe agréablement sur le fond rougeâtre des ravins et qu'on éprouve, une fois arrivé en leur milieu, un inexprimable plaisir à s'y abriter et à les parcourir.

Subdivisées, par des murs en torchis, en de jardins nombreux, moins prospères aujourd'hui que jadis, elles enserrent des plantations de palmiers fuyant peu à peu les ksour auxquels ils formaient autrefois une véritable couronne, ainsi qu'en témoignent les ruines de puits.

Il faut franchir un espace nu et aride pouvant

atteindre jusqu'à deux ou trois kilomètres pour arriver des jardins aux fortifications des villes. A leur voisinage se trouvent entassés des amas séculaires de détritus organiques que leur mélange à des poudrettes transforme tous les jours en excellent engrais.

Les murs d'enceinte, bâtis en pierre, hauts de quatre à cinq mètres, à pans rectilignes et flanqués, de distance en distance, par des tours ou des bastions crénelés, ne tiendraient pas longtemps contre nos troupes ; tels qu'ils sont, et quoique en état de ne pas résister au canon, ils peuvent défier les hordes arabes et protéger les habitants.

Bâtis en amphithéâtre, les ksour présentent un aspect uniforme. La mosquée, avec son minaret en pyramide quadrangulaire tronquée, semblable à la cheminée de certaines usines, occupe le sommet. Au-dessous, s'étagent des maisons à terrasses, faites de pierre ou de pisé étroitement serrées les unes contre les autres. L'ensemble d'une teinte jaune assez triste, sur laquelle tranchent quelques constructions plus riches, à arcades blanchies, offre la disposition d'une vaste ruche d'argile en train de cuire au soleil. Les rues, généralement propres, tendent à aboutir au point culminant et sont ou directement ascendantes ou en colimaçon. De distance en distance elles présentent des porches et des embrasures qui s'opposent au passage d'un cavalier monté. Il n'existe pas de pavage ou du moins celui-ci est naturel, la roche sous-jacente constituant la chaussée.

Une ou deux grandes places permettent de tenir les marchés.

On trouve dans des quartiers spéciaux d'assez nombreuses boutiques, où sont mis en vente toutes sortes de produits, depuis les noyaux de dattes remplissant des pièces entières et destinés à nourrir les chameaux, jusqu'aux plumes d'autruche, à l'ivoire et même à la poudre d'or importés du Soudan.

La djemmâa est le lieu de réunion et de délibération des représentants municipaux. La maison des hôtes donne, comme son nom l'indique, l'hospitalité aux étrangers accrédités ; les gens et les bêtes de la suite y ont aussi place marquée.

D'ici, de là, on rencontre de rares puits, à eau généralement magnésienne et saumâtre, où viennent s'approvisionner les ksouriens.

Tous les voyageurs ont remarqué que les villes du M'zab sont éclairées la nuit au moyen de lampions huileux, disposés dans des encoignures de mur.

Les maisons, assez vastes et bien bâties, n'ont d'autre ouverture sur la rue qu'une porte toujours hermétiquement close. Quelques-unes, spécialement affectées au gros commerce des dattes et des céréales, possèdent de vastes caves servant de magasins. Certaines offrent aux passants des latrines publiques dissimulées derrière un pan de mur.

Chaque maison se compose d'un rez-de-chaussée et d'un étage avec cour intérieure. Au dehors, existe une espèce de galerie à arcades, leur donnant un cachet d'élégance qu'elles sont loin de posséder, vues de près.

Toute pièce donne sur la cour. Dépourvues de fenêtres et obscures, elles sont un logement de choix pendant l'été.

Quelque défectueuse que paraisse une telle disposition, elle est imposée par le climat ; au M'zab, les habitations doivent avant tout avoir pour but de mettre à l'abri de la chaleur.

Et ici, nous allons faire la critique de la façon dont le bordj a été construit.

Sans nous appesantir outre mesure sur les avantages d'un système tout particulier qui avait été proposé (murs légers à double paroi avec matelas d'air interposé), il eut été bon, pour le moins, de faire de rares et petites ouvertures extérieures, de ménager une ou plusieurs cours garanties contre l'action solaire où, soit de jour, soit de nuit, on aurait pu jouir d'un repos bien péniblement mérité. Accablés par la chaleur et assaillis par des légions de mouches, nous en étions réduits à obturer toutes les issues et à faire l'obscurité complète. Et si, par ce moyen, nous parvenions à échapper aux attaques de ces maudits diptères, nous n'en supportions pas moins une température de 37° centigrade. Comme, au surplus, on ne pouvait en un pareil gîte passer tout son temps à songer, nous en étions arrivés à nous éclairer à la lampe, en plein midi, alors que le soleil brillait d'un torride éclat. L'éclairage obtenu avec des miroirs, c'est-à-dire en projetant sur la table de travail un faisceau lumineux devenait très fatigant. Au bout de fort peu de temps, du reste, toutes les mouches que l'on n'avait pu chasser se donnaient en ce point un inévitable rendez-vous.

Inutile d'ajouter que durant quatre mois la nuit doit être passée à la belle étoile. Les moellons calcaires ont absorbé pendant le jour un degré de chaleur tel que le repos à l'intérieur devient absolument impossible.

Les maisons des M'zabites, généralement faites en bonne maçonnerie, offrent de particulier que les murs sont formés de couches horizontales et stratifiées au moyen de pierres de dimensions à peu près égales, posées sur champ et inclinées les unes sur les autres. Ils s'élèvent graduellement sans qu'une portion quelconque de la couche inférieure pénètre dans la supérieure.

Le mortier employé, formé parfois avec du sable et de la chaux, est plus souvent constitué par du *timchemt* pur, mélange de chaux caustique et de gypse déshydraté, provenant de la cuisson d'une roche calcaire grise, rouge ou très blanche, qu'on exploite à trente centimètres de profondeur sous une couche dolomitique facile à reconnaître. Ce produit dont il a été déjà question, appelé kaddan, se trouve en abondance sur les plateaux qni dominent l'Oued-M'zab et l'Oued-N'tissa, au lieu nommé Garet-Chouf, situé à quatre ou cinq kilomètres ouest de Ghardaïa. Le timchemt, employé surtout dans les constructions du M'zab, d'Ouargla et de Metlili, ressemble beaucoup au plâtre et sèche aussi vite que lui. Sa résistance et sa cohésion sont telles qu'elles permettent de ne donner aux murs extérieurs des plus hautes maisons qu'une épaisseur de trente centimètres et de construire des voûtes sans faire usage de cintres.

Un M'zabi aisé possède ordinairement deux maisons. Dans l'une, il enferme ses femmes ; dans l'autre, il reçoit ses hôtes et ses amis. En outre, chaque propriétaire se construit, dans son jardin, un abri où il séjourne pendant les chaleurs. Tout en profitant de la fraîcheur des oasis, il lui est plus aisé de surveiller ses récoltes.

Les maisons sont loin de présenter beaucoup de confort : au point de vue de l'ameublement, le M'zabi n'est guère mieux pourvu que l'Arabe lui-même. Son logis ferme au moyen d'une porte très lourde et en général grossièrement faite avec des planches de palmier. Une grosse serrure la commande et fait varier, suivant qu'elle est en bois ou en fer, la forme et la composition de la clef. Les fermetures en bois reposent sur le principe de chevillettes tombant de leurs propres poids dans des trous bizarrement placés. La clef, formée d'un morceau de pistachier plus ou moins long, sur lequel ont été plantées de petites tiges correspondant aux trous de la serrure, soulève les chevillettes et permet à la porte de s'ouvrir. Les clefs en fer, principalement fabriquées à Tunis, ne diffèrent des nôtres que par leur grosseur. Certaines peuvent atteindre jusqu'à trente centimètres de long et peser plusieurs kilogrammes. Le M'zabi s'en sépare rarement. Hors de chez lui, il la tient constamment suspendue au poignet par un bracelet de cuir et s'en sert à l'occasion comme d'une véritable arme de guerre, comme d'une dangereuse massue.

Et puisque nous venons de parler d'armes, disons tout de suite que l'habitant de la chebka n'en a pas le culte. Celles qu'on trouve chez lui, le tromblon excepté, sont plutôt destinées à être vendues. Et alors on peut tout aussi facilement se procurer des carquois et des flèches, des poignards de bras, des lances barbelées, des glaives à double tranchant touaregs, que des revolvers et des fusils à percussion centrale sortant de chez nos meilleurs fabricants.

Dans l'intérieur des habitations, ne se trouvent ni lits, ni tables, ni chaises : quelque escabeau en bois, une natte en feuilles de palmiers pour se coucher, un espèce de traversin en laine où l'on enfonce les guenilles, quelque caisson informe, une ou plusieurs djébiras pour caser argent et papiers. Dans un coin, le métier à tisser les burnous.

La boutique des marchands, toujours basse et paraissant trop petite par l'entassement des objets, est divisée en deux parties par un long comptoir derrière lequel le M'zabi passe toute sa journée. Il prend un soin particulier de ses balances et tient admirablement ses livres. Sur les murs où se voient souvent des fers de chevaux suspendus, se trouvent aussi des empreintes de main : ce sont tout autant de fétiches.

Le récipient par excellence est la peau de bouc. Celles qui sont goudronnées à l'intérieur et pourvues de poils extérieurement, servent à transporter et à conserver l'eau. Il faut en prendre son parti, mais au

M'zab comme chez la plupart des Arabes nomades, on se trouve condamné à l'eau de goudron. Des peaux plus petites, non préparées intérieurement et grossièrement mégissées, sont destinées à contenir des dattes, des grains ou des menus objets indispensables à la vie : du sel, du poivre, des piments.

Deux grosses pierres réunies forment le foyer au milieu de la pièce ou dans la cour, car il n'existe généralement pas de cheminées. On installe sur le feu une marmite en terre dans laquelle se fait le repas.

Le bois est rare et pour combustible on emploie soit des branches de palmier, soit du drinn, soit de la fiente de chameaux. Cette dernière a une valeur réellement marchande. C'est par tas plus ou moins gros que les indigènes la vendent sur les marchés.

Une innovation, on le conçoit sans peine, a consisté dans l'utilisation de la chaleur solaire. Pour donner une idée de la puissance de concentration calorique obtenue à l'aide d'un appareil Mouchot de dimensions moyennes, il suffit de dire que, dans les derniers jours du mois de mai 1883, un cuissot de gazelle a été cuit en dix-huit minutes ! Nous ne donnerons pas par le menu la description de l'instrument ; il peut cependant ne pas paraître superflu de rappeler que le miroir concave doit être orienté de telle façon que le foyer des rayons réfléchis vienne toujours se former sur une ligne axile passant par les deux centres de figure et de courbure, et que, pour ce motif, il est nécessaire de le manœuvrer constamment pour lui faire suivre la marche supposée du soleil.

L'inventeur a répondu à cette exigence en adaptant des mouvements d'horlogerie à certains de ses appareils, dont l'usage nous avait été interdit à cause de leurs grandes dimensions, de leur cherté et de leurs détériorations, assez fréquentes et difficiles à réparer.

L'utilisation de la chaleur solaire serait chose parfaite avec un appareil en bon état, s'il ne fallait encore tenir compte pour une fort large part de la pureté du ciel. Sans nuages, l'ébullition est rapide; mais la cuisson n'est pas assurée si le plus léger survient, car elle ne peut s'accommoder des alternatives de température excessives et modérées qui en résultent.

La série des ustensiles de cuisine est constituée par quelques tasses en bois ou en terre, un récipient en tronc de cône fabriqué avec des feuilles de palmier se nomme *gouné;* un plat en bois est dit *dzeoua.*

Si le M'zabi est riche, il possède quelques tapis, des tentures; tout propriétaire doit avoir en tous cas une série de guerbaas, de poulies, de cordes pour extraire l'eau du puits de ses jardins.

Le vêtement est d'une assez grande simplicité. Il se compose d'une chemise sans manches, généralement en coton, laissant le cou à découvert; d'une pièce de laine unie faisant deux fois le tour du corps et venant encadrer la figure; d'une calotte rouge recouvrant la tête; d'une corde en poils de chameau roulée tout autour du burnous, manteau à capuchon fermé sur la poitrine. On voit, en un mot, que le costume est à peu près semblable à celui des Arabes.

Mais il convient d'ajouter que les gens de position aisée s'en affublent seuls. Le M'zabi de condition médiocre n'a que la chemise, la calotte est un modeste morceau de cotonnade dont il se couvre les parties supérieures. Les riches, les lettrés, se distinguent de leurs coréligionnaires par l'absence de brima, corde de chameau formant turban. Leurs vêtements sont en outre d'une blancheur irréprochable. Quelques-uns d'entre eux se paient même le luxe de porter des chaussettes avec leurs savates jaunes en peau de mouton. Ces dernières varient de forme : on rencontre tous les états intermédiaires depuis les simples sandales jusqu'aux vrais brodequins.

Tous les disciples d'Abdallah ben Ouahb et les abadites en particulier exagèrent les préceptes de la religion musulmane en ce qui concerne la simplicité égalitaire du costume. Il en résulte que chez eux les gens de condition ne portent que des vêtements d'étoffe commune. L'usage exclusif de la laine blanche sans aucun ornement est devenu un signe de véritable distinction. Pour ce motif, un savant M'zabi ne revêtira jamais la gandoura multicolore du mercantile du Tell.

Quant aux femmes abadites, les voyageurs ont pu difficilement parler de leur costume. Nous devons à notre profession médicale de posséder des renseignements précis sur leur manière de se vêtir à l'intérieur. Une pièce d'étoffe unie entoure le corps; retenue à la ceinture et nouée sur les deux épaules, elle s'ouvre sur le côté au point de laisser voir au moindre mouvement les jambes nues et les parties que la pudeur commande de cacher. Un voile placé sur la tête, et descendant à droite et à gauche en formant manteau, sauvegarde le tout dès qu'elles sortent; tenu avec la main au-dessous du menton, il ne laisse voir qu'avec un seul œil.

Le tissu de cotonnade bleuâtre, dont la M'zabia se revêt parfois, est d'ordinaire destiné aux négresses et aux petites filles.

Le M'zabi a les cheveux coupés très court, si ce n'est au niveau du sinciput, où l'on trouve une mèche plus ou moins longue. La barbe et la moustache sont généralement taillées assez ras et en pointe. La femme a sa chevelure tressée une fois pour toutes en un inextricable écheveau souvent arrosé d'huile. Celle de la petite fille retroussée à la chinoise, laisse deux grosses boucles séparées au-dessus des tempes.

L'homme n'a pas d'ornements. Ils ne sont permis qu'aux femmes mariées et aux jeunes filles. Les unes et les autres peuvent se mettre dans les cheveux une sorte de fleur en or dont la forme est celle d'une marguerite. Elles ont des boucles d'oreille en corail et en or, des bracelets de mains et de pieds en corne, en argent ou en or.

Sans parler du noir d'antimoine avec lequel elles se colorent le bord libre des paupières pour rendre leurs yeux plus langoureux et plus doux, sans rappeler la coloration jaune rougeâtre qu'elles aiment à donner à leurs ongles et à leurs mains avec du henné, elles considèrent comme le *nec plus ultra* de la beauté de se barbouiller l'extrémité du nez d'un peu de goudron, et de se mettre avec la même substance de petites mouches noires sur le front et les joues.

Les femmes et souvent, dans les grandes maisons, les négresses préparent les aliments, à peu près identiques à ceux des Arabes. La berboucha n'est autre que le kous-kouss. Ce plat, d'un goût assez agréable, est très long à fabriquer. Après avoir moulu le grain et l'avoir réduit en farine, la M'zabia mouille légèrement ses mains qu'elle promène dessus dans le dzéoua. Peu à peu la farine s'agglutine en formant de petites boules dont la grosseur varie suivant le plus ou moins de perfection de la mouture.

La farine ainsi transformée, est versée dans un plat, dit gouné, posé en guise de couvercle sur la marmite contenant l'eau dans laquelle cuit la viande, la vapeur d'eau vient l'imbiber en traversant les interstices.

Quand la viande est bouillie, le dîner est préparé. On servira d'abord la berboucha; après, l'eau dans laquelle la viande a cuit, c'est-à-dire la merguet. La berboucha est disposée dans le dzeoua, la viande placée dessus, le bouillon versé dans un pot en terre de petite dimension et le tout présenté au maître de céans.

Les assaisonnements varient suivant la fortune des gens. Bien souvent la viande est absente du modeste ordinaire.

Le mets véritablement exquis de la cuisine m'zabite est le mouton rôti, le méchouï des Arabes. Ce mouton dont la gorge a été coupée avant d'être dépecé, est aussitôt enduit de beurre. Un grand feu de broussailles et de brindilles, allumé de manière à produire une vive chaleur, en saisit la chair. Il ne reste plus qu'à faire cuire doucement en tournant au-dessus des charbons ardents.

Le mouton rôti n'est offert que dans des circonstances tout à fait exceptionnelles ; et il faut être un très grand personnage, gouverneur général de l'Algérie, par exemple, pour qu'on vous offre soit un bœuf, soit un chameau tout entier préparé d'une semblable façon.

Quand le repas est servi, les enfants en bas âge se retirent à l'écart. L'homme mange seul. Il se sert quelquefois d'une cuiller en bois, mais plus volontiers de sa main qu'il plonge dans le plat; la retirant, il tasse par un léger balancement la berboucha sur laquelle il a préalablement versé du bouillon, puis d'un mouvement saccadé, l'introduit dans sa bouche et ainsi de suite jusqu'à ce qu'il soit repu.

La viande est déchiquetée en petits morceaux toujours avec les doigts. Le M'zabi mange ce qu'il veut, puis repousse le plat dans lequel il vient de remettre les os après les avoir dépouillés.

Aussitôt on apporte à boire de l'eau dans une écuelle commune à tous les convives. Puis il est procédé au lavage des doigts, des dents, au rincement de la bouche.

Après cette opération, les femmes se groupent et se pressent avec les enfants, autour de ce qui reste du repas paternel. Chacun se hâte de manger, les chiens attendent les os, si bien repris par les femmes et si complètement nettoyés, que les nôtres n'en voudraient plus.

La berboucha est parfois servie dans un plat dit *metred*, ayant la forme de la coupe antique. Elle est souvent faite avec de la farine d'orge, celle du froment étant plus chère et exigeant une réelle aisance. Le lait, le miel, les figues sèches, les dattes, quelques fruits de la saison complètent l'alimentation.

Une eau, de qualité le plus souvent douteuse, constitue toute la boisson. Dans des cas exceptionnels, on utilise le suc frais des palmiers décapités de leurs rameaux supérieurs. Il est formé de la sève qu'on laisse couler pendant un certain temps.

Comme toutes les populations qui se nourrissent principalement de dattes, les M'zabites ne dédaigneraient pas la chair du chien qui serait un antidote, dit-on, contre les propriétés échauffantes de ces fruits.

A l'encontre de l'Arabe, l'abadite ne prend pas de café, sa religion le lui défend.

§ II

Les M'zabites, musulmans schismatiques appartenant à la secte des kharidjites, c'est à dire à la catégorie des sortis de l'obéissance, sont plus particulièement appelés khouïmes (*les Cinquièmes*) par les Arabes, prétendant désigner par ce nom ceux qui sont en dehors des quatre sectes orthodoxes. La conception populaire en vertu de laquelle l'islamisme pur est représenté par les rites de Abou Hanifa, de Chafaï, de Malek et de Hambal est en effet loin d'être exacte, ceux-ci étant tout simplement les rites officiels dans les pays mahométans qui reconnaissent la suprématie religieuse des sultans de Stamboul. Les ibadites du M'zab comptent jusqu'à près de quatre-vingts sectes musulmanes dérivées des interprétations plus ou moins exactes de la parole d'Allah.

Quoiqu'il en soit, le M'zabi est le représentant de la plus ancienne secte de l'islam : le schisme auquel il se rattache est l'ouahbisme. Abdallah-ben-Ouahb son promoteur, soutenait que le calife chef de la religion devait être nommé, au choix unanime des croyants, sans aucun droit d'hérédité et qu'on pouvait le prendre en dehors de la tribu des Koreïchites, à laquelle appartenait Mahomet. Cette doctrine, acceptée par une partie du monde musulman, ouvrit une ère de guerres et de persécutions.

Ce qui empêche le M'zabi d'être orthodoxe pour nos malékites, c'est le dissentiment ci-dessus exprimé, car, pour le reste des observances et pour les pratiques du culte, il n'y a pas de différences fondamentales. L'accord devrait donc exister aujourd'hui puisqu'il n'est plus de califes, et cependant l'on continue à s'anathématiser de part et d'autre sans même songer aux points qui divisent les gens des deux rites.

Nos M'zabites, ouahbites abadites, du nom d'Abdallah-ben-Abad, qui s'en tenaient, comme nous l'avons vu, à l'interprétation littérale des prescriptions coraniques, ne sont pas absolument isolés dans le monde, ils ont des coreligionnaires sur la côte de Zanzibar, sur le bord occidental du golfe Persique, dans l'Oman, dans le Djebel-Nefous, dans l'île tunisienne de Djerba, et les relations entre ces divers groupes sont assez suivies. L'habitant de la Chebka reçoit non seulement des livres théologiques de l'Oman, mais il pousse encore parfois jusqu'en cette contrée lors de son voyage à la Mecque ; il hospitalise à Beni-Isguen des étudiants du Djebel-Nefous qu'il initie aux doctrines religieuses.

Anciennement les M'zabites obéissaient à un seul chef, l'imam, dont ils reconnaissaient l'autorité temporelle et spirituelle.

Elu par l'assemblée du peuple, il remplaçait, comme on le voit, les califes héréditaires que leurs ancêtres avaient refusé de reconnaître. Règle vivante, émanation des ordres d'Allah, il était chef de guerre contraignant au bien et empêchant le mal, forçant les hérétiques à embrasser l'islamisme. Juge, il faisait prévaloir les ordres du Tout-Puissant et répondait à l'appel des opprimés. Incarnant la doctrine, il sauvegardait la foi en ne restant pas à court dans une discussion, devant un argument : l'hésitation lui était défendue.

Maître absolu, tant qu'il appliquait sans y rien changer la loi divine, il devenait révocable dès qu'il essait de s'en tenir aux termes du livre. En matière de doctrine, l'imam prenait l'avis des vénérables, ses familiers, qui composaient son cercle, *halga*.

Cet état de choses persista apparemment jusqu'au jour où, installés sur les points où ils se trouvent actuellement, dans l'Afrique septentrionale, les M'zabites cessèrent d'être persécutés. Dès cette époque, autonomes et indépendants, poussés par l'esprit démocratique qui caractérise les populations berbères, ils songèrent à modifier leur constitution politique, à ériger des institutions nouvelles en parfaite concordance avec le génie de leur race.

L'histoire n'a pas gardé le souvenir de cette transformation, faite assurément lentement et sans à-coups; mais il est possible, en tenant compte de leur organisation actuelle au point de vue politique et religieux, de se faire une idée, au moins approximative, de la forme de la révolution morale opérée lors de la suppression de l'imamat.

La dispersion des M'zabites après leur court séjour à Ouargla, leur installation successive en divers points de la Chebka, devaient amener les nouvelles agglomérations perdues dans le Sahara, à se constituer en confédération. Le pouvoir temporel de l'imam, ruiné par cette organisation nouvelle, était d'autant plus fatalement supprimé que la doctrine abadite ayant été déjà commentée, il s'était formé à côté de lui et sous sa direction un corps religieux ou enseignant, isolé par ses mœurs et sa science du reste des hommes. Ainsi se constitua la caste puissante des tolba ou clercs, se recrutant elle-même au moyen d'une véritable initiation analogue à la franc-maçonnerie. Pour donner satisfaction aux idées démocratiques du peuple, les clercs parurent se tenir à l'écart des questions politiques, des luttes de parti, de la conduite des populations; mais, en réalité, ils joignirent les pouvoirs spirituels de l'imam aux pouvoirs temporels qu'ils possédaient déjà.

Il sera donné plus loin un aperçu aussi complet que possible de leur organisation ; insistons d'abord sur les principaux points de la doctrine qu'ils enseignent.

L'abadisme n'est point l'exagération de l'islamisme, mais l'interprétation exacte de la loi d'Allah, n'admettant ni additions ni diminutions, excluant aussi bien les excès de zèle que les relachements de discipline. Le Coran est la propre parole d'Allah : pas de discussion religieuse qui ne puisse être résolue par la lecture attentive du texte sacré.

Allah est unique, puisqu'il a déclaré ne pas avoir d'associé ; il est invisible, intangible, sans couleur et sans limites, puisqu'il a dit que nul ne le verra.

Les peines sont aussi éternelles que les récompenses et les jugements d'Allah restent irrévocables. Personne ne sera admis à intercéder auprès de lui. Il a prévu et voulu toutes les bonnes comme les mauvaises actions. Les prédestinés mangeront et boiront au paradis dans de verts bosquets, les autres brûleront dans le feu de la géhenne.

Allah interdit l'orgueil et stigmatise le luxe. « Ne

marche pas fastueusement sur la terre, tu ne saurais ni la fendre en deux ni égaler la hauteur des montagnes. Tout cela est mauvais et abominable devant Allah. Compose ton attitude en tout lieu de prosternation », a-t-il dit, et par là il veut que le croyant drapé suivant la Sounna, c'est-à-dire conformément aux principes basés sur les maximes et les exemples du Prophète, ait pour la prière un vêtement d'origine acceptable, exempt de souillure, dépourvu de matières précieuses, de soie lisse ou grégée, de fer.

Allah ordonne à ceux qu'il a favorisés des biens de ce monde, de s'en servir pour acheter la vie future au moyen de bonnes œuvres. Si tous ne se trouvent pas égaux devant lui, ils le sont cependant dans la société d'ici-bas. Ils ne doivent pas trop dépenser en fêtes et surtout tenir une parole, garder un dépôt, ne pas envier le bien d'autrui.

Allah a prescrit de flageller le libertin et de punir de mort l'adultère. Et pour ce motif un abadite ne peut contracter mariage avec sa maîtresse qu'il doit au contraire répudier publiquement s'il veut rentrer dans l'islam. L'abstinence et la pureté des mœurs ordonnées par Allah, ont été rigoureusement observées par le Prophète qui, pour combattre le célibat, source de débauche, et pour donner à Allah un plus grand nombre d'adorateurs, admit la pluralité des femmes. Celles-ci doivent être enfermées ou voilées. Allah le veut, et impies sont les hommes qui ne se conforment pas à ses ordonnances. Impie encore celui qui boit du vin, des liqueurs; impie celui qui obscurcit son intelligence avec la fumée du tabac ; impie celui qui se livre à la colère ; impie celui qui se plaît au milieu des joueurs de flûte, des chanteurs ; impie qui s'adonne à la danse. Une âme saine est seule admise à présenter ses hommages à Allah !

Les seuls gens de foi, les vrais musulmans sont ouahbites ; les partisans des autres sectes ne sont qu'unitaires, car ils se soustraient à la loi d'Allah s'ils croient à son unité ; quant aux chrétiens, aux juifs et aux sabéens qui donnent à leur dieu un associé, ils sont polythéistes ; les autres, idolâtres.

Le musulman se trouve dans une des quatre conditions ou voies ci-après, suivant qu'Allah le favorise ou l'éprouve : la voie de gloire, celle des deux premiers califes Abou-Bekr et Omar qui contraignaient les fidèles à faire le bien et s'opposaient au mal par la force, qui prélevaient sur le riche pour le distribuer aux pauvres, qui fouettaient l'homme et la femme débauchés, qui coupaient la main du voleur ; la voie de défense, celle d'Abdallah-ben-Ouahb qui flagelle, met à mort, déclare la guerre et décide sans être astreint au contrôle d'une assemblée ; la voie de dévouement, celle d'Abou-Bilal-ben-Haoudir et de ses quarante compagnons qui attendaient d'être réduits à trois pour déposer les armes ; la voie de secret, représentée, comme à l'époque actuelle, par le triomphe des unitaires, des polythéistes ou des idolâtres. S'il est permis au musulman de leur obéir, il doit s'abstenir de lier amitié avec eux. Dans son cœur impénétrable restera gravée sa croyance et sa haine et il ne livrera aux impies du monde présent ni ses livres, ni ses lois, ni ses coutumes écrites. Le précepte qui défend aux fidèles de prêter à rire explique de nos jours la réserve des M'zabites.

Les versets qu'Allah a fait descendre sur son prophète renferment toutes les vérités. Allah sait tout, puisque sa parole est seule vraie. Allah peut tout, puisqu'il dispose des faveurs éternelles. La vertu n'est vertu et le vice n'est vice que par sa seule volonté.

L'idée mère du système découle de la phrase si souvent répétée : Il n'y a d'autre dieu que Dieu! « La Ilah Illa Allah. » Dieu est la seule force, le seul agent réel; en dehors de lui tout est passif. Unique pouvoir, unique moteur, unique énergie capable d'agir, il absorbe et concentre tout, qu'il détruise ou conserve, qu'il fasse le bien ou produise le mal. Et encore ces deux mots expriment une idée relative puisque rien n'existe à l'état absolu et que les choses se modifient au point d'être, comme dit le Coran « ce qu'il plait à Dieu! »

Cet être incommensurable, omniscient, omnipotent et omniprésent ne connaît pour règle que sa seule et absolue volonté. Ses créatures n'existent et n'agissent que par lui; elles ne peuvent, quoi qu'elles fassent, se prévaloir d'une distinction ou d'une prééminence : c'est l'égalité de la servitude et de l'abaissement. Instruments de sa force, il les emploie à détruire ou à fonder, à répandre le bien-être ou la souffrance en vertu de son bon plaisir.

Les actions regardées par les hommes comme

bonnes ou mauvaises sont en réalité fort indifférentes et ne méritent en elles-mêmes ni récompenses, ni châtiments, ni éloges, ni blâmes, de sorte que le paradis et l'enfer sont absolument indépendants de l'amour ou de la haine de Dieu, des mérites ou des démérites des hommes. Les uns sont condamnés à brûler pendant toute l'éternité dans une mer de feu, les autres, voluptueusement installés dans un jardin délicieux, attendent les faveurs de quarante concubines célestes, par la volonté arbitraire du tout-puissant Allah.

La doctrine égalitaire qui abaisse les hommes au même niveau, à l'esclave pliant devant le maître, va jusqu'à appeler les animaux au sinistre honneur d'être eux aussi les instruments de la divinité. Le Coran est explicite, il met sur le même pied les bêtes de la terre, les oiseaux du ciel, les poissons de la mer et les enfants des hommes. Le musulman ne doit pas se révolter à l'idée d'une telle association puisque les anges, les archanges, les génies, tous les esprits célestes sont confondus dans un pareil abaissement. S'il ne lui est pas permis d'être supérieur à un chameau, il reste l'égal des séraphins ! Et au-dessus, dominant le tout, plane la majestueuse et terrible divinité d'Allah.

Les musulmans nous méprisent parce que livrés, disent-ils, à toutes les incertitudes, sans règles et sans morale, nous paraissons avides de bonheur terrestre. Nous n'observons même pas, d'après eux, les ordonnances du Christ qui a interdit l'usage du vin et de la viande de porc. Nous modifions sans cesse notre doctrine, et nos évangiles ne sont pas les véritables évangiles descendus de Dieu.

Tous les nouveaux convertis doivent se raser complètement le jour de leur entrée dans l'islam. Ils sont dès lors astreints aux ablutions et aux prières.

La première pratique n'est pas seulement destinée à enlever les souillures matérielles, elle a plutôt pour but de purifier moralement, et par ce point n'est pas sans analogie avec notre baptême. Mahomet aurait répondu à dix prêtres juifs que le Très-Haut avait ordonné à Adam des ablutions pour abolir son péché. Il sort du nez et de la bouche avec l'eau qui les lave, de l'extrémité de la barbe avec l'eau qui enlève les souillures du visage, du bout des doigts avec l'eau qui purifie les coudes et les mains, des cheveux avec l'eau qui nettoie la tête, des orteils avec l'eau qui ruisselle sur les chevilles, et pur de tout péché comme le jour où sa mère l'a enfanté, le croyant peut prier, louer Allah et s'humilier devant lui.

L'ablution n'aurait pas besoin d'être recommencée une fois faite si une multitude d'incidents imprévus ne venaient en abolir l'efficacité. Inutile de faire l'énumération fastidieuse des causes qui rendent l'abadite impur, il suffit de dire que tout ce qui en général sort de son corps ou y entre, le met dans cet état pour montrer la nécessité où il est, en effet, de recommencer très souvent ses dévotes pratiques. S'il n'est pas douteux que la satisfaction des besoins naturels, que les phénomènes d'intolérance accusés par un estomac malade, que le sang venu du nez ou d'ailleurs abolissent l'ablution, les savants admettent deux interprétations pour les cas où il y a une simple bosse sanguine, où le sang a jailli d'une légère blessure, crevasse aux pieds, choc sur un ongle, arrachement d'une dent. L'ablution est encore abolie par un sommeil profond quoique court, par un assoupissement, par la médisance, par les mauvais propos, par le contact d'une femme, alors même qu'on a droit sur elle.

Les prières du Fedjer, du Dohor, de l'Aceur, du Maghreb, de l'Acha, sont composées de deux ou quatre parties juxtaposées presque absolument semblables, dont chacune porte le nom de *rekaa*. Celle-ci comporte de nombreux détails d'exécution sur lesquels nous serons bref, pour ne mettre en relief que les points principaux.

L'abadite se tient debout, compose son extérieur et se recueille, levant les mains jusque près des oreilles, la paume un peu en avant, il commence par se mettre sous la protection d'Allah, conformément à ces paroles : « Lorsque vous récitez le Coran, invoquez Allah », et prononce le *bismillah* (au nom du Dieu clément). La récitation de quelques versets du Coran succède, bientôt suivie de l'inclination qui exige la posture à angle droit, le dos courbé, l'application des deux mains sur les genoux, les doigts écartés, la prononciation trois fois répétée des mots : *Sobhana rebbi el adim*, en ouvrant les épaules et en écartant les bras. Se prosternant ensuite, il appuie à terre les deux mains, les deux genoux, les deux parties antérieures des jambes. Relevé et assis sur le sol entre les deux pieds, le droit placé sur le gauche, il dit le Tahaïat et termine par ces mots de salutation nettement articulés : *Es Salam alikoum*, en tournant son visage à droite et à gauche.

Il est des circonstances où la prière peut être valable sans que tous les rekaas aient été observées. C'est le cas de ceux qui se trouvent en face d'un ennemi, auxquels s'applique ce verset du Coran : « Il n'y aura aucun péché d'abréger vos prières. »

Les abadites doivent implorer sans cesse la protection d'Allah, invoquer son nom et manifester du repentir pour leurs mauvaises actions. Si Dieu est inexorable et ne se laisse pas toucher dans sa majesté par les larmes, il leur est néanmoins recommandé d'être cléments entre eux et d'accueillir le coupable repentant. Ce point de vue permet seul de saisir la portée du plus grand châtiment qui puisse être infligé : la *tébria*. Cette peine suprême, traduite par : exclusion ou excommunication, signifie plutôt l'acte par lequel un individu est déclaré coupable. Le M'zabi qui en est frappé ne peut participer à la prière. Privé de ses droits civils, il ne rentrera dans la vie commune qu'en subissant une expiation imposée par le conseil des tolba. Lavé des pieds à la tête et entièrement rasé, les ongles des pieds et des mains soigneusement coupés, vêtu d'une gandoura blanche, les bras croisés, sur la poitrine, il va se placer en un lieu réservé de la mosquée d'où il aborde le cheickh à son arrivée en lui disant, dans sa supplique, qu'il est des gens de Dieu et des gens qui s'amendent : *Ana men*

Allah ou men taïbine. C'est après avoir reçu en public des réprimandes sévères que le pardon lui est toujours accordé.

§ III

Un point saillant et absolument digne d'être remarqué dans l'organisation des M'zabites, c'est que la naissance ne confère pas de privilège pour exercer les fonctions religieuses. On ne connaît ici ni cheurfa, descendants du Prophète, ni familles maraboutiques. Les gens de bien, recrutés dans toutes les classes de la société, forment la caste des *tolba* ou clercs. Tout le monde peut y être admis à la condition de donner des preuves suffisantes de savoir et de piété. Les fils de clercs rentrent eux-mêmes dans la classe des *aouames* ou laïques, s'ils ne travaillent à s'instruire, s'ils ne se font remarquer par leur zèle pour les intérêts de la religion.

Les aspirants, désignés sous le nom d'*imesorda*, apprennent la lecture, l'écriture et le Coran. S'ils savent celui-ci par cœur, ils peuvent être admis, sur leur demande, parmi les disciples *irouanes*, auxquels on enseigne la grammaire, l'humanité, la théologie et la jurisprudence. C'est parmi ces derniers que se recrute le vrai clergé, composé d'un *cheikh* de mosquée et de sa halga ou chapitre, comprenant douze *azzaba*.

Pour pouvoir être admis dans le chapitre, les disciples doivent remplir quatre conditions : 1° être polis et sages ; 2° s'attacher avec ardeur à la recherche de la science ; 3° éviter le contact de la foule ; 4° avoir purifié son corps de toute souillure et son âme de toute passion mondaine.

Lorsqu'un disciple paraît remplir ces conditions, il est mis en observation pendant un an au moins, et un membre du chapitre est délégué pour surveiller attentivement sa conduite et étudier ses principes. Si le rapport est favorable et si une vacance existe, le chapitre fait tous ses efforts pour décider le candidat à prendre une place dans son sein ; mais nul ne peut être admis que du consentement unanime de tous les membres du chapitre.

Les quatre membres plus anciens forment dans le chapitre un conseil supérieur chargé de surveiller la doctrine enseignée. C'est à eux encore qu'appartient le droit de choisir le cheikh de la mosquée. Ils le prennent parmi eux d'un commun accord et leur choix doit être accepté par les autres membres du chapitre sous peine d'exclusion.

Les dispositions adoptées par l'ensemble des azzaba, conformes, du reste, aux traditions des anciens, sont assez curieuses à connaître. L'azzabi, convaincu d'avoir commis une grande faute, est immédiatement excommunié et chassé de la confrérie. Admis à résipiscence en avouant sa culpabilité, en s'humiliant devant les musulmans et en faisant preuve publique de repentir, une place lui sera réservée dans l'assemblée avec le commun des tolba. Quant à reprendre la situation perdue, cela dépend de la décision de ses anciens collègues, qui peuvent le réadmettre dans le chapitre ou l'exclure à tout jamais. L'expulsion à temps ou à vie est subordonnée à la gravité de la faute et à l'âge du délinquant. On est plein de rigueurs pour le coupable déjà ancien et, partant, rompu aux affaires, habitué à la règle ; mais on reste plus clément pour le novice, imparfaitement fixé sur la conduite à tenir, qui, simplement réprimandé tout d'abord, ne subit qu'à la deuxième fois un réel châtiment.

La façon d'agir des azzaba diffère suivant qu'une même infraction a été commise ou non en public. Si, par paroles ou actions inconvenantes, il est porté atteinte à la considération des musulmans, une enquête indique le degré de gravité de la faute et la pénalité varie du simple blâme à l'exclusion définitive. Si l'acte délictueux est seul connu des azzaba, ils sévissent, sans doute, mais ne divulguent rien aux particuliers. Leurs délibérations doivent être tenues secrètes et celui qui y manquerait serait à son tour définitivement chassé de la halga.

L'azzabi est obligé de se rendre aux assemblées générales s'il ne veut être puni. Même avec un motif sérieux d'absence, il doit comparaître en personne pour le faire valoir; car, jugé bien souvent insuffisant, il sera contraint de rester au milieu de ses collègues. Assis en forme de cercle et sans intervalle entre eux, pour ne pas donner accès au diable, ils diront : « J'atteste qu'il n'y a d'autre Dieu que le Dieu unique, lequel n'a pas d'associé et que Mahomet est son serviteur et son envoyé ; j'atteste que la religion est telle qu'elle a été exposée, l'Islam tel qu'il a été décrit, le livre tel qu'il a été révélé, la parole telle qu'elle a été transmise et que Dieu est la vérité absolue. »

Défense expresse de parler sans en avoir reçu l'autorisation. Et toujours les règles de la bienséance et de la bonne éducation devront être observées. On veillera à l'intonation de sa voix, qui ne devra jamais être élevée. Aux jeunes, d'écouter et de profiter du savoir et de l'expérience des anciens. Si l'un d'eux a un avis à émettre, il le fera par l'intermédiaire d'un vénérable et il ne sera pas malséant de s'y ranger, la vérité devant être acceptée d'où qu'elle vienne, sortît-elle de la bouche d'un esclave. Se refuser à admettre ce point serait plus que suffisant pour être exclu de la halga.

Comme nous le verrons plus loin, les azzaba se répartissent les charges ou emplois. Or, il peut arriver qu'ils ne les remplissent pas toujours au mieux des intérêts confiés. La critique sera acceptée par le titulaire sous peine d'être à tout jamais relevé de ses fonctions. Nul ne peut se soustraire aux obligations que son rang lui impose, sauf le cas où il voit la règle relâchée, les traditions non suivies, l'assemblée peu soucieuse de la justice et du droit. Pour quel motif fait-il en effet partie de la halga si ce n'est pour faire triompher le livre de Dieu, la pratique du Prophète et les traditions exemplaires des cheikhs ?

Les azzaba sont chargés de la gestion de certains

revenus désignés sous le nom de *habous*. Constitués au profit des mosquées et affectés à leur entretien, aux détails du culte, à la nourriture des tolba, ils conservent, comme on le sait, un caractère exclusivement religieux, conforme aux hadits qui les ont constitués. Il n'en est plus de même à Metlili et à Ouargla, où l'on donne la même dénomination à des biens que le propriétaire veut soustraire à la dévolution successorale en le maintenant dans sa descendance mâle au préjudice des femmes et des filles. L'institution a encore ceci de particulier, au M'zab, qu'elle porte non seulement sur des immeubles, mais sur des denrées alimentaires. Et cette redevance en nature, appelée *nouba*, consiste à fournir tous les ans, à époque déterminée, des dattes, des grains, de la viande, du beurre et de l'eau. Donation ou legs expiatoire, elle « grève, dit M. de Motylinski, suivant la volonté du constituant, tel ou tel immeuble dont il est le propriétaire, sans cependant rendre cet immeuble inaliénable. L'héritier est tenu de remplir les charges établies sur la maison, le jardin ou le palmier, et doit, s'il vend la propriété, avertir l'acquéreur qu'elle est grevée d'une nouba. Celui-ci accepte la charge et on lui tient compte des frais qu'elle lui occasionnera, en cotant l'immeuble au-dessous de sa valeur réelle.

« Il semble d'abord que le recouvrement de ces noubas doit offrir de grandes difficultés. Le mode de perception est rendu très simple par leur affectation à tel cimetière ou à tel oratoire et personne, du reste, ne songe à se soustraire au paiement de ces redevances.

« Il existe dans chaque cimetière une plate-forme en maçonnerie où se tiennent, à des époques déterminées, une ou plusieurs réunions dites *mahadras*. C'est là que sont apportés les habous en nature.

« Dès le point du jour, les azzaba du ksar, suivis de leurs disciples et des tolba du troisième degré qui s'astreignent à suivre les cérémonies religieuses, s'acheminent vers le cimetière où doit se tenir l'assemblée. Ils se rangent en cercle sur la plate-forme et attendent, dans une attitude recueillie, l'arrivée des fidèles.

« Le paysage s'anime bientôt : les chemins d'accès, bordés de hautes tombes maçonnées, se remplissent de M'zabites, qui arrivent en longue file, courbés sous le poids de régimes de dattes, d'outres gonflées d'eau ou d'énormes gueçaas remplies de taam. Le porteur pénètre dans le cercle des tolba et dépose silencieusement son fardeau aux pieds de l'oukil, chargé de la gestion des habous affectés au cimetière. Celui-ci, sa liste en main, vérifie d'un coup d'œil la nature et la quantité des denrées apportées et les fait classer par des jeunes tlamids. La foule grossissante et toujours silencieuse se range derrière la ligne des tolba ; les régimes de dattes, les plats de taam, les quartiers de viande cuite, continuent à s'entasser jusqu'à ce que la liste des donateurs soit épuisée.

« On procède alors au partage ; chaque classe de tolba a sa part déterminée à l'avance pour chaque mahadra. On apporte surtout un certain soin dans la répartition de la viande et des dattes, éléments les plus appréciés des donations en nature. Le taam est en partie distribué aux pauvres, venus pour recueillir les miettes de cette immense table. Ces mendiants appartiennent presque tous aux fractions arabes qui vivent autour des ksour du M'zab. Les restes du taam sont emportés par les donateurs qui sont libres d'en disposer comme ils l'entendent.

« Pour donner une idée de l'importance des donations en nature au M'zab, il suffira de faire remarquer qu'un seul des cimetières de Ghardaïa, celui d'Ammi-Saïd, a, pour sa part de habous, lors de la mahadra de l'hiver, deux mille cinq cents hatias de blé roulé en taam et autant de tabeg de viande, chaque tabeg représente le quart d'un mouton. Il est donc apporté dans une même journée, à ce seul cimetière, la valeur de deux cent quarante hectolitres de blé et de six cent trente moutons. Or, Ghardaïa seulement a trente-quatre mahadras par an; il est juste de dire qu'elles n'ont pas toutes la même importance.

« Les redevances en nature sont aussi apportées directement à la mosquée pendant le mois de ramadan. Les azzaba et les tolba assistants ont ainsi leurs repas assurés pendant toute la durée du jeûne.

« La mosquée de Ghardaïa a, pour chaque jour de ce mois, quatre-vingts guerbas d'eau habous. Cette eau est mise à la disposition des fidèles, au moment de la prière du soir; elle doit être consommée sur place et ne doit pas servir aux ablutions.

« Disons, en terminant, que chaque ville a ses habous parfaitement distincts. Les azzaba des différentes mosquées sont chargées de la section des dotations religieuses constituées dans leur ville, sans avoir à s'immiscer dans l'administration des habous des autres ksour.

« Les mosquées les plus riches en habous de toute nature sont celles de Ghardaïa et de Guérara. »

Les azzaba doivent principalement veiller à ne pas laisser perdre les habous qui leur sont destinés. Les conditions qu'ils remplissent en desservant la mosquée, en s'y tenant plus que les autres personnes, en y occupant le premier rang pendant la prière, en ne pouvant s'absenter que sur motif valable, leur en font un réel devoir. Ils ne se formalisent pas si un de leurs collègues s'abstient parfois de prendre part à la consommation; mais cette tolérance cesse pendant le ramadan. Celui qui est chargé de l'enseignement des irouanes est libre de manger avec ces derniers, auquel cas il ne doit pas venir participer ensuite à la nourriture des azzaba; il lui est laissé la liberté d'opter pour les uns ou pour les autres.

La désignation du cheikh et son investiture donnent lieu à des scènes d'un certain intérêt historique. Elles remettent en mémoire les faits principaux qui signalaient autrefois l'installation de l'imam. Il est convenable que l'abadite désigné pour être cheikh ait l'air de ne céder qu'à la violence. Il doit paraître indigne de la mission dont on veut le charger. Arraché de force de sa maison malgré ses pleurs et ses supplications, il est conduit à la mosquée.

Clercs et laïques sont conviés à la cérémonie où le plus ancien des azzaba annonce l'élection et récite la *fateha*. Après le repas qui termine la fête, le nouveau cheikh entre en fonctions. Si les voix sont tellement dispersées qu'on ne puisse pas s'entendre sur le choix à faire, le doyen des azzaba se trouve de droit désigné.

Au même titre que chaque ksar du M'zab avait son clergé propre, il était également pourvu d'un cheikh de mosquée. Si, à l'heure actuelle, les fonctions n'en sont le plus souvent remplis que par des titulaires, il faut l'attribuer au défaut d'entente et aux questions de partis. El Hadj-Mohamed ben-Aïssa de Beni-Isguen, était le seul qui existât en 1883 dans tout le M'zab.

Le cheikh de la mosquée, ou le kébir des azzaba, répartit les fonctions religieuses entre les membres du chapitre, un appelle à la prière, un autre est chargé de les diriger, trois professent l'enseignement, quatre lavent les morts, deux sont oukils chargés de la régence des habous et le dernier est huissier du chapitre.

§ IV

La vaste classe des clercs ou tolba, qui comprend, ainsi que nous l'avons vu, les imesorda, les irouanes, les azzaba, se distingue par l'attitude recueillie. Hommes de paix, il ne portent jamais d'armes pour se battre ou même pour chasser; habillés complètement de blanc, ils n'ont pas la corde en poil de chameau qui entoure la plupart du temps la tête des laïques. Ils ont droit au respect de ces derniers, mais la déférence est surtout marquée pour les azzaba, devant lesquels on doit enlever chaussures, éperons, armes, soieries, pour s'asseoir, non à côté d'eux, mais en face et en contre-bas.

Les tolba (pluriel de taleb qui signifie savant), se trouvaient désignés par leur réputation de science et de jugement, pour recevoir les actes authentiques. Ils étaient encore choisis comme arbitres dans les procès. Et ces fonctions n'étaient pas seulement dévolues aux azzaba; les disciples pouvaient aussi s'en charger. Leur compétence très étendue s'exerçait sur toutes les villes de la confédération. On doit signaler à leur louange un tel renom d'intégrité, que les Arabes du rite malékite eux-mêmes n'hésitaient pas à venir leur soumettre des différents. En somme, le M'zabi, d'où qu'il fut, était libre de prendre pour juge tel ou tel taleb lui inspirant le plus de confiance. Et la décision prise était tenue pour équitable et juste.

Si les tolba du M'zab sont intègres, ils sont aussi perspicaces. Le fait suivant dont nous avons été témoin, prouve combien ils savent à l'aide de moyens très simples, démêler le faux du vrai. Un M'zabi accusait un Chambâa de lui avoir volé le chameau employé à extraire l'eau. Ce dernier niait et déclarait que l'animal acheté à Laghouat n'avait jamais servi à un pareil usage. Que fit le juge ? il ordonna d'atteler le chameau au treuil d'un puits et le voyant se retourner tout seul au bout de la piste, il déclara que l'animal avait été bel et bien volé au plaignant.

Malgré l'exactitude de ce qui précède au sujet de l'égale autorité dont jouissent en matière de décisions juridiques tous les tolba, il est à noter que ceux de Ghardaïa et de Beni-Isguen étant plus riches, et pouvant consacrer plus de temps à l'étude, sont plus fréquemment consultés.

En cas de contestation au sujet des jugements rendus, on avait la dernière ressource de faire appel au Medjeles de Ghardaïa, composé de trois tolba de chacune des villes du M'zab, présidé par un cheikh de mosquée dont les arrêts devenaient définitifs.

L'instruction est donné dans les villes du M'zab par des clercs spécialement désignés. Attachés à la mosquée et logés dans les bâtiments communaux qui leur sont toujours adjoints, ils vivent eux et leurs élèves du produit des habous toujours distribués en nature. Assistant aussi les mourants, ils leur demandent de préciser la somme qu'ils veulent allouer, sur le tiers de leur héritage, pour un ou plusieurs suppléants dans le cas où ils n'auraient pas faits le pèlerinage. On sait, qu'en vertu d'une pratique datant du moyen âge, chaque abadite doit payer un mandataire pour aller à la Mecque à sa place, dans le cas où il n'a pu le faire lui-même, malgré les excuses les plus valables. Une des particularités de ces pèlerinage est de s'agenouiller une cinquième fois sous la gouttière mizab en souvenir d'Abou-Bilal. D'après certains Arabes malékites par nous consultés, ceci serait une prescription de pure fantaisie, d'autant, ajoutent-ils, que les M'zabites hésiteraient à se faire remarquer et connaître? L'islamisme consacrant l'alliance étroite de la politique et de la religion devait permettre aux tolba d'exercer un rôle prépondérant dans la direction et la conduite des affaires publiques.

La fondation des villes du M'zab, motivée par l'arrivée d'un cheikh et de sa halga, explique la constitution de véritables municipes, confédérés il est vrai, mais absolument indépendants les uns des autres. Si le commandement suprême ou le droit et le devoir de faire exécuter en matière religieuse, civile ou criminelle, la loi telle qu'elle est déterminée par le Coran, la Souna et la pratique des docteurs de la secte, était principalement dévolu au cheikh, il pouvait aussi être exercé par le dernier des croyants. C'est ce qui ressort de l'interprétation de ce passage du *Kitab-el-Ahkam* (le livre des sentences légales) dont l'autorité est reconnue par tous les abadites.

« Le droit de contrainte et de défense, est-il dit, appartient à l'imam des musulmans, à leur cadi s'il n'y a pas d'imam, à l'assemblée des musulmans s'il n'y a ni imam ni cadi, à un homme vertueux de la localité, s'il n'y a pas d'assemblée. »

Et ici, les azzaba n'ont pas seuls qualité pour constituer l'assemblée à laquelle il est fait allusion, puisque tout musulman majeur et responsable est obligé de prêter son concours à l'exécution de la loi ; c'est l'ensemble des croyants ou leurs délégués, choisis pour les représenter, qui sont désignés.

L'introduction de l'élément laïque dans la gestion des affaires gênait beaucoup l'élément religieux. Il fit admettre, à l'aide d'une casuistique assez habile, que, représentant dans chaque ville le maximun de savoir, il avait avant tous qualité pour apprécier et décider, aux autres d'aider à l'exécution. Telle est la cause de l'existence de deux assemblées ou djemmâa, composées d'éléments bien distincts, mais appelés à concourir au même but.

Cette façon d'envisager les choses prévalut pendant un certain temps pour rencontrer des résistances dans la suite. Guerara et Berrian, composées d'éléments hétérogènes et profondément influencés par le contact arabe, ne tardèrent pas à échapper à l'action religieuse du centre, l'Oued-M'zab. A notre arrivée dans le pays, il existait une lutte réelle entre clercs et laïques, lutte qui favorisa notre installation et la rendit peut-être même seule possible. Cela tient à ce que ces derniers, autrement appelés aouames, comptaient quelques gens de valeur qui, n'ayant pas voulu s'astreindre aux obligations exigées pour être admis dans la caste des tolba, avaient préféré s'occuper du temporel plutôt que du spirituel.

En fait, chaque ville du M'zab était gouvernée par le cheikh de la mosquée, avec l'assistance de son clergé et d'une djemmâa laïque, composée des membres désignés par le suffrage de chaque fraction. On voit qu'ici l'élément religieux présidait absolument, et cela par application de la doctrine abadite qui met hors la loi tout incrédule sur l'un quelconque de ses points, qui déclare schismatique tout fidèle en état de péché. Les règles sont telles, en un mot, que le cheikh des tolba, ayant seul qualité pour connaître des fautes commises par chacun des membres de la communauté, doit avoir une entière suprématie. Aussi, aucun arrêt n'a force de loi s'il n'a été recouvert de sa signature pour certifier que le jugement n'est pas en contradiction avec les principes de l'enseignement religieux. En somme, les décisions des djemmâa, pouvoir séculier, ne pouvaient être exécutoires qu'après leur approbation par les tolba, pouvoir religieux. Ceux-ci, bien que nommés à l'élection, se recrutaient eux-mêmes, puisque les assemblées laïques ne pouvaient les choisir que sur une liste établie par leur caste. Le pouvoir des djemmaa était, par suite, occultement mais complètement subordonné à celui des tolba et se trouvait dirigé par eux.

Aujourd'hui le M'zab est le noyau d'un nouveau cercle, comprenant en outre l'ancien aghalik d'Ouargla, les Chambaa de Metlili et d'El-Goléa, à la tête duquel se trouve un commandant supérieur assisté d'un bureau arabe. Chaque ville de la chebka a pour chef (raïs el djemmâa) un abadite élu par la population. Une assemblée est constituée pour l'administration de la justice avec le cheikh de la mosquée ou le kébir des azzaba pour président, ayant deux membres de l'ancien chapitre pour assesseurs. Enfin un tribunal d'appel, composé d'un azzabi par ville, siège à Ghardaïa, avec recours devant les tribunaux français.

Nous parlerons plus loin des juifs du M'zab. Notons

pour l'instant qu'ils n'ont pas été admis à jouir des droits de citoyen français. La question n'a pas été résolue, que nous sachions, aussitôt après l'annexion. Elle est restée quelque temps en suspens; malgré les trop grandes sympathies que l'on manifeste depuis quelque temps à cette race, on n'a pas dû oser parer de droits civils et civiques ces individus sordides, tolérés en trois villes seulement, parqués en des points assignés, alimentés par l'eau exclusive des puits connus et à eux seuls affectés, soumis aux lois somptuaires, traités en un mot comme de vrais parias. Se souvenant sans doute que l'émancipation juive avait été, en 1871, la principale cause du mouvement insurrectionnel, on a invoqué, paraît-il, comme raison spécieuse, que le décret du 24 décembre 1870, par lequel tous les israélites d'Algérie avaient été naturalisés en masse, n'était pas applicable au M'zab, qui, à l'époque où il a été rendu, ne faisait pas partie de nos possessions. Cette exception nous paraît malheureusement peu acceptable, attendu que nous connaissons un juif du M'zab qui, se trouvant à Laghouat à l'époque précitée, a été fait Français malgré lui. Les israélites de la Chebka ne sont donc ni électeurs ni soldats. Ils ne relèvent que des tribunaux civils, comme les étrangers d'origine européenne, et à leur intention, le commandant supérieur du cercle a été investi des fonctions de juge de paix.

Mais revenons à l'étude du gouvernement m'zabite. Les questions touchant aux intérêts généraux de la confédération étaient traitées par une assemblée générale composée de délégués de toutes les djemmâa. La djemmâa générale du M'zab se réunissait en un point situé entre Ghardaïa et Mélika et appelé Djemmâa Ammi-Saïd, plate-forme en maçonnerie élevée de un mètre et demi au-dessus du sol. L'assemblée générale avait aussi qualité pour régler les différents qui pouvaient naître entre deux ksour.

La djemmâa laïque, adjointe au chapitre des azzaba nommée à l'élection, réglait les questions d'ordre secondaire, mais elle devait consulter le clergé dont l'action restait prépondérante pour celles dont l'importance était plus grande. Elle chercha bien en maintes circonstances à se passer de l'avis des clercs pour se dégager de cette omnipotente tutelle; peine perdue, résistance vaine, l'orage menaçait trop, puisque les azzaba fermaient la mosquée, cessaient l'appel à la prière, refusaient de laver les morts.

Dans les temps primitifs, le cheikh de la mosquée réunissait, ainsi que nous venons de le dire, tous les pouvoirs religieux et civils ; mais l'élément laïque avait fini par se fatiguer de la tutelle d'une autorité animée d'un fanatisme aveugle, intolérant et inquisitorial, qui pesait aussi bien sur les actes de la vie privée que sur ceux de la vie publique. Peu à peu les djemmâa laïques, empiétant sur les pouvoirs des cheikhs de mosquée, s'étaient donnés des attributions pour les affaires civiles ; mais il serait bien difficile de marquer aujourd'hui la limite de la compétence des tolba et de la compétence des djemmâa. Il y avait une grande confusion en ces matières, les djemmâa laïques s'étaient plus ou moins émancipées, selon les villes, et acceptaient plus ou moins la direction du pouvoir religieux. Depuis notre occupation de Laghouat, l'élément séculier avait même, dans certaines villes, secoué le joug des clercs ; ainsi à Guerara, à Berrian et à Ghardaïa il s'était emparé du pouvoir en se donnant des cheikhs laïques.

Les membres de la djemmâa devaient être mariés, pères de famille et jouir d'une certaine fortune. Le *Kitab-el-Akham* donne sur les devoirs de cette assemblée, ou du hakem qui la remplace, des détails formant un vrai code de police urbaine et rurale. On peut en juger par les extraits suivants traduits du chapitre des défenses. « Le hakem doit empêcher tout acte de nature à nuire aux populations qu'il administre... Il interdira de bâtir, planter, labourer, de poser des pierres, de la terre, des cendres, des ordures ou du bois sur les chemins publics ou privés, dans les oueds, près des fontaines ou des canaux d'irrigation, dans les sentiers d'accès, jardins, maisons, tentes ou dans leur périmètre réservé... Il prendra les mêmes mesures en ce qui concerne les mosquées et les oratoires. Il en interdira l'entrée aux enfants et les empêchera d'en faire un lieu de réunion... L'interdiction sera étendue à tous ceux qui pourraient y faire des dégâts ou y déposer des ordures et à tous ceux qui seraient soupçonnés de vouloir commettre ces actes... Il empêchera les femmes de pénétrer dans les mosquées avec des parfums susceptibles d'attirer l'attention des fidèles et de les distraire de leur prière... Il défendra de les traverser, d'y emmagasiner des grains, d'y étendre des dattes, d'y travailler à un ouvrage salarié, d'y pousser des cris d'appel et d'y parler de choses futiles et mondaines, de monter ou de coucher sur leurs terrasses, si ce n'est pour y faire des réparations. Cependant dans le cas de poursuite par l'ennemi, il est permis de monter sur les terrasses de la mosquée pour échapper à la mort... Il défendra de fermer la mosquée aux moments des prières et en interdira l'entrée à tous ceux qui emportent au dehors, pour leur usage particulier, les ustensiles divers, tel que nattes, lampes, vases, etc.

« Il défendra de construire dans les cimetières, d'y creuser, d'y planter, d'y tracer des chemins nouveaux, d'enlever les ossements des morts, d'enterrer deux cadavres à la même place, de vendre les tombes, d'en emporter les pierres, le bois, les arbres, l'herbe ou toute autre végétation... Personne ne devra traverser un cimetière, même hors d'usage, ou y faire paître des troupeaux... Le hakem (ou la djemmâa des musulmans) interdira aux gens du livre (chrétiens ou juifs) d'enterrer leurs morts dans les cimetières des gens de la kibba (musulmans).

« Il veillera à ce que les biens des absents, des mineurs ou des incapables ne soient pas dilapidés. Il veillera à ce qu'il ne soit porté atteinte ni à la fortune ni à la sécurité des musulmans ; il interdira et réprimera tout acte nuisible aux particuliers ; par exemple, la création d'un chemin sur le terrain d'autrui ou tout autre empiètement de ce genre. Il fera abattre les murs ou les maisons qui menacent ruine, défendra de jeter sur la voie publique des animaux morts, du sang, du bois, des pierres, des poutres de palmier, etc., de laver des vêtements ou de la laine dans les eaux de pluie ou autres propres à la consommation publique, de laisser les enfants y jouer, d'y jeter des ordures, d'y abreuver les bestiaux, de les salir ou d'en altérer le goût d'une façon quelconque.

« Il dispersera sur-le-champ, par tous les moyens à sa disposition, paroles ou coups, les gens qui feront usage des instruments de musique, tambours et autres, et chassera également tous ceux qui se réuniront autour d'eux, qu'ils soient majeurs ou mineurs. Il ne sera jamais responsable des dommages ou incapacités causés par les coups donnés dans ce cas.

« Il défendra de fabriquer des liqueurs fermentées ou des vins illicites, d'en vendre ou d'inviter à en faire usage, d'exciter les gens aux jeux ou aux rixes, de leur donner des sobriquets blessants et d'apprendre aux enfants à faire le mal.

« Il interdira aux femmes de se mêler aux hommes sur les places, dans les noces ou en toute autre occasion ; elles ne devront jamais pénétrer sur les marchés.

« Le hakem interdira aux gens qui fréquentent les marchés toute opération de nature à porter préjudice aux acquéreurs ; en conséquence, il défendra d'altérer les denrées ou de falsifier les poids, de chercher à tromper sur la qualité des marchandises et de les vendre comme bonnes alors qu'elles sont mauvaises, d'accaparer les grains, de se faire donner les objets mis en vente avant qu'ils aient atteint leur prix réel. Il interdira également le compérage, consistant à vanter la marchandise et à surenchérir, sans intention d'acheter.

« Il veillera à ce que les bouchers lavent leurs abattoirs ; il leur défendra de traîner les bêtes égorgées ou de les dépouiller avant qu'elles soient tout à fait mortes, de souffler la viande ou de l'arroser avec du sang, d'introduire des bandes de suif entre les côtes pour faire croire que l'animal est gras, d'enlever une partie de la chair de l'animal et de le vendre ensuite comme s'il était entier.

« Il empêchera toute fraude que pourraient commettre à l'égard de leurs clients les ouvriers et artisans, forgerons, tailleurs, bijoutiers, etc. Il interdira aux gens de chercher à tromper sur la qualité des objets mis en vente, par exemple de peigner un vieux vêtement de laine ou de l'enduire de plâtre pour lui donner le brillant du neuf, de mettre sur les régimes de dattes de l'huile ou toute autre matière susceptible d'induire l'acheteur en erreur sur la marchandise, de falsifier l'huile ou le lait en y ajoutant de l'eau, d'introduire dans les médicaments mis en vente des substances étrangères ou nuisibles, de mêler au blé de l'orge, des pierres, de la terre ou autres corps destinés à l'altérer ou à en augmenter le poids réel, de farder avec du rouge les esclaves à vendre.

« Le hakem peut également, dans l'intérêt public, défendre de faire du bois dans les jardins ou aux abords des rédirs, de couper des branches de palmier, d'olivier, de figuiers et autres arbres fruitiers, d'enlever les filaments des palmiers ou de faire la cueillette des fruits avant l'époque de leur maturité. »

Les affaires courantes municipales étaient plus spécialement expédiées dans chaque ville par un certain nombre de membres de la djemmâa, nommés *mokkadems*. Obligés de régler les contestations produites sur le marché, de réprimer les contraventions de simple police, de recevoir les hôtes et de surveiller les bâtiments communaux, ils avaient pour aide un huissier à emploi salarié, généralement nègre affranchi, appelé *oucif-ed-djemmâa*. Ce dernier, chargé de l'exécution des arrêts rendus, pouvait en l'absence de force publique, requérir tous les citoyens pour lui prêter appui. Il y a eu, paraît-il autrefois, quelques agents de l'ordre désignés sous le nom de *mékaris*, armés et officiellement chargés par les deux djemmâa de maintenir la bonne entente. Ils en arrivèrent, malheureusement, à prendre une importance trop grande en temps de troubles et à former une sorte de garde du corps absolument dévouée à des personnalités ambitieuses qui confisquaient le pouvoir à leur unique profit.

Le règlement des questions administratives, la répartition des charges communes, la punition des crimes, des délits et des fautes contre la loi religieuse, appartenaient au cheikh de la mosquée, assisté du chapitre et de la djemmâa municipale.

Le code pénal ou *kanoun* est formé de toutes les décisions prises. Chaque ville possède le sien. Les peines édictées conformément aux prescriptions du Coran et de la Sounna étaient divisées en trois catégories : 1° l'*adeb* ; le 2°, le *taazir* ; le 3°, le *nekal*. La première partie comprend les peines inférieures à vingt coups de bâton et à vingt jours de prison ; la seconde, celles inférieures à quarante coups de bâton et à quarante jours de prison ; la durée ou la quotité des peines de la troisième catégorie est laissée à l'appréciation des juges.

La peine de l'adeb est applicable à toute infraction punissable : insultes, paroles outrageantes, excitation au désordre, réjouissances interdites, jeux, chants et cris, paroles ou actions de nature à porter atteinte à la considération d'autrui ; elle est infligée également à celui qui pénètre sans droit dans la maison d'un autre, qui se refuse à donner ce qui lui est justement réclamé, qui se vante d'appartenir à telle ou telle fraction, qui s'isole avec la femme d'autrui, à ceux qui se réunissent pour prendre du café ou fumer du tabac.

La peine du taazir est encourue par ceux qui, à l'aide d'instruments en fer, en bois ou en pierre cherchent à porter des coups ou à faire des blessures; qui font usage du tabac ou des boissons fermentées ; qui mangent, boivent, achètent ou vendent des choses interdites par la loi religieuse.

La peine du nekal frappe ceux qui, par paroles de toute nature, portent atteinte à la religion ; ceux qui, à l'aide d'instruments en fer, en bois ou en pierre, donnent des coups ou font des blessures ; les individus convaincus de vol, de pillage, de viol ou de bestialité sur une femme, un enfant, un esclave; ceux qui dégaînent ou sortent leurs armes pour en faire usage dans un marché ou autre lieu public.

A Beni-Isguen, un individu étranger à la secte ne peut être propriétaire d'une maison, d'un magasin, d'un palmier ou d'un arbre quelconque. En aucun cas il ne lui est permis de résider en ville comme locataire ou à tout autre titre. Défense expresse de contracter alliance avec les étrangers ; expulsion de ceux qui contreviendraient à cette ordonnance.

Le kanoun de Ghardaïa prescrit, entre autres choses, que le délinquant puni d'une amende recevra dix coups de bâton pour chaque réal impayé; que tout individu convaincu d'avoir adressé la parole dans la rue à une femme sera puni d'une amende de vingt-cinq réaux et banni pendant deux ans ; que le viol commis sur une fille vierge sera puni de cent réaux d'amende et du bannissement pendant quatre ans si le coupable est pubère; en tout cas il ne pourra rentrer avant d'avoir vu la mer! que les violences envers une femme de mauvaise vie seront punies d'une amende de dix réaux; si les preuves manquent, elle sera crue sur la foi du serment ; que le coupable de meurtre payera cent réaux, recevra la bastonnade et sera banni du M'zab à perpétuité; que la femme reconnue coupable d'adultère sera condamnée à la bastonnade donnée par le père, le frère ou le plus proche parent, puis enfermée pendant trois mois dans une chambre à porte murée : on lui fera passer par un trou, réservé à cet effet dans le toit, quelques dattes et des morceaux de galette pour l'empêcher de mourir de faim. Au bout de ces trois mois elle sera bannie du pays ainsi que son complice. Ce dernier, après une forte bastonnade, aura en outre à payer cent réaux d'amende.

Celui qui résiste au droit ou porte atteinte à la religion est puni de mort à El-Ateuf. S'il n'est pas possible de le tuer, on doit le bâtonner indéfiniment. L'esclave qui s'enfuit de chez son maître, la femme qui quitte la maison conjugale doivent recevoir des coups de bâton jusqu'à ce qu'ils soient revenus. L'individu convaincu d'homicide volontaire doit être remis au plus proche parent de la victime qui est libre de le tuer, d'accepter le prix du sang ou de lui faire grâce. Celui qui se servirait d'instruments de musique tels que musettes, tambourins, recevrait vingt coups de bâton. Le délinquant rendu passible de plusieurs peines les subit toutes successivement après qu'il est guéri des premières.

A Bou-Noura, celui qui crache à la figure d'un autre, qui ramasse de la terre et la jette au visage de quelqu'un, qui le traite de cocu, bâtard ou voleur, paye deux réaux d'amende.

Celui qui dans une rixe se sert d'une clef pour en frapper son adversaire est puni, à Berrian, d'une amende de cinq francs et paye en outre le prix du sang ; celui qui a été frappé donne également cinq francs d'amende. Si le délinquant s'est servi d'un casse-tête à bout ferré, l'amende est portée à vingt-cinq francs.

Il est spécifié dans les kanouns de Guerara qu'il ne sera demandé ni amende ni dia à celui qui aura tué un individu introduit nuitamment dans sa maison.

Tout individu qui, à Mélika, porte préjudice par paroles, calomnies ou voies de fait aux azzaba est puni d'une amende de sept réaux et banni pendant deux ans à Alger ou à Tunis. Cette peine est indistinctement applicable à tout individu, qu'il soit ou non à la tribu de l'outragé, les azzaba n'appartenant à d'autre fraction qu'à la fraction de Dieu. Sont encore interdits les réjouissances en musique et jeux divers, l'usage du henné à l'occasion d'un mariage, d'une circoncision ou d'une naissance. Tout contrevenant sera puni d'une amende de cinq réaux et excommunié par les tolba.

Le peine de mort était rarement prononcée.

Nous savons déjà en quoi consiste l'excommunication. Le bannissement, assez souvent ordonné, est consacré par un verset du Coran. La peine pécuniaire considérée comme illicite par les tolba, n'était pas appliquée à Beni-Isguen, ni à El-Ateuf où ils avaient prééminence; en revanche les djemmâa laïques des autres ksour l'exigeaient en sus des peines corporelles infligées par les azzaba. Le *Kitab-el-Ahkam* règle le cérémonial de la bastonnade; « elle ne doit jamais être infligée dans la mosquée; elle est licite dans tout autre lieu.

« Elle doit être donnée par celui qui a infligé la peine ou par quelqu'un qu'il délègue.

« L'instrument destiné à frapper doit être un fouet fabriqué à cet effet et payé par le trésor public ; à défaut de fouet, une tresse de cuir composée de trois lanières, une corde d'alfa, une branche de palmier dépouillée de ses feuilles, ni trop rigide ni trop flexible. On ne doit pas frapper avec une corde en filaments de palmiers ou en laine, avec un bois de régime ou un bâton de bois dur.

« Le patient devra se mettre à genoux et découvrir ses épaules ; il subira sa peine dans cette position. L'exécuteur le frappera d'abord sur l'épaule droite, puis sur l'épaule gauche et continuera ainsi en alternant jusqu'à la fin.

« Dans le cas où par suite de blessures, ou pour toute autre cause, le patient ne pourrait recevoir la bastonnade sur les épaules, il sera frappé sur la partie postérieure qui devra rester couverte ; si le vêtement se déchire, on interrompra l'exécution pour replacer un voile nouveau.

« Les esclaves mâles pourront à volonté être frappés sur les épaules ou sur la partie postérieure.

« Les femmes libres recevront la bastonnade sur les épaules ; elles devront ramener leur voile sur la tête et rester entièrement couvertes. Avant de commencer l'exécution, on devra s'assurer, en les faisant inspecter par des femmes désignées, qu'elles n'ont pas un vêtement épais susceptible d'amortir les coups.

« Pour empêcher la femme de montrer sa nudité

en se débattant, on l'obligera à s'asseoir dans un grand panier qui lui vienne jusque sous les bras, ou à s'introduire dans une gherara (sac en laine) qu'on lui attachera sous les aisselles.

« Afin d'éviter au public le spectacle d'accidents physiques que la douleur ou la peur peuvent déterminer chez la femme, on arrosera abondamment d'eau le panier ou la gherara dans lesquels elle doit prendre place, ainsi que le sol à l'endroit où elle doit subir sa peine.

« Les femmes esclaves recevront la bastonnade sur leurs épaules nues. Dans le cas où on les frapperait sur la partie postérieure, cette partie devra toujours rester couverte.

« On ne bâtonnera jamais une femme enceinte; elle subira sa peine après son accouchement.

« On prendra à l'égard des hermaphrodites les mêmes précautions que pour les femmes : ils seront placés dans un panier et battus les épaules couvertes. »

§ V

Le M'zabite dont nous venons d'esquisser l'histoire, les croyances, la législation, est reçu en venant au monde par une vieille matrone qui ligature le cordon à l'aide d'un fil, après l'avoir coupé au couteau. Etendu aussitôt sur six ou huit fragments d'étoffes qui forment layette, et oint d'huile ou de beurre mêlé de henné, il est roulé et cousu dans son maillot. Tenu un moment par les pieds, la tête en bas, il est replacé sur les genoux de l'accoucheuse qui lui enduit le palais d'une couche de henné. La première manœuvre aurait pour but soit d'accélérer le vomissement des matières contenues dans l'estomac, soit de faciliter une croissance rapide ; la seconde ne tiendrait à rien moins qu'à empêcher la perforation de la voûte palatine, si fréquente chez les syphilitiques. Vient ensuite le tour du nez qui est effilé entre les doigts. La tête, avant d'être soigneusement enveloppée dans une étoffe de laine, est l'objet des mêmes onctions que le reste du corps.

On donne alors un nom au nouveau-né généralement pris parmi ceux qui suivent, s'il est du sexe mâle : « Ahmed, Mohammed, Aïoub, Sliman, Salah, Moussa, Nouh, Brahim, Bafou ou Youcef, Kacem ou Kaci, Yagoub, Zakaria, Daoud, Aïssa, Hammou, Yahia, Bakha, Younès, Boukeur, Bouhoun, Bakir, Hammani, Aoumeur, Baba, Daddi, Addoun » ; s'il est du sexe féminin, il s'appellera le plus souvent : « Faffa, Nanna, Mamma, Lalla, Chacha, Bia, Bekhil, Setti, Betti, Menna et Hanna ».

La fréquente similitude des noms pourrait amener des confusions, si les M'zabites n'avaient comme beaucoup d'autres peuples, l'habitude de se distinguer par des surnoms qui deviennent presque toujours de véritables noms patronymiques. « Ces surnoms arabes ou berbères, sont tirés de particularités qui s'appliquent quelquefois à la personne qui les porte ou remontent le plus souvent à un de ses ancêtres. On trouve à Ghardaia, des familles entières dont les noms sont suivis de surnoms curieux, énumérés ci-après : Kaabouche (boulette composée de dattes pilées, de farine et du beurre); Barbara (petite jarre à ventre rebondi); Mesbah (lampe); Sed-del-Kedim (vieux barrage); Kantara djedida (pont neuf); Akerbouche (grosse datte ronde); Guelmouna (capuchon); Karambila (tromblon); Guellaa Drous (arracheur de dents); Terfas (truffe saharienne); El-Miet (le mort); Kraoua (courge vidée); Soussem (tais-toi); Tamourt Isguem (un seul terrain); Bajou (silos); Kerkache (galette); Tadeler't (petite fève).

« On a pu remarquer que les noms les plus répandus au M'zab, étaient d'origine hébraïque. Il ne faut rien conclure de ce fait dont l'explication est fort simple.

« Les abadites, stricts observateurs du Coran et de la Sounna, classent de la façon suivante, par ordre de préférence, les noms que doivent porter tous les vrais croyants : 1° le nom du Prophète; 2° les noms des prophètes et des hommes vertueux cités dans le Coran; 3° les noms des compagnons du Prophète; 4° les noms des docteurs célèbres de la secte. Le nom préféré de tous est celui de Mohammed. Après lui viennent ceux des prophètes cités dans la Sourate VI, versets 83 et suivants : « Tels sont les arguments que nous fournissons à Abraham (Ibrahim) contre son peuple. Nous lui avons donné Isaac (Ishak) et Jacob (Yakoub) et nous les avons dirigés tous deux.

Antérieurement, nous avions dirigé Noé (Nouh). Parmi les descendants d'Abraham nous avons dirigé aussi David (Daoud) et Salomon (Slimane) et Job (Aïoub) et Joseph (Youcef) et Moïse (Moussa) et Aaron (Haroun). C'est ainsi que nous récompensons ceux qui font le bien. Zacharie (Zakaria), Jean (Yahia), Jésus (Aïssa) et Élie (Élias), tous ils étaient justes. Ismaël (Smaïl), Élisée (El-Isaa), Jonas (Younès) et Loth (Lout), nous les avons élevés au-dessus de tous les humains. » Il n'y a donc pas lieu de s'étonner de voir les noms des personnages vertueux de la Bible portés par la grande majorité des M'zabites. »

Mais revenons à notre nouveau-né. La M'zabia allaite son propre enfant. Le mari ne plaisante pas à ce sujet; il met un certain orgueil et un véritable amour-propre à exiger de la femme l'accomplissement de tous ses devoirs. Il admet que dans le seul cas de nécessité démontrée l'enfant puisse être confié à une nourrice. Mais dès lors, une espèce de parenté s'établit entre ces deux êtres, qui interdira à l'avenir toute union conjugale entre les frères et sœurs de lait.

C'est à l'âge de trois ou quatre mois que le maillot est définitivement enlevé à l'enfant pour être remplacé par une gandoura ou chemise sans manches descendant jusqu'aux talons. C'est la première pièce du vêtement musulman qui sera complété vers l'âge de deux ans par le burnous de même forme et de même sévérité que celui des grandes personnes. Cette investiture islamique coïncide d'habitude avec la première coupe de cheveux chez les jeunes garçons, et avec l'instant où soustrait aux soins et à la surveillance de la mère, il passe sous la direction et la protection paternelle.

A sept ans, il sera circoncis; cinq ou six ans plus tard apparaîtront les premiers signes de puberté et avec eux l'obligation au jeûne, le droit de prier et le pouvoir de témoigner. Dès lors, se conformant aux prescriptions du Coran et de la Sounna, il devra surtout observer le ramadan, faire ses prières et les ablutions prescrites, en y adjoignant quelques soins de propreté, appropriés au climat, qui consistent à raser les cheveux et les poils qui apparaissent sur les régions réputées honteuses.

Le ramadan, que l'on a avec assez de raison comparé à notre carême, dure pendant tout un mois lunaire. Le M'zabite doit faire abstinence absolue du lever au coucher du soleil. Ce jeûne a des rigueurs réelles puisque, survenant pendant les mois les plus chauds de l'année, il se trouverait rompu par l'ingestion d'une simple gorgée d'eau.

On n'est pas toujours d'accord sur l'époque fixe de l'apparition où de la disparition de la lune. Les savants musulmans ont appelé jour douteux celui qui, survenant le dernier jour du ramadan, a été précédé d'une nuit nébuleuse ne permettant pas de voir le nouveau croissant de l'astre. Les M'zabites ordonnent le jeûne, le jour de doute.

Bien que jouissant de tous droits religieux et moraux, le fils devra à son père les plus grands égards :

s'abstenant de paraître en public dans la même assemblée, ne mangeant ni à la même table ni à la même heure, il lui donnera toujours le nom de seigneur. Ce dernier a une telle autorité que le fils ne peut posséder en propre s'il n'a été affranchi : en cas de mort sans l'accomplissement de cette formalité, le père hérite au détriment de la famille que pourrait laisser le mari.

Jusqu'à l'âge de vingt à vingt-cinq mois, les garçons et les filles sont exclusivement confiés aux soins de la mère. Mais tandis qu'à partir de cet âge les existences se séparent, que l'attention et les prévenances se portent toutes entières sur les premiers, les secondes continuent à être considérées comme des déshéritées de la fortune.

Tandis que le jeune fils sera cajolé, choyé par le père, la petite fille sera habituée peu à peu aux travaux de l'intérieur. Elle sera utile dans la mesure du possible et, dès l'âge de quatre à cinq ans, elle suivra sa mère au puits, ayant ses faibles épaules chargées d'une petite outre spécialement taillée pour elle. Alors que l'on sera plein d'égards pour le fils, la fille sera traitée avec rigueur. La nubilité arrive de fort bonne heure et marque l'époque où cette dernière se doit au mariage.

La situation de la femme berbère a été, autrefois, supérieure à ce qu'elle est de nos jours. La tradition nous conserve le souvenir de certaines adonnées aux sciences. Duveyrier fait valoir dans son bel ouvrage que la Targuia est plus instruite que le Targui. Les

Kabyles et les Chaouias de l'Aurès sont tous monogames. Leurs femmes, plus ignorantes que celles des Touaregs, savent néanmoins plus de la vie commune que celles des Arabes des villes ; elles mènent une vie analogue à celle de nos paysannes, c'est-à-dire que, sans être voilées, elles vont seules à plusieurs kilomètres de distance chercher de l'eau et du bois, elles partagent les travaux des hommes.

L'islamisme a abaissé partout la situation des femmes. Elles n'apprennent point à prier. Le Coran ne résout pas la question de savoir si elles ont une âme. D'après la lecture attentive des textes, d'aucuns prétendent qu'elles peuvent espérer en la rédemption finale. En tous cas, leur place est marquée au Paradis : elles seront des houris toujours vierges, toujours belles, toujours aimées.

La femme adulte est occupée des soins du ménage. Sa situation, pour n'être pas enviable, est moins dure que celle faite par les Arabes. La vieille femme est un réel embarras. Méprisée et traitée durement par tous, elle n'a de protection qu'auprès des enfants en basâge ou des jeunes épouses dont elle favorise les amours adultères.

La M'zabia se marie de dix à douze ans. Comme en pays arabe, les conditions varient entre le père et le prétendu. Ce dernier apporte tant en dot, soit en argent, mais le plus souvent en palmiers, ou en dattes, ou en toisons, et il est stipulé dans le contrat qu'en cas de divorce, tout ou partie de la dot sera rendue par le père.

Le M'zabite, quoique par nature monogame, devient parfois polygame, surtout parce que le Coran y autorise. Il admet aussi deux façons légales de se séparer de sa femme : la répudiation et le divorce. Cependant la coutume des M'zabites n'admet pas plus de deux divorces.

Le premier est l'acte par lequel la femme est purement et simplement chassée du toit conjugal, soit pour un certain laps de temps, soit d'une façon définitive. Il ne peut être prononcé qu'au moment de la pureté qui suit les menstrues.

Le divorce sépare le mari de la femme, détruit en un mot l'effet du mariage. En pratique, il peut être obtenu soit par rachat, soit par autorité de justice. Dans le premier cas, la femme demande à recouvrer sa liberté en offrant un don compensatoire. Elle a le droit de solliciter le divorce, et le mari peut, s'il le veut, l'accepter ; lui seul prononce. Mais ce dernier n'a plus à faire valoir son avis quand l'autorité judiciaire intervient. C'est au contraire généralement contre lui qu'on prononce le divorce, soit à cause de son inaptitude à remplir les devoirs conjugaux, soit parce qu'il maltraite sa femme et la bat sans motifs, parce qu'il lui refuse la nourriture, le logement ou les vêtements !

La législation accorde un an environ au mari pour prouver le mal fondé de la première accusation. Ce temps écoulé, la femme est divorcée sans être tenue de payer la moindre compensation. Mais elle doit tout ou partie de cette dernière, si elle ne veut pas attendre l'expiration du délai légal.

Les mauvais traitements dont la femme est l'objet font rarement prononcer le divorce. Il serait bien difficile, en effet, de trouver que le mari a eu tort de sévir, puisque la législation lui reconnaît, dans une centaine de cas au moins, le droit de châtiments corporels : la désobéissance en général, l'arrogance, l'indiscrétion... Néanmoins le divorce peut être prononcé en faveur de la femme qui, dans ce cas, est toujours tenue d'offrir une certaine compensation.

Nous devons insister sur la législation abadite concernant le mariage. Il est interdit aux femmes de se marier en dehors du pays, il est même des villes telles que Ghardaïa et Beni-Isguen qui ne permettent pas de mariages en dehors de leurs murs. Les hommes qui enfreindraient cette règle ne pourraient cohabiter dans la ville avec la femme étrangère.

Une femme mariée ne peut sous aucun prétexte quitter la ville même pour suivre son mari. Or nous verrons plus loin que le M'zabite s'expatrie pour aller tenir les comptoirs fondés à une plus ou moins grande distance du littoral. Parfois polygame nous l'avons vu, il est surtout monogame comme les anciens Berbères. Mais cette monogamie est un peu spécieuse, elle est vrai si l'on ne considère que le mariage abadite.

En dehors de son pays, le M'zabite prend souvent, en effet, une ou plusieurs autres femmes du rite malékite.

En tous cas, il est prescrit aux M'zabites de ne quitter leurs femmes qu'après les avoir rendues enceintes, de revenir tous les deux ans au moins passer quelque temps au milieu de leurs coreligionnaires.

Que les M'zabites soient fidèles à l'exécution de leur premier devoir, ceci est absolument faux, attendu que des naissances surviennent parfois seize ou dix-huit mois après leur départ. Il est vrai que le Coran prescrit de croire sans restriction au principe : *is pater est quem nuptiæ demonstrant.* L'enfant, enseigne-t-on, peut s'endormir dans le sein de sa mère pour ne se réveiller que plus longtemps après. Cette croyance commune à tous les musulmans, pour si grotesque qu'elle soit, est acceptée par des gens instruits et élevés au milieu de notre civilisation. Nous aurions une histoire bien curieuse à raconter, ayant trait à un point de médecine légale, si nous ne voulions pas nous laisser égarer par de trop longues digressions. Qoiqu'il en soit, cette façon d'accepter les choses lèverait et lève beaucoup de difficultés.

Tous les M'zabites ne reviennent pas régulièrement au pays, néanmoins ceux qui sont partis sans idée de retour forment l'exception. Ils ont perdu leur nationalité. Pour la reconquérir, ils devront payer une forte amende et implorer leur pardon.

Sans insister pour l'instant sur le caractère m'zabite, disons qu'il a ce que l'on pourrait appeler les défauts de ses qualités ; et par ces mots, nous voulons dire que musulman doctrinaire outré, il est fataliste, croyant au surnaturel en toutes choses. Il tient des Berbères du moyen âge le culte de la magie et de l'astrologie ; par son fétichisme islamique, il croit à la toute-puissance des amulettes. Ces dernières jouent un grand rôle puisqu'on leur attribue la propriété de pouvoir préserver de tout, excepté de la mort. Les enfants en bas âge en ont la tête, le cou et la poitrine couverts. Ce sont des sachets de cuir rouge plus ou moins ornementés, appendus à une lanière de cuir formant collier, contenant des feuilles de papier couvertes de versets du Coran ou de signes cabalistiques. Il y a deux classes bien distinctes d'amulettes, celles qui ont pour but d'appeler sur la personne toutes sortes de biens; celles qui sont destinées à éloigner toute la série des maux possibles. Nous nous abstiendrons de parler pour l'instant de ces dernières, nous réservant d'y insister quand nous parlerons de la nosologie et de la médecine chez les M'zabites.

Assisté, lavé et recouvert d'un suaire par un des tolba spécialement désigné, le M'zabite mort va être enseveli; mais depuis quelques instants des cris déchirants partent de la maison mortuaire, les femmes se griffent le visage; les voisines accourent, et forment cercle autour du cadavre, faisant le simulacre de se lacérer le visage en signe de deuil. Ce qui se passe ici rappelle la corporation des pleureurs romains. A certains moments, la mère, la femme, la fille ou les très proches parents féminins commencent à pousser de profonds soupirs; ils se suivent d'abord assez espacés, mais se rapprochent de plus en plus en augmentant d'intensité. A un moment donné tout le monde pousse des gémissements absolument cadencés : les premières personnes se griffent le visage en mesure, pendant que les autres font le même mouvement mais sans se faire aucun mal. Le sang coule sur la figure des premières, labourée par les ongles, tandis qu'on ne voit pas sur celle des autres, traces de leurs passages.

Le M'zabite, enveloppé dans son suaire, est douze à quinze heures après, apporté au cimetière du ksar.

Les cimetières du M'zab méritent une mention particulière. Ils se ressemblent, le mode de sépulture seul varie en raison de la constitution du sol. Dans tous, celui de Mélika excepté, la fosse est creusée à soixante ou soixante-dix centimètres de profondeur, orientée comme la religion musulmane le prescrit. Le corps enseveli et recouvert de la terre extraite, il reste un tumulus garni, suivant sa longueur, de fragments de pots, de plats, de terrines, d'œufs d'autruche faisant penser aux repas funèbres des anciens. Le cimetière de Mélika est situé en dessus de la ville sur un petit plateau rocheux. Ici on ne peut creuser de fosse. On se borne à déposer le corps et à le murer dessus et sur les côtés avec des pierres sèches. Les corps ainsi ensevelis se momifient quelquefois, ils s'incrustent du sable qui passe par les interstices des pierres, mais dans d'autres circonstances, ils subissent la décomposition cadavérique et empoisonnent le voisinage. Nous avons dû appeler l'attention sur un tel foyer d'infection en 1883. Peu de temps auparavant, une mortalité assez grande avait été due à une épidémie de petite vérole et l'air était empoisonné.

Les cimetières placés à côté des ksour sont toujours accompagnés d'une construction plus ou moins soignée où viennent étudier les tolba, et où se réunissent pour leurs cérémonies les parents du défunt.

Il y a parfois deux parties entièrement séparées dans les cimetières, comme dans celui de Ghardaïa par exemple. L'une est réservée aux fractions qui ont pris part à l'origine à la fondation de la ville et s'appellent *acils*, l'autre est destinée aux fractions désignées sous le nom de *nazils* qui sont venues dans la suite se joindre aux premiers habitants. Les nazils de Ghardaïa ont consacré leur part de cimetière à Ammi-Saïd Ben-Ali, personnage célèbre originaire de Djerba, qui vint se fixer à Ghardaïa vers la fin du xe siècle de l'hégire.

§ VI

Probe, fidèle à ses engagements, appui réel pour ses clients et ses hôtes, patient dans l'adversité, ferme dans l'affliction, doux de caractère, indulgent pour les défauts d'autrui, respectueux pour les vieillards et les hommes pieux, compatissant, hospitalier, le M'zabite nous retrace assez bien le portrait moral du Berbère. Unissant au goût naturel pour les constructions une forte discipline religieuse, maçons dirigés par des moines, ils ont été les colons du Sahara, comme leurs ancêtres romanisés avaient été les colons du Tell. Juste comme le Berbère, le M'zabite ne transige pas avec le droit ; comme lui encore, il veut et conserve puissant le sentiment de la famille et, à son défaut, chacun trouve aide et protection dans la fraction à laquelle il appartient. Cette dernière fournit des secours au lieu et place des ascendants et descendants, mais reçoit en revanche les biens de celui qui, mourant sans parents au degré successible, n'a pas préalablement institué d'héritier adoptif ou de légataire universel. Il est certain que l'on ne rencontre pas de mendiants m'zabites grâce à la *zekâa*. Don, ou bien mieux impôt, puisqu'il est obligatoire, prélevé en faveur des pauvres et pour l'entretien de divers services, il frappe l'or, l'argent, les marchandises et les troupeaux. Fixé de diverses façons il n'en représente pas moins la quarante-cinquième partie du revenu et constitue un fonds sérieux d'assistance auquel a droit tout individu qui, sans être absolument dénué de ressources, ne peut complètement se suffire, celui qui ne possédant pas assez ne gagne pas pour subvenir en tout temps à ses besoins. C'est ainsi qu'un homme relativement aisé pendant six mois, peut être secouru durant l'autre partie de l'année, qu'en un mot il est alternativement susceptible de payer la zekâa et de la recevoir. Cette contribution, relativement légère, uniformément prélevée pour les indigents et indistinctement répartie, est jugée insuffisante pour un père, une mère, un fils qui ont droit à des allocations supérieures, aux aliments proprement dits. Exception est faite pour la mère remariée, sa nouvelle alliance ayant détruit les anciens liens de famille.

Prévoyant, charitable, fidèle observateur des prescriptions doctrinales il a, comme le Berbère, l'amour de l'étude. Conséquence sans doute de la vie de lutte débutant à l'aurore de toute hérésie, résultat probable de la gymnastique intellectuelle à laquelle se livraient leurs ancêtres du moyen âge dans la préparation des combats théologiques, l'abadite est prédisposé à l'acquisition des connaissances nouvelles : trop longue serait la série des sujets souvent bizarres que leurs savants se sont complus à traiter. Cette qualité originelle revit dans la sollicitude qu'ils ont pour leurs écoles, dans l'assiduité avec laquelle ils y envoient leurs enfants. L'instruction primaire est si répandue parmi les M'zabites que presque tous savent lire et écrire en arabe. Ceux qui viennent dans nos villes du Tell tiennent généralement eux-mêmes leurs livres de compte et font leurs correspondances sans intermédiaires. Le plus grand nombre parle français, certains l'écrivent ; quelques-uns même comprennent l'espagnol, l'italien et l'anglais.

Ces qualités et bien d'autres encore sont, comme il fallait s'y attendre, contrebalancées par de graves défauts.

Peu braves, et même nettement peureux, les M'zabites n'ont pas su, tant s'en faut, conserver par le prestige des armes l'indépendance dont ils ont joui jusqu'au jour de l'annexion. Se laissant rançonner à merci, ils ont payé maintes contributions aux chérifs

Mohammed-ben-Abdallah et Bou-Choucha, sans parler de celles qu'ils ont dû acquitter en plusieurs circonstances depuis 1864, entre les mains des Ouled-Sidi-Cheikhs. Les Mekhalif-el-Djorb, les Larbâa, les Oulad-Nayls, exigeaient eux aussi des droits, tant pour la libre circulation qu'ils accordaient aux caravanes que pour les escortes à fournir.

Si l'on s'étonne de voir les M'zabites fortifiés dans leurs ksour, faire bon marché de leur amour-propre et capituler devant le premier venu, on devra cependant admettre, qu'obligés par les besoins de leur négoce et les exigences de leurs jardins, à cultiver et irriguer leurs plantations, ils devaient vivre en paix avec tous leurs voisins, quelques bandits étant suffisants pour ruiner leur commerce et détruire leurs oasis. Calculateurs avant tout, ils préféraient, de deux maux, accepter le moindre.

Ils n'en sont pas moins parfois d'une arrogance outrée, d'une forfanterie sans égale. C'est quand l'ennemi est fort loin qu'ils plaisantent avec lui, qu'ils font des réponses fanfaronnes analogues à celle adressée en 1838 à l'émir Abd-el-Kader : « Tu nous menaces de nous priver des grains du Tell, lui écrivaient-ils, mais nous avons pour vingt ans de poudre et de dattes et nous récoltons ce qu'il nous faut à peu près de blé pour vivre. Tu nous menaces de faire mettre à mort tous les Beni-M'zab qui habitent tes villes ; tue-les, si tu veux. Que nous importe ! Ceux qui ont quitté notre pays ne sont plus des nôtres ; fais plus, écorche-les et si tu manques de sel pour conserver leurs peaux, nous t'en enverrons en quantité. »

Vindicatifs, ils ne veulent point admettre pour le meurtrier la peine de l'exil et de la compensation pécuniaire que la loi laïque autorise. Inassouvis de vengeance, ils sont excités par les sofs ou partis auxquels ils apppartiennent, représentant la tribu des anciens Berbères ou même de nos Kabyles du Djurjura qui n'abandonne jamais le protégé (anaya) auquel elle a promis son appui.

Tenaces dans leurs haines, les périodes de paix ne sont qu'apparentes. Les expulsés du jour deviennent les expulseurs de demain, le vaincu du matin ne songe qu'à laver son affront dans le sang du vainqueur de la veille et les massacrés lèguent à leurs familles ou aux gens de la fraction, la mission de réclamer le prix du sang, de faire de nouvelles victimes. Les coups portés sont terribles et les combattants, sous un faux masque de bravoure, ne se montrent rien moins que féroces. Excités au jour de la lutte dans les ksour par de vieilles femmes qui parcourent les rangs, un pot de henné à la main, avec menace de marquer les fuyards, ils s'acharnent entre eux, se lacèrent, se déchirent, se livrent à un épouvantable carnage. Ce n'est pas sans raison qu'on a comparé ces batailles à celles qui se passent dans les terriers de lapins. On sait que cet animal a l'instinct de la combativité et que la mort d'un des engagés signale le plus généralement la fin de l'action. En tous cas, les blessures sont graves et le plus souvent, avec des yeux crevés, on voit des lambeaux de peau arrachés sur toute la longueur du corps. Mais qu'une belette paraisse, et cet animal, si belliqueux tout à l'heure, n'essayant pas même de faire usage de ses défenses naturelles, se tapira dans un coin et se laissera saigner. Ces luttes étaient fréquentes au M'zab avant l'annexion et la mort d'un grand nombre s'ensuivait. Mais il suffisait comme on l'a vu, de se montrer avec une poignée de soldats pour que cette population devenue tout à coup soumise et docile se rendît à merci.

Ces querelles intestines n'étaient parfois que la conséquence d'une mesquinerie, le simple résultat d'un opiniâtre entêtement. On raconte, comme exemple typique, qu'un habitant d'El-Ateuf ayant rapporté du Tell, il y a plus de deux siècles, des graines potagères parmi lesquelles se trouvaient des semences de potiron, obtint avec ces dernières des produits d'une rare beauté. Présentés à la djemmâa émerveillée, qui voulut tout aussitôt leur donner un nom, la discorde s'alluma, conséquence des discussions orageuses dans lesquelles on s'était engagé. Tandis que certains adoptaient le mot de *tamina*, les autres tenaient pour celui de *takhenaït* avec une telle persistance que les villes divisées en deux camps finirent par en venir aux mains. Malgré le laps de temps qui s'est écoulé, le feu n'est probablement pas éteint sous la cendre, car un descendant de ceux qui ont voté le mot de tamina ne prononcera jamais celui de takhenaït et réciproquement.

Intolérants par doctrine, l'imam des musulmans, ou à défaut la djemmâa, doivent interdire aux dissidents religieux de faire parade de leurs croyances. Le *Kitab-el-Ahkam* refuse à tout ce qui n'est pas abadite le droit d'appeler à la prière, de se réunir le vendredi, de tenir toute assemblée, de commettre en un mot tout acte susceptible de mettre en relief des innovations. Et pour démontrer l'inanité de ces cultes hérétiques, il ordonne de vivre à l'écart, de tenir éloignés les enfants et tous ceux qu'anime une foi chancelante. Les gens du livre, autrement dit les chrétiens, les juifs et les sabéens, alors même qu'ils ont payé la capitation, ne sont pas plus autorisés que les précédents à manifester ouvertement leur religion. Si l'on ne peut les empêcher de pratiquer dans les églises pour lesquelles ils ont payé un droit, ils ne doivent pas être autorisés à les réparer, encore moins à les agrandir ; en tous cas, le culte extérieur est pour eux sévèrement proscrit.

Les Beni-M'zab n'ont pas de khouans ; ne reconnaissant pas de semblables affiliations, ils méprisent souverainement ces derviches qui vont d'un endroit à l'autre porter leurs haillons et leur misère. Il est à remarquer aussi, qu'à l'inverse des malékites, ils ont un moindre culte des fétiches. S'ils ont foi en leurs amulettes, ils ne vont pas cependant jusqu'à affubler de sales oripeaux tel pan de mur, tel arbre, tel tas de cailloux que la légende signalera comme ayant servi d'abri ou de siège à un personnage vénéré.

Étroit d'esprit, très crédule, tenté de considérer la beauté comme un don funeste, le M'zabite affecte une certaine rudesse de mœurs. Absolument secret, plus sensible à la contrition intérieure qu'aux démonstrations extérieures, austère, mystérieux, il se départit de toute gravité dans les réjouissances publiques. Dans ce cas, bon nombre d'entre eux se grisent à l'odeur de la poudre, qu'il s'agisse de fêter le 14 Juillet ou l'arrivée de quelque grand personnage. Habiles aux évolutions à pied, ils exécutent ainsi leur fantasia : équipés comme pour le combat et placés sur deux rangs, certains d'entre eux partent ensemble au petit trot en poussant des cris aigus ; à un moment donné, les premiers s'arrêtent et font volte-face en même temps que les seconds se reculent un peu pour tirer à terre, et tous à la fois, d'énormes coups de tromblon, imitant de grosses décharges d'artillerie. Dans ces circonstances, il est brûlé des quintaux de poudre.

Comme toutes les populations du sud de l'Afrique, les Beni-M'zab se répartissent en deux grands partis politiques ou *sofs* que suivent les tribus arabes du voisinage.

Chaque ville du M'zab est divisée le plus souvent très inégalement entre les deux grands sofs Chergui de l'est et Gharbi de l'ouest. Les prétextes les plus futiles servent pour faire naître ou raviver les luttes, dans lesquelles les personnalités notables espèrent trouver l'occasion d'arriver à la direction des affaires, quand elles ne les ont pas. La seule peine que la djemmâa puisse prononcer, en pareil cas, contre les perturbateurs, est l'expulsion de la ville, soit individuelle, soit en masse, et l'internement limité ou indéfini sur un autre point de la confédération. Mais la djemmâa étant l'expression des sofs, est à la fois juge et partie. C'est en somme le plus fort dans la querelle du moment qui chasse le plus faible. D'un autre côté, les exilés dont le seul tort nettement établi, est d'avoir eu le dessous, s'en vont avec l'espoir souvent réalisé de reprendre un jour l'avantage et de chasser à leur tour les adversaires pour se mettre à leur place. Le lieu de leur exil est toujours trop peu éloigné pour qu'ils ne puissent entretenir facilement des relations avec les mécontents de la ville qu'ils ont quittée; ils emportent aux lieux où ils se rendent, les passions qui les ont animés et qui sont encore surexcitées par la défaite; ils s'y renforcent de l'appui de rivalités analogues et loin que la querelle soit apaisée, elle s'aigrit au contraire, en devenant une cause d'hostilité entre plusieurs ksour.

Ces désordres prennent un caractère particulier de gravité brusque, lorsque par l'argent ou par d'autres considérations, les exilés peuvent enrôler à leurs services des gens d'action, pris dans les tribus arabes qui vivent au M'zab ou dans le voisinage.

Les Ouled-Yaya à Berrian, les Atatchas à Guerara, les Médabih à Ghardaïa, profitent toujours de ces querelles de sofs pour se faire payer largement leurs services et pour obtenir, ne fût-ce que momentanément, une action quelconque dans la ville, action qui leur est toujours refusée en temps ordinaire.

Deux partis divisent Ghardaïa, les Ouled-Ammi-Aïssa et les Ouled-Ba-Sliman. A cette division s'attache toute la politique du M'zab. Les autres villes suivent l'impulsion donnée. Beni-Isguen, Berrian, Guerara, Bou-Noura, sont liés aux Ouled-Ba-Sliman; Mélika et El-Ateuf sont avec les Ouled-Ammi-Aïssa. A ces deux sofs se rattachent aussi les tribus environnantes Médabih et Chambâas. Il suffit que l'un dise blanc pour que l'autre réponde noir ; on voit qu'ils sont très civilisés et à notre hauteur.

Les Ouled-Ba-Sliman furent les premiers à faire leur soumission aux Français. Les Ouled-Ammi-Aïssa se jetèrent alors naturellement dans les bras du chérif; mais voyant plus tard son influence disparaître, ils vinrent aussi à nous.

Les premiers se subdivisent en Ouled-Bel-Hadj, Ouled-Ba-Hamed, Ouled-Macba, Ouled-Younès, Ouled-Mharez, Ouled-Nouh; les seconds en Ouled-Hamada, Ouled-Alouan, Ouled-Brahim, Ouled-Barkha, Ouled-Bou-Sala, Ouled-M'Saoud, Ouled-Ben-Baziz.

La djemmâa se compose d'un nombre égal de membres de chaque parti, six d'un côté, six de l'autre, et, à tour de rôle, chacun nomme le cheikh.

La ville de Beni-Isguen, à la suite d'une guerre entre les Ouled-Ammi-Aïssa et les Ouled-Ba-Sliman, s'accrut d'un fort contingent de ces derniers. Elle est l'ennemie des Chambâas de Metlili, parce qu'elle voulut s'opposer à ce que ces derniers arrivassent au secours des Ouled-Ammi-Aïssa, aux prises avec les Ouled-Ba-Sliman de Ghardaïa. Les Chambâas tournèrent leurs attaques contre Beni-Isguen : il en résulta une longue guerre dans laquelle les Chambâas attaquèrent plusieurs fois du côté des jardins isolés de la ville et mal protégés par les murailles. Les Beni-Isguen perdirent beaucoup de monde dans ces combats et furent même une fois obligés de payer 4,000 réaux aux Chambâas.

Les fractions de Beni-Isguen sont les Ouled-Nassa, les Ouled-Anane, les Ouled-Sber qui fournissent chacun quatre membres à la djemmâa. Contrairement aux habitudes des ksour, les trois fractions de Beni-Isguen vivent en bonne intelligence et il n'y a jamais eu de guerres entre elles. C'est cette union qui les met en état de tenir tête à Ghardaïa divisé. Dans les querelles de la capitale, ils prennent parti pour les Ouled-Ba-Slimân.

Les M'zabites de Mélika se rallient aux Ouled-Ammi-Aïssa de Ghardaïa, ainsi que nous l'avons déjà dit. Ils comptent cinq fractions, les Ouled-Khelfin, les Ouled-Khélil, les Ouled-Ourirhou, les Ouled-Alouan, les Ouled-Methar. Les fractions de Bou-Noura sont les Ouled-Ismaïl, les Ouled-Abdallah, les Ouled-Sba. Les habitants d'El-Ateuf, divisés en deux partis, les Ouled-Djelmen, les Ouled-Khelfi, se fatiguèrent tellement de leurs dissensions que, d'un commun accord, ils bâtirent un mur de séparation qui divisait la ville et dont les vestiges existent encore ; remède impuissant et qui n'empêcha pas la guerre intestine tant qu'un des partis n'eût pas étouffé l'autre. On ne trouve plus actuellement à El-Ateuf que treize familles de Cheurfa, appartenant aux trois fractions des Ouled-Ismaïl, Ouled-Brahim et Ouled-Aïssa. Ils ont conservé jusqu'à nos jours le monopole des carrières de plâtre de Tilemçacine, sur le plateau de Noumrat, qu'ils ont exploitées les premiers.

Les habitants de Berrian sont aussi partagés en deux fractions, les Ouled-Nouh et les Afafra, qui successivement s'arrachent le pouvoir et chassent les autres. A l'heure actuelle, les Ouled-Nouh sont maîtres à Berrian.

Les Ouled-Alahoum, les Ouled-Bou-Lahia, les Ouled-Merzoug, les Ouled-Hammou-ben-Brahim, les Ouled-Djahlam, les Ouled-Kaci-ben-Nacem, les Ouled-Ballat, les Ouled-Ahel-Mélika, les Ouled-el-Arram sont les fractions de Guérara.

Actifs, sobres, prévoyants, les Beni-M'zab sont particulièrement aptes au négoce. Cet instinct commercial caractéristique a de tout temps sollicité les Berbères à rechercher en dehors de leur pays un théâtre à leur activité. Les écrits, datés des premiers siècles de l'hégire, témoignent de ces prédispositions.

Bien que le détachement des choses de ce monde y soit couramment prêché, les cheikhs les plus connus par leur savoir et leur piété ne dédaignent pas de se livrer au commerce et n'ont pas assez d'éloges pour ceux qui y réussissent. Au temps de la Ouargla abadite, le Soudan, bien que fermé aux tribus berbères, par la crainte des persécutions religieuses, offrait aux voyageurs assez hardis pour y pénétrer l'espoir d'un large profit.

Le cheikh Abou-Yacoub-Youcef-ben-Brahim-ben-Mennad, entreprenant et aventureux, connu du reste par son esprit militant et par ses ouvrages de controverse religieuse, y pénétrait vers l'an 1200 de notre ère, en ramenait des esclaves et en rapportait de la poudre d'or. « Que Dieu ajoute encore à la prospérité d'Ouardjelane (Ouargla), a-t-il dit dans ses écrits. C'est le paradis du monde, la porte ouverte vers la Mecque et la mine de poudre d'or de R'ana.

« Il n'est pas de générosité possible dans ce monde pour celui qui a peu de fortune, et il n'est de réelle fortune que celle obtenue par le négoce.

« Laissons les ignorants se glorifier des biens qu'ils ont acquis en pillant partout ; ils sont semblables aux viles esclaves qui, en un jour de fête, se parent d'un reste de vêtements et de bijoux, dédaigné par leurs maîtresses.

« Les richesses légitimes ne seront jamais acquises que par l'homme intrépide qui franchit les espaces s'étendant vers R'ana et ne craint ni les déserts sans route, ni les fatigues, ni le soleil, ni les ténébreux ouragans de sable.

« Par l'homme qui dédaigne une molle couche, fuit le contact des femmes aux longs voiles, et sait braver les événements, d'où qu'ils viennent, alors même qu'ils le pénétreraient douloureusement comme les pointes acérées des poignards. »

« Les M'zabites ont conservé cette activité de race, ajoute M. de Motylinski, et cet amour des richesses honnêtement acquises.

« Longtemps avant l'occupation française, ils se répandaient déjà dans les villes du Tell algérien et de la Tunisie, où leur esprit d'ordre et d'économie, leur probité proverbiale et leurs aptitudes naturelles leur assuraient presque le monopole du commerce. » Mais avant la prise de Laghouat par les Français, les M'zabites payaient aux Larbaa, aux Saïds-Othba et même à la petite tribu des Mekhalif, qui n'a jamais compté plus de quatre-vingts cavaliers, un droit de protection, afin de pouvoir circuler en caravane du M'zab jusqu'au Tell. Ils n'y envoyaient qu'une seule grande caravane tous les ans au mois d'avril; escortée par des Larbaa ou des Ouled-Nayls, elle payait une redevance aux grandes tribus dont elle traversait le territoire. Le chef qui l'accompagnait recevait un tapis, 100 réaux, un habillement complet de femme; chaque cavalier du goum faisant partie de l'escorte était nourri, ainsi que son cheval, pendant tout le voyage et recevait une paire de fers et une gandoura en laine.

La conquête a favorisé le mouvement d'émigration temporaire des M'zabites vers le nord, en leur donnant la sécurité qui leur faisait souvent défaut. Leur qualité de musulman en dehors des quatre sectes reconnues, les exposait en effet à de fréquentes vexations. Les Arabes du Sahara rançonnaient impitoyablement les caravanes; ceux des villes levaient sur eux des impôts onéreux et arbitraires, et ne manquaient aucune occasion de leur rappeler qu'à leurs yeux ils n'étaient que des kharedjia, voués, au même titre que les chrétiens et les juifs, à toutes les flammes de l'enfer.

Les livres de Locat, ou recueils de décisions et d'épîtres des cheikhs vénérés du M'zab, contiennent plusieurs lettres adressées aux deys d'Alger, aux beys de Tunis ou aux bachas de Tripoli, dans lesquelles les M'zabites, par l'organe de leurs directeurs religieux, essaient de réagir contre cette tendance, en exposant en détail les articles de foi qui forment la base de leurs croyances, et en cherchant à prouver qu'ils sont aussi bons musulmans que les sectateurs de Malek ou d'Abou-Hanifa.

Un tiers environ de la population mâle émigre vers le Tell où elle crée des comptoirs prospères. Chaque ville a ses centres affectionnés ; c'est ainsi que les gens de Ghardaïa vont à Alger, Oran et Constantine ; que ceux de Beni-Isguen se rendent à Djelfa, Tlemcem et Laghouat ; que les habitants d'El-Ateuf s'établissent à Bou-Saâda, Aumale et Sétif ; que les natifs de Mélika émigrent vers Batna et Boghari ; qu'à Alger seulement on rencontre des indigènes de Bou-Noura et que vers la Tunisie surtout se dirigent les gens de Guerera et de Berrian. Beaucoup de M'zabites font fortune, mais c'est surtout vers leur pays d'origine que leurs regards sont dirigés ; c'est là qu'ils aspirent à retourner un jour.

Du temps des Turcs, il existait une responsabilité matérielle entre tous les Mzabites habitant le Tell ; ils avaient dans chaque ville une caisse, dans laquelle tout individu des Beni-M'zab faisant le commerce ou exerçant un métier quelconque, était tenu de verser annuellement une certaine somme, proportionnée à ses moyens; cette caisse de réserve servait à payer les dettes de ceux qui quittaient le Tell, sans avoir fait face à leurs engagements; elle servait aussi à venir en aide à ceux qui se trouvaient dans la misère.

Une commission composée de membres élus par la corporation des Beni-M'zab de la ville avait la surveillance de cette caisse : cette institution existe encore, croyons-nous, en Tunisie, à Tripoli et à Alexandrie. Les divers gouvernements tiennent la main à ce que cette création soit maintenue, étant donnée la difficulté pour un créancier quel qu'il fût, même indigène, de poursuivre un débiteur m'zabite qui s'était réfugié dans la confédération. Aujourd'hui la poursuite est plus facile et des requêtes ont été déjà adressées par lettre au commandant supérieur lui-même.

Le M'zab est un pays naturellement si pauvre que les habitants ne pourraient y vivre sans les ressources du Tell où ils possèdent d'assez nombreux immeubles. Il existe entre les M'zabites du Tell et ceux du M'zab une si intime relation que les premiers contribuaient pour plus d'un tiers au paiement de l'impôt qui nous était dû.

Non seulement les M'zabites du Tell font du commerce dans le pays où ils se trouvent, mais encore ont grand bénéfice à servir d'intermédiaires. En fait, le M'zab est le grand marché de tout l'extrême sud. C'est là qu'arrivent d'une part les produits du Tell et ceux de l'industrie européenne, c'est là qu'aboutissent les produits du Sahara et du Soudan. Les graines, les chevaux et les objets manufacturés proviennent des premières, parfois même les armes et de la poudre ; les dattes, les laines tissées ou brutes, le henné, les dépouilles d'autruche, l'ivoire, les peaux de félins, la poudre d'or et surtout les esclaves noirs sont emmenés de ces derniers.

La récolte des dattiers de l'Oued-M'zab est loin d'être suffisante pour la population m'zabite. Au reste, elle préfère vendre à bon prix ses produits qui sont de qualité supérieure. Ouargla se charge de fournir à ses besoins journaliers. Guerara seul s'approvisionne pour une certaine part à Touggourt. Le surplus des dattes d'Ouargla qui est encore considérable est vendu aux Larbaa venant les acheter sur place, ou exporté dans le Tell et vendu sur les marchés.

Le M'zab sert donc d'intermédiaire pour la vente des dattes entre l'acheteur et les nomades et sédentaires d'Ouargla, et cet intermédiaire est indispensable, car d'une part les sédentaires d'Ouargla n'ont pas les moyens de transport nécessaires pour porter leurs dattes à l'acheteur, et d'autre part les nomades ne peuvent, au moment de la récolte, quitter le Sahara pour faire l'exportation, car c'est le moment où ils trouvent les meilleurs pâturages.

Quant à demander aux populations sédentaires d'Ouargla d'emmagasiner leurs dattes jusqu'au moment où les transports sont opportuns, c'est leur demander de faire preuve d'une qualité qu'ils n'ont pas : la prévoyance.

D'ailleurs le sédentaire d'Ouargla est dans un tel état de misère que loin de songer à emmagasiner la récolte de dattes pour la vendre plus avantageusement six mois après, il l'a vendue et en a dépensé d'avance le produit ; il ne peut même pas la plupart du temps en conserver une quantité suffisante pour sa subsistance personnelle du reste de l'année. Le nomade, moins misérable, n'en est pas moins réduit à cette extrémité. Mais il est complètement dépendant des M'zabites dont il est le débiteur et une notable partie de sa récolte est ainsi absorbée par le paiement des dettes de l'année qui finit.

En effet, le M'zabite est le banquier de tous les nomades du Sahara central. Il s'en sert pour des opérations commerciales : il les emploie comme simples commissionnaires ou comme entrepreneurs.

Voici comment il opère dans ce second cas :

Il fait aux nomades des avances d'argent ; ceux-ci achètent pour leur compte à leurs risques et périls. Le M'zabite leur reprend une partie de leurs marchandises pour se rembourser et leur paie le reste en marchandises d'une autre espèce, telles que céréales ou produits manufacturés qui leur sont nécessaires et qu'ils n'ont pu se procurer sur les lieux où ils viennent de faire leurs achats.

Entre l'Arabe imprévoyant, généreux et dépensier et le M'zabite économe et prudent, un pareil commerce aboutit bientôt à rendre le premier débiteur du second.

Le M'zabite ne retire pas pour ce motif sa confiance au nomade; il lui continue ses avances et accepte en garantie sa récolte de dattes et ses troupeaux, profitant naturellement de sa situation de créancier pour obtenir de meilleures conditions dans les marchés qu'ils font ensemble. C'est ainsi que les M'zabites font fructifier leurs capitaux dans la main des nomades. Ils en retirent en réalité des intérêts considérables. Cette exploitation, analogue à celle que pratiquent les Juifs en Algérie sur les Arabes, n'a pas la même âpreté et est réellement plus raisonnée et plus adroite.

Le juif, en effet, dès qu'il tient l'Arabe par quelques dettes, le pousse le plus rapidement possible à sa ruine, et tue ainsi sa poule aux œufs d'or, croyant la basse-cour inépuisable.

Le M'zabite est plus fin et plus pratique. Au reste sa situation vis-à-vis des nomades n'est pas la même que celle des juifs, protégés et cuirassés par nos lois vis-à-vis de l'indigène à peu près sans défense. Le M'zabite craint de ruiner les nomades et d'en faire ainsi des ennemis. Il doit compter avec eux, car n'étant pas belliqueux, comme nous l'avons vu, il n'aimerait pas à se rencontrer dans le Chebka avec ses victimes pendant les voyages qu'il fait à Ouargla et à Laghouat pour ses affaires.

Il est vulnérable par bien des points. Il a, quoique en faible quantité, des troupeaux qui paissent dans le Chebka et qui seraient à la merci des mécontents; ses caravanes sillonnent le Sahara et, s'il est personnellement en sûreté derrière ses murailles, ses jardins sont si peu défendus que le travail d'un siècle peut y être détruit en quelques heures et quelques coups de haches.

Le M'zabite a donc pour le nomade une certaine considération mêlée de crainte et il paie bien exactement aux tribus qui l'entourent la *khafara*, sorte d'impôt propitiatoire dont le but est de s'attirer la bienveillance de voisins turbulents.

Pour ce motif le m'zabite ne cherche pas la ruine du nomade, il se contente d'en tirer le plus qu'il peut et pour cela l'entretient dans une position de dépendance, en lui faisant des avances nécessaires sans jamais le laisser se libérer.

Chaque M'zabite riche, qui fait le commerce en grand, a dans les différentes tribus voisines, une ou plusieurs familles qui forment sa clientèle et servent à son commerce. Ces rapports se continuent de génération en génération, et il est aussi rare de voir le nomade quitter le M'zabite qu'il a servi, que de voir le M'zabite changer de clients ou laisser les siens tomber dans la misère et perdre leurs instruments de travail, c'est-à-dire leurs palmiers et leurs troupeaux.

Le Sahara ne produit actuellement que des quantités insignifiantes de céréales. Il en est fait pourtant une certaine consommation, notamment dans le Chebka, chez les Chamba d'Ouargla, les Saïds-Otthba et les Berasga. C'est le M'zabite qui est encore le plus grand pourvoyeur.

Tous les grains consommés sont achetés dans le

nord, soit par les nomades opérant avec les avances faites par les M'zabites, soit par ces derniers employant l'intermédiaire de leurs coreligionnaires établis dans le Tell; dans ce dernier cas, les M'zabites forment seulement des caravanes en louant des chameaux aux nomades qui ne jouent alors que le rôle de convoyeurs. Les Mokhadema et les Saïds-Otthba, les Mokhalif-Djorb, dont les chameaux peuvent vivre dans le nord, fournissent ces caravanes ; mais la plus grande partie de ces transports est faite par les Larbaa et les Ouled-Nayls, qui chaque année au retour du Tell, chargent des céréales pour le compte des M'zabites et reçoivent comme prix la moitié du chargement.

Les Chambâas et les Saïds-Otthba achètent directement avec les avances des M'zabites; ces derniers prélèvent en remboursement une partie du chargement : le reste sert à la consommation de la tribu. De semblables achats sont aussi faits en Tunisie et à Biskra par les Chambâas d'Ouargla qui ne montent que rarement dans le Tell. Les Saïds-Otthba se pourvoient dans les provinces d'Alger et d'Oran. Les Chambâas-Berasga qui vont plus facilement dans le sud de cette dernière y achètent aussi de seconde main.

Les M'zabites emmagasinent les grains en grande quantité ; quelques-uns en ont des provisions pour trois ou quatre années d'avance. Leur fortune n'est pas représentée par du numéraire ou par des titres, elle est constituée en céréales approvisionnées.

Les Chambâas-Mouadhi viennent acheter au M'zab le peu de grains qu'ils consomment. Les Mokhadema, les Beni-Thour et les sédentaires d'Ouargla, surtout ces derniers, s'approvisionnent aussi presque exclusivement de grains dans le M'zab.

Les Mokhadema en rapportent bien de petites quantités du sud de la province d'Oran, où on l'achète à bon marché, mais en hiver cet approvisionnement est épuisé, et ils ont recours aux M'zabites.

Bien souvent nos colonnes ont pu acheter ou requérir, en passant au M'zab, l'orge nécessaire pour leur subsistance de dix à quinze jours.

Les M'zabites achètent encore dans le Tell, par l'intermédiaire de leurs coreligionnaires, les produits manufacturés. Le transport en est effectué par les caravanes qui rapportent des grains. Les M'zabites revendent ensuite en détail ces objets dans leurs boutiques du M'zab, d'Ouargla et de Metlili, aux nombreuses tribus des cercles de Tiaret, de Géryville, de Biskra qui viennent en fréquenter les marchés. Ils leur fournissent particulièrement des cotonnades, de l'épicerie, du fer fabriqué, de la quincaillerie. Ils n'apportent rien à Touggourt, mais ils s'y procurent de la garance, du tabac du Souf qu'ils revendent aux Arabes, des burnous, des haïks et surtout des haïks fins, venant de Djérid. Ils apportent de la Tunisie de la poudre anglaise, des ceintures rouges, des chéchias, des turbans, des mouchoirs de soie pour les femmes et des cotonnades anglaises. Ils se livraient aussi dans ce pays à un change avantageux sur nos monnaies et particulièrement sur la pièce de cinq francs en argent, pour laquelle ils obtenaient six réaux et demi tunsi : le réal tunsi valant quatre-vingt-dix centimes au M'zab, ils bénéficiaient de quatre-vingt-cinq centimes sur chaque pièce française.

Dans le sud-ouest, les Beni-M'zab expédient par l'intermédiaire des Chambâas, du fer fabriqué (pioches, haches, ...), de l'acier, du corail, de l'épicerie, de la quincaillerie et des cotonnades ; ils en retiraient de l'alun, du salpêtre, du henné, des cuirs tannés de Tafilalet et des esclaves noirs, surtout des négresses.

L'importation et la fabrication de la poudre formaient une des branches les plus actives de l'industrie et du commerce du M'zab. Il y avait dans chacune des villes un nombre considérable de mortiers en pierre appartenant à la communauté et qui servaient à sa fabrication. Le salpêtre venait du sud-ouest, le soufre de la Tunisie et de la Tripolitaine ; quant au charbon il était fait sur place, au moyen d'un arbre nommé athal (*tamaris articulata*). Sur la principale place de la ville de Ghardaïa, il existe encore un hangar couvert, contenant une série de mortiers en pierre, d'une dimension considérable, avec des pilons parfaitement agencés pour fabriquer la poudre en grand ; à côté se trouvent des séchoirs. Cette poudre, de un franc cinquante inférieure à la poudre anglaise, était livrée aux caravanes à raison de quatre francs le kilogramme.

Quoique la vente de la poudre et le commerce d'armes soient et fussent par nous absolument proscrits, tout homme chez les nomades du Sud est armé d'un fusil et pourvu de munitions. Cet état de choses était inévitable, le nomade en raison de son genre de vie a besoin d'armes pour se protéger. Les armes et la poudre venaient du M'zab. Les fusils étaient tous achetés par les M'zabites à Ghadamès, qui les tirait de Tripoli, où ils étaient apportés et vendus par des entrepreneurs anglais, achetant dans toute l'Europe les armes de rebut et de réforme. L'arme qui se vendait en 1880-81 en plus grande quantité dans le Sahara, était l'ancien mousqueton des dragons réformé.

Les Chambâas étaient les convoyeurs des armes et de la poudre entre Ghadamès et le M'zab ; de là ces marchandises se répandaient dans tout le Sahara par l'intermédiaire des autres nomades. C'est ainsi que toutes les armes et la poudre des insurgés de la province d'Oran venaient du M'zab.

Du M'zab, elles parvenaient aussi dans le Tell par l'intermédiaire de Saïds-Otthba et des Larbaa, qui cachaient cette contrebande de guerre dans les chargements de dattes et d'étoffes de laine qu'ils portaient tous les ans dans le Tell.

Nos prohibitions avaient eu pour résultat, non de faire cesser le commerce d'armes et de poudre, qui était au contraire très actif, mais de le monopoliser entre les mains des M'zabites qui les répandaient dans toute l'Algérie.

Les Arabes nomades servaient encore jusqu'au jour de l'annexion d'intermédiaires aux M'zabites pour la traite des nègres. Ces derniers étaient amenés du M'zab par des Chambâas de Mettili, d'Ouargla ou d'El-Goléa et souvent par les Zoua d'Insalah. C'est de ce point qu'arrivaient toutes les caravanes d'esclaves destinés à être vendus sur les marchés du M'zab. Les nègres amenés étaient presque tous des enfants de quatorze à quinze ans, ils appartenaient aux populations du Haut-Niger, de Tombouctou, de Haoussa, du Bornou, du Bambara et même aux Foulanes. Un jeune nègre se vendait de trois à cinq cents francs. Les jeunes filles esclaves les plus cotées, atteignaient parfois le prix de mille francs.

Par tout ce qui précède on voit que les Arabes nomades et les M'zabites sont intimement liés d'intérêts et qu'ils ne pourraient vivre l'un sans l'autre; ce qu'il y a de plus curieux c'est qu'ils professent l'un pour l'autre le plus souverain mépris, à cause de la différence de leurs cultes et aussi à cause de la différence de leurs mœurs et de leurs sentiments.

C'est sur les marchés hebdomadaires du M'zab que se font les principales transactions. Là arrivent des caravanes d'Arabes des tribus avec leurs chameaux de transport amenant les produits du nord et de l'extrême sud; on étale sur place les dattes, les graines, les laines, des charges de bois, et des denrées qu'on ne rencontre pas sur les marchés du Tell; à côté sont exposés les troupeaux de moutons. En dehors de ces jours fixés, les M'zabites de chaque ville se réunissent tous les soirs, après la prière de l'aceur, sur la place principale où le crieur public fait ses annonces et où se vendent aux enchères des quantités considérables de burnous et de haïks fabriqués sur place, ainsi que des objets de toutes sortes provenant de ventes par autorité de justice, de faillites ou de liquidations de successions.

La mise à prix fixé, les surenchères successives ne peuvent être supérieures à dix centimes pour les objets de moyenne valeur et vingt centimes pour ceux de haut prix. Les bijoux d'or et d'argent, mis en vente, sont estimés en blé ou en orge et l'enchère se fait par l'addition des unités de mesure en usage au M'zab pour les grains.

Les M'zabites font aussi le commerce des chevaux par l'entremise des Saïds-Otthba, tribu de cavaliers qui monte tous les ans dans le Tell vers Tiaret. C'est sur ce point que sont faits les achats. Les M'zabites n'entrent dans ce commerce que par des avances faites aux Saïds. L'achat et la vente se font aux risques et périls de ces derniers. Les M'zabites sont fort amateurs de beaux chevaux et en prennent un certain nombre en remboursement de leurs avances. Aucune tribu n'est plus que celle des Saïds sous leur main. Elle est surtout partisan des Ouled-Ba-Sliman des Ghardaïa.

Les transactions avec le sud se font à l'aide des commerçants du Gourara. Elles se sont considérablement ralenties depuis notre installation au M'zab, parce que le produit le plus lucratif était la vente des nègres. Néanmoins, il arrive assez fréquemment des caravanes apportant du henné, de l'alun, des dépouilles d'autruche, des peaux de bêtes fauves, des cuirs ouvragés, des cordes en fibres de palmiers très estimées, de l'ivoire et même un peu de poudre d'or. C'est ainsi que dans le 2e trimestre 1883, on a amené d'Insalah à Beni-Isguen 80 quintaux de henné à 70 francs le quintal; 35 quintaux de salpêtre à 150 et 200 francs le quintal; 8 dépouilles d'autruche à 275 francs l'une; 10 peaux de guépard à 12 francs; 18 grammes de poudre d'or à 2 fr. 90 le gramme. Dans le mois de juillet, une autre caravane nous a apporté 26 dépouilles d'autruche mâles à 300 francs l'une et 2,000 kilogrammes de henné. Ces caravanes amenaient encore des chameaux de course et des troupeaux d'ânes sauvages à poils rasés, vigoureux, capturés dans l'Hoggar.

Chaque ville cherche à attirer par tous les moyens possibles et même à prix d'argent les caravanes qui apportent des marchandises. Autrefois cette rivalité a souvent amené des conflits surtout entre Ghardaïa et Beni-Isguen; les gens de Ghardaïa sont allés jusqu'à murer un chemin par lequel passaient les caravanes pour aller à Beni-Isguen.

Les villes donnent gratuitement l'hospitalité aux gens influents pour s'attirer leurs bonnes grâces, et elles hébergent quelquefois des caravanes entières, dans un intérêt commercial, pendant une période qui, d'après les usages reçus, ne peut excéder trois jours.

§ VII

Si les M'zabites ont l'instinct du commerce et la bosse du négoce, ils sont aussi très bons agriculteurs. Tout le monde travaille chez eux, même la M'zabia qui tisse la laine et confectionne des burnous, des haïks et parfois des tapis, des couvertures de qualité assez médiocre, mais à bon marché et se vendant très bien. La plus grande partie de la population mâle passe son temps à arroser les jardins. L'homme ou l'enfant m'zabite, l'esclave ou l'affranchi, conduisent le chameau, le mulet ou l'âne qui élève du puits le seau de cuir plein d'eau, quand ils ne sont pas attelés à la corde extractrice eux-mêmes. Au moyen d'un mécanisme déjà indiqué l'eau se déverse dans un bassin, d'où elle est ensuite distribuée dans l'intérieur des jardins par des rigoles en terre battue, si la distance qu'elle doit parcourir est courte ; par des conduits maçonnés et enduits de timchent, si la surface à arroser est assez éloignée. On voit souvent des conduites d'eau traversant des ravins sur de petits aqueducs supportés par des arcades.

Dans tout le pays l'eau est ce qui a le plus de valeur. Et nous avons fait entrevoir que le M'zab ne peut exister qu'à la condition d'être arrosé. Aussi les puits sont toujours en activité ; de tous côtés on n'entend que le grincement des poulies. En été l'on tire l'eau nuit et jour, tant que les puits ne sont pas taris, ce qui arrive encore assez fréquemment. Au mois d'août 1883, il ne restait presque plus d'eau dans les oasis les moins bien partagées ; à Bou-Noura, il n'y avait plus que deux puits pour l'alimentation des habitants ; à Beni-Isguen, il n'en restait que trois et à Mélika deux ; la garnison de Ghardaïa était obligée d'aller chercher son eau en tête de l'oasis, à quatre kilomètres de distance.

Ceci nous explique que les étrangers soient tenus de payer au M'zab l'eau qui sert à abreuver les animaux : cinq centimes pour chaque chameau en moyenne. C'est encore pour la même raison que le génie militaire a dû payer les 3,700 mètres cubes nécessaires à la confection du mortier destiné à la construction du fort. Quant à la colonne d'occupation, elle en a employé pendant son séjour au M'zab plus de 6,000 mètres cubes.

On comprend dès lors que par des travaux pratiqués avec intelligence, par l'aménagement des pentes on ne laisse pas perdre une goutte d'eau.

L'industrie des M'zabites n'est pas seulement bornée à utiliser l'eau des puits pour les irrigations des jardins. Nous avons vu avec quel art ils savent encore pratiquer de grandes digues très solides, pour retenir les eaux des crues des rivières, lorsque les pluies parviennent à les faire couler.

Dans ces derniers cas, le pays, si calme ordinairement, prend un aspect d'une animation extraordinaire. Tout le monde est dans la joie ; chacun se met en gandoura et va à son jardin voir si les rigoles sont en bon état et si l'eau arrive suivant son cours légitime ; car l'eau des crues elle-même est partagée.

Les chemins d'accès des jardins deviennent alors les grandes artères qui servent à distribuer l'eau dans les diverses parties de l'oasis ; des trous sont percés dans les murs de clôture, leur grandeur est proportionnée à la surface à arroser.

Si la crue a été complète, la récolte est assurée et la population se dispense de l'arrosage artificiel. Aussi avec quelle anxiété s'informe-t-on des orages tombés dans le haut de la vallée ; l'arrivée de l'eau est saluée avec une joie frénétique ; les uns se rendent au barrage, les autres suivent les progrès de la crue dans la rivière, dans les canaux, et témoignent leur joie en déchargeant en l'air leurs tromblons. Il arrive souvent que des murs de jardins s'écroulent, que des digues menacent de faiblir : des postes de travailleurs commandés à l'avance surveillent les effets de l'eau et se portent sur les divers points menacés. Les travaux de conservation des digues et des canaux sont obligatoires pour tout le monde ; nul ne peut s'y soustraire et du reste personne ne le tenterait.

De toutes les oasis du M'zab, celles du Guerara est la plus favorisée sous le rapport des irrigations pluviales.

Les documents statistiques et chronologiques conservés par les tolba de Ghardaïa, n'accusent, pour la période écoulée, de 1728 à 1882, que douze grandes crues de l'oued M'zab, soit une crue tous les treize ans. Les Guerariens voient arriver les eaux de l'oued

Zéghrir dans leur oasis tous les deux ou trois ans. C'est alors une *baraka* (bénédiction), dont les effets bienfaisants se font sentir pendant longtemps.

L'année 1884 leur a été particulièrement favorable; l'oued Zéghrir a coulé deux fois pendant le 1er semestre remplissant les puits à pleins bords, couvrant tous les jardins en contre-bas d'une immense nappe d'eau de plusieurs mètres de profondeur.

Les M'zabites doivent alors faire le sacrifice des légumes qu'ils ont semés.

Les eaux séjournent souvent pendant deux mois dans les jardins et ne disparaissent que par l'évaporation ou une lente infiltration dans le sol.

Lorsque la crue se produit au moment de la fécondation des palmiers ou de la cueillette des dattes, les Guerariens obligés de se rendre à leurs jardins, improvisent une flottille de radeaux, au moyen de poutres liées ensemble ou de lourdes portes et naviguent ainsi sous un immense plafond de verdure. Le surplus des eaux, rejeté vers l'ouest, par une bouche de sûreté, va remplir en dehors de l'oasis, un vaste bas-fond inculte et forme un beau lac, où se reflètent les cimes des palmiers et où se jouent des bandes d'oiseaux aquatiques de toutes sortes.

C'est un spectacle unique que celui de cette verte forêt émergeant d'une petite mer saharienne, encadrée par les témoins de grès rougeâtres, aux lignes bizarres, qui forment la ceinture de la daïa.

Pour les Beni-M'zab l'année se caractérise en deux mots : la rivière a coulé ou n'a pas coulé.

La principale culture du M'zab est, comme on le sait, la culture du palmier. Les M'zabites en possèdent un nombre assez considérable à Ouargla et à Metlili, qu'ils font cultiver par des Khammès. Sous leur ombrage, on fait généralement deux récoltes par an, une de céréales et une de légumes.

Les noyaux de la datte concassés et macérés dans l'eau servent à faire des gâteaux que l'on donne en nourriture aux chameaux qui voyagent ou qui travaillent.

A Ghardaïa, à Berrian et à Guerara, celui qui cultive comme colon partiaire a droit à la moitié de la récolte ; à Beni-Isguen, à Melika et à Bou-Noura où l'eau est peu abondante et l'arrosage pénible, il a pour lui les 4/5 et même jusqu'au 5/6 de la récolte. La possession de la terre est un luxe plutôt qu'un placement avantageux.

C'est un spectacle vraiment pittoresque, surtout au printemps que ces forêts de palmiers dont les cimes s'élèvent jusqu'à vingt mètres de hauteur, avec ces trois étages de verdure, de tons différents et d'une fraîcheur remarquable, ces essaims de travailleurs de race blanche et de race noire, ces chameaux qui font gravement leur promenade de va-et-vient en tirant l'eau, accompagnés du cri strident des poulies.

Il a fallu à la race m'zabite une intelligence agricole des plus prononcée, une énergie et une ténacité extraordinaires et le travail persévérant d'une suite de générations pour arriver à rendre fertile et productif un sol aussi déshérité. Quels résultats n'obtiendrait-on pas si ces efforts étaient faits dans des régions plus favorisées de la nature ?

Les M'zabites n'ont presque pas de troupeaux, ce qui s'explique par l'absence des pacages.

Chaque ksar confie ses chèvres à la garde d'un même berger payé par chacun des propriétaires. Ce troupeau s'appelle *harrag*.

Voici le texte d'un acte rédigé à El-Alteuf et indiquant en détail les obligations du gardien et les droits qu'il perçoit. « Mohammed-ben-Sania, des Chambâas, prend l'engagement de garder le troupeau de la ville d'El-Ateuf pendant une période de dix années, à partir de ce jour. Il recevra par mois et par chèvre trois quarts de saa d'orge (un peu moins d'un litre). Les chevreaux ne paieront que lorsque leur mère aura fait une seconde portée. Pendant la saison d'été, quand le berger fera boire les chèvres, il aura droit au lait d'un pis pour chaque jour et chaque bête, il traira un jour le pis droit et le lendemain le pis gauche. Il devra réunir lui-même, le matin, le troupeau en parcourant les différentes rues, partir au point du jour et ne rentrer que lorsque le soleil commencera à jaunir. Il est pécuniairement responsable de tous les vols qui peuvent être commis dans le troupeau ou des accidents qui surviendront par sa négligence. »

Les villes du M'zab, les plus exposées aux incursions ennemies, ont pris autrefois à leur solde pour les défendre, des fractions arabes qui ont fini par s'y implanter.

Pris d'abord comme aides contre les ennemis de l'extérieur, les Arabes agrégés n'ont pas tardé à se mêler aux luttes politiques intérieures des villes au sort desquelles ils s'étaient attachés ; chacun des partis qui se disputaient le pouvoir cherchant à les avoir de son côté, ils ont fini quelquefois, malgré leur petit nombre, à jouer un rôle prépondérant. Les M'zabites voudraient bien s'en débarassser maintenant qu'ils n'ont plus besoin d'eux, mais ils ne le peuvent plus.

Les Medabih ont été appelés à Ghardaïa, il y a environ trois siècles, par le parti des Ouled-Ammi-Aïssa. Ils sont originaires du ksar de Lelmia au sud de Djebel-Amour. Installés à Ghardaïa, pour donner à prix d'argent la supériorité au parti des Ouled-Ammi-Aïssa, les Médabih ont souvent changé de parti : à l'heure actuelle ils paraissent attachés au sof du Ouled-Ba-Sliman. En réalité, ils sont indépendants à Ghardaïa et, malgré leur infériorité numérique vis-à-vis des M'zabites de cette ville, ils s'imposent à eux de manière à leur inspirer des craintes sérieuses, et leurs querelles avec les Beni-M'zab ont dû exiger souvent l'intervention de l'autorité française. Toujours disposés à prêter leur appui au parti qui les payait le mieux, ils ont pris part à toutes les luttes et ont essayé plusieurs fois de dominer Ghardaïa par la terreur. Expulsés maintes fois par les M'zabites et leurs quartiers détruits, ils ont créé, il y a seize ans, à six kilomètres en amont de Ghardaïa l'oasis appelé Daiet Bent-Dahoua, où l'on compte déjà près de quatre mille palmiers.

Les Ouled-Attache ou Atatcha, sont les Arabes agrégés de Guerara ; ils se divisent en quatre fractions principales : Ouled-el-Mobarek, Ouled-el-Guendouz, Ouled-si-M'hammed, Ouled-si-Aïssa et Ouled-Mendas. Ils mènent alternativement la vie sédentaire et la vie nomade suivant les saisons. Les Atatchas, plus que toutes les fractions agrégés du M'zab, ont été mêlées à toutes les luttes et ont contribué par leur turbulence et leur esprit de désordre à entretenir l'agitation à Guerara avant l'annexion.

Les Ouled-Yayia, Arabes agrégés à la population m'zabite de Berrian, proviennent d'une tribu venue, il y a plus de deux siècles, des Zibans. Ils possèdent un assez grand nombre de maisons dans la ville et de jardins dans l'oasis.

Il n'y a pas d'Arabes agrégés à El-Ateuf à l'exception de quelques familles de Cheurfa, derniers restes de ceux qui possédaient le sol lors de l'arrivée des M'zabites dans le pays et qui vivent dans les jardins.

La population juive aurait été emmenée à Ghardaïa dès les premiers temps de la fondation de la ville par un certain Ammi-Saïd et serait originaire de l'île de Djerba. Véritablement parqués en des points particulièrement désignés, les juifs pouvaient voyager au dehors mais sous la défense expresse d'emmener leurs familles.

Longtemps opprimée et maintenue dans une situation humiliante, cette population est dégradée et malpropre. Les M'zabites et les Arabes les méprisent.

Les juifs n'habitent pas toujours la confédération.

Beaucoup d'entre eux, au contraire, font des installations d'une certaine durée dans nos villes du sud surtout à Laghouat : dans cette situation, ils ont naturellement bénéficié des dispositions du décret du 24 octobre 1870 sur la naturalisation des juifs, et nous savons que certains d'entre eux, ayant satisfait à certaines conditions de résidence, ont figuré sur des listes électorales et même sur celles de l'armée territoriale comme citoyens français. Mais, ainsi que nous l'avons dit plus haut, ces Israélites du M'zab, fixés temporairement à Laghouat ou ailleurs, reviennent dans la confédération où ils sont soumis de nouveau aux lois particulières du pays. Sans entrer dans de plus longs détails au sujet de cette étrange anomalie, on se rendra compte de la situation bizarre et à tous points regrettable, résultant dans certains cas de cette double nationalité. Les juifs n'ont pas, bien entendu, de représentant à la Djemmâa. Ils ont un cimetière particulier. Leur synagogue très ancienne possède soixante-dix rouleaux manuscrits de la Bible écrits sur vélin. Ayant leur rabbin envoyé par le consistoire israélite d'Alger, leur école et le libre exercice du culte, ils n'ont pas cependant le droit de porter le haïk blanc et sont tous reconnaissables à leur turban noir.

Les juifs du M'zab sont bijoutiers. Ils fondent les monnaies ou les altèrent. Leur action ne se porte pas sur le billon qui est assez rare, mais toutes les pièces divisionnaires d'argent sont trouées à l'emporte-pièce et rebouchées grossièrement avec du plomb ou de l'étain. Les pièces de cinq francs en argent sont intactes. Des caravanes venant d'Insalah apportent des florins autrichiens. Pas beaucoup de pièces d'or.

Les pièces altérées ne sont pas reçues en dehors du pays, ni dans les caisses publiques ni dans les caisses privées, mais, au M'zab, l'habitude de cette monnaie est si bien prise que, si on ne l'acceptait pas toutefois chez le receveur des contributions, on l'admettait au bureau de poste et télégraphe. Il est vrai de dire que cet argent restait dans le pays.

Une recette des contributions diverses avec caisse de réserve a été installée au bordj ainsi que le bureau de poste et de télégraphe militaires.

La ligne télégraphique de Laghouat à Ghardaïa, commencée le 17 novembre 1882, était livrée à l'exploitation le 5 mars 1883, et devenait immédiatement une des plus occupées de l'Algérie. Elle doit se relier à Ouargla à l'heure actuelle.

Sous la puissante activité du commandant Didier, un poste de pigeons voyageurs a été aussi installé. Nous ignorons si le projet de télégraphie optique entre Ghardaïa et El-Goléa a été mis à exécution.

Comme on l'avait prévu, l'annexion se fit sans la moindre velléité de résistance ; seuls les tolba, qui voyaient dans ce fait la fin de leur règne, firent de vaines protestations. Tous les gens sensés désiraient cette prise de possession qui, en échange de quelques charges, devait assurer l'ordre, la sécurité et une administration régulière.

CHAPITRE VI

Statistique.

Bien que la Chebka soit parcourue à certaines époques de l'année par des tribus nomades, bien qu'elle soit habitée par des nègres et les tribus Zaouïa, on peut dire que les Beni-M'zab en constituent le seul et important noyau. Si on les rencontre un peu partout où il y a du commerce à faire, s'ils restent cultivateurs à Ouargla, on peut néanmoins affirmer que la secte a réellement émigré de ce dernier point.

En parlant du M'zabite nous dirons quelques mots des nègres et des Arabes qui lui sont agrégés. Nous ne négligerons pas également de parler des Israélites dans les questions de statistique.

La population sédentaire de la Chebka du M'zab vivant dans les sept villes, s'élève à 32,537 habitants, répartis de la façon suivante : M'zabites, 29,108 ; nègres, 1,893 ; agrégés, 798 ; Israélites, 738. Ces chiffres sont le résultat de recensements faits quelques temps après notre installation.

Elle se décompte par villes comme suit :

	M'ZABITES	NÈGRES	AGRÉGÉS	ISRAËL.	POP. TOTALE
Ghardaïa.	12,413	862	316	422	14,013
Melika	1,760	90	»	»	1,850
Bou-Isguen.	4,695	411	»	»	5,106
Bou-Noura.	1,190	66	»	»	1,256
El-Ateuf.	1,670	80	»	»	1,750
Berrian	4,440	254	185	186	5,065
Guerara.	2,940	130	297	130	2,497

Guerara a 600 maisons où sont renfermées à l'heure actuelle 828 familles dont 614 m'zabites et 214 arabes.

Les premières se divisent en 193 Ouled-Alahoum ; 90 Ouled-Bou-Lahia; 28 Ouled-Merzoug; 31 Ouled-Hammou-ben-Brahim; 69 Ouled-Djahlane, 54 Ouled-Kaci-ben-Nacem ; 100 Ouled-Ballat; 99 Ouled-Ahel-Melika; 50 Ouled-El-Arram (originaires de tous les ksour du M'zab).

Les seconds sont divisés en Atatchas (Arabes agrégés sédentaires et nomades) 136 ; Cheurfa (Arabes sédentaires), 33 ; Chambâas (Arabes nomades), 30 ; Rouabah (Arabes originaires de Saïd-Ouled-Amar), 10 ; juifs (fraction dite El-Baz), 5.

On compte à Ghardaïa près de 3,000 maisons et 100 familles de juifs environ. Plus 35 familles de la fraction des Ouled-Bakha.

Berrian a 300 et Beni-Isguen, 800 maisons. Il en existe 500 à El-Ateuf, 250 à Melika et 80 à Bou-Noura. Soit en tout 2,530.

Voilà ce que nous donne la statistique au sujet de

la population. En l'absence de données précises antérieures nous ne pouvons savoir si elle croît ou décroît, nous ne pouvons formuler la moindre loi ni déduire la moindre conséquence. A défaut de chiffres le raisonnement peut-il nous être de quelque utilité ? Nous pourrons, croyons-nous, de l'interprétation des faits, arriver à quelques résultats.

Nous pensons que la population m'zabite restée dans la Chebka n'augmente pas, nous estimons même qu'elle doit encore décroître. En voici les raisons.

Quoique polygame par religion, le M'zabite est monogame par nature. Comme tous les Berbères, le nombre des enfants est restreint, comparé à la prolificité des Arabes agrégés et des Israélites. Malgré les lois draconiennes qui enchaînaient la liberté des émigrants, il y avait parmi ces derniers des défaillances ; un certain nombre ne retournait pas au M'zab et fondait souche ailleurs. Du moins s'ils revenaient dans le pays, ce n'était que pour faire acte de présence et il n'est pas à croire que ces apparitions furtives fussent d'un grand gain pour le repeuplement. Les raisons ci-dessus exposées vont avoir bien plus de valeur depuis que nous sommes installés au M'zab, depuis que, par le fait de notre domination, les portes des ksour sont ouvertes aux infidèles. Ce ne sont plus les villes saintes au sein desquelles revenait l'abadite pour se retremper et stimuler son zèle. Et dès lors que deviendront ses obligations religieuses ? Que deviendra cette interdiction d'emmener les femmes ? Le sol n'attirera plus, il repoussera même, puisqu'il ne produit qu'au prix des plus pénibles labeurs, que malgré tout il est d'une cherté extraordinaire. Et comme le M'zabite s'y entend en fait de négoce, il réalisera, en monnaie sonnante, ce sol caillouteux qu'il ne peut plus entretenir puisque la traite des noirs est proscrite ; il laissera son puits, il abandonnera tout pour emporter des capitaux qu'il sait si bien faire fructifier. C'est le sort de la secte d'errer de pays en pays, mais il est à supposer qu'elle n'aura plus l'homogénéité qu'elle avait su se conserver à Ouargla et dans la Chebka. Les temps sont changés et tout s'émousse, même les croyances religieuses. C'est parce que le M'zabite n'aura plus de religion qu'il n'aura pas de patrie. Nous le trouverons confondu au milieu des autres musulmans. Est-ce un bien, est-ce un mal ? Nous n'hésitons pas à déplorer un pareil résultat, car les M'zabites disparaissant, les oasis se ruineront de plus en plus, la colonisation dans ces lieux arides et primitivement déserts suivra une marche rapidement rétrograde.

Ce que nous venons de dire du M'zabite ne s'applique pas à l'Arabe agrégé ni à l'israélite. Bien au contraire, ceux-ci sont dans les conditions voulues pour prospérer.

Il est incontestable que la traite des noirs n'existant plus, ces derniers diminueront pareillement. Au moment de l'annexion on en comptait sur le nombre 961 d'affranchis.

La population noire passe son temps à irriguer les jardins. L'eau d'un puits arrose une moyenne de quarante-cinq à cent palmiers. Le recensement a décompté trois mille six cents puits dans tout le M'zab. Parmi ceux-ci, cinq cent douze sont morts, c'est-à-dire à moitié comblés. Ils se départissent comme suit dans les différentes villes et oasis.

	EN ACTIVITÉ	MORTS
Ghardaïa.	1,240	275
Oasis de Ben-Dahoua .	113	»
Mélika	173	23
Beni-Isguen	417	124
Bou-Noura	248	»
El-Ateuf.	343	90
Berrian	274	»
Guerara.	280	»

Quant au nombre des palmiers, il s'élève à 175,751. Le rejeton du palmier s'appelle *fecila*, tant qu'il reste au pied de l'arbre qui l'a produit. Dès qu'il est transplanté il prend le nom de *hachana*; plus tard quand il produit et quand un âne peut passer sous les branches sans les effleurer, il devient *djebbara*.

Les palmiers djebbara seuls ont été recensés peu de temps après l'annexion, avec le plus grand soin, en les marquant au fur et à mesure à la chaux. On en compte 200 à 250 par hectare.

Les oasis varient beaucoup eu égard à leurs richesses en palmiers : Ghardaïa en possède 64,074 ; Mélika 1,582, Beni-Isguen 25,875, Bou-Noura 11,385 El-Ateuf 16,483 ; Berrian 27,872 ; Guerara, 28,480. L'oasis de Ben-Dahoua à huit kilomètres en amont de la ville, en a 3,754.

La superficie des oasis de M'zab n'atteint pas en tout un millier d'hectares.

Les dattes du M'zab, et tout particulièrement celles de Berrian, sont les plus estimées. La récolte moyenne annuelle peut être élevée à 65,000 kilogrammes pour tout le pays.

En 1883, la charge de chameau valait de 55 francs à 65 francs, et comme elle est habituellement de trois quintaux, cela mettait le quintal à 18 ou 20 francs et le kilogramme à 35 ou 40 centimes. En évaluant à 60 francs la charge moyenne et en chiffrant le quintal à 20 francs, la récolte annuelle est de 1,260,000 francs. Nous allons arriver au même résultat en prenant un autre chemin.

Tous les palmiers en état de donner ne produisent pas. Une suite d'observations ne fait même entrer en ligne de compte de l'évaluation des produits que 42 à 45 0/0 des palmiers djebbarah.

Dans un terrain médiocre, il n'y a que 50 palmiers qui donnent la première année, 25 la seconde et 15 la troisième, tandis que dans un terrain excellent et très bien préparé, on a la proportion pour cent de 90, 50 et 30. Ce qui justifie les 45 0/0 indiqués ci-dessus.

Considérons d'autre part que le revenu moyen d'un palmier produisant est de 15 francs ; multipliant par 80,000, qui représentent les 45 0/0 du nombre général de palmiers, nous arrivons au chiffre de 1,200,000 francs sensiblement égal au revenu déjà signalé.

Les palmiers valent en moyenne 150 francs l'un, il

en est qui se sont vendus jusqu'à 1,000 et 1,200 francs. Cet arbre est d'une réelle valeur marchande. Acheter un palmier, c'est acheter un immeuble susceptible de dépréciation. C'est ainsi qu'il vaut déjà moins rien que par le fait d'être habité par des chauves-souris.

La propriété a une valeur très grande au M'zab : le terrain à bâtir se vend dans les villes à raison de 7 francs le mètre carré; à Beni-Isguen on paie le mètre jusqu'à 30 francs ; dans les oasis, le terrain de culture non planté est payé de 50 centimes à 10 francs le mètre.

La production annuelle du M'zab en tissus de laine peut être évaluée approximativement à 70,000 objets d'une valeur moyenne de 20 francs chacun. Il y a, en effet, au M'zab environ 7,000 femmes ou filles employées à la confection des tissus, qui peuvent produire en moyenne dix objets par an. On arriverait également à la détermination de ce chiffre en remarquant qu'il s'importe chaque année au M'zab 300,000 toisons de laine et qu'il faut trois ou quatre toisons de laine pour fabriquer chaque espèce d'objets. La toison vaut en moyenne 2 fr. 50 au M'zab. On voit donc que le travail des femmes rapporte environ 700,000 francs par an.

En raison de la stérilité de la Chebka, on comprend que les M'zabites aient peu ou point de troupeaux. Ils entretiennent cependant 2,840 chèvres, 1,265 moutons et 675 chameaux. Il n'y a pas plus de 25 chevaux dans tout le M'zab.

Les amendes collectives qui avaient été imposées

par le gouverneur général en raison des derniers événements, et qui s'élevaient à 20,000 francs pour Berrian et à 60,000 francs pour Ghardaïa, furent recouvertes sans difficulté en peu de jours. Elles devaient être affectées à des travaux d'utilité publique dont profiterait le pays.

Un des premiers soins du général commandant la colonne du M'zab avait été de faire entreprendre l'ouverture d'une route carrossable entre Laghouat et Ghardaïa ; les travaux ont été exécutés de Ghardaïa à l'oued Settafa (82 kilomètres) sous la direction d'un officier de génie, par des travailleurs militaires dont les ateliers comptaient environ cent hommes et par des prestataires m'zabites, au nombre de quatre cents en moyenne, conduits et surveillés par deux officiers des affaires indigènes. Commencée le 1ᵉʳ décembre 1882, cette route a été livrée à la circulation le 20 mars 1883 ; quelques jours après, elle était utilisée par le général commandant le 19ᵉ corps d'armée et par le général commandant la division d'Alger qui purent se rendre à Ghardaïa en voiture, en marchant aux allures vives. Cette route, qui a 5 mètres de largeur, est très bien tracée ; elle a exigé de la part des M'zabites environ trente mille journées de prestations en nature et mille journées d'animaux pour le transport de l'eau et des ravitaillements. La portion de l'oued Settafa à Laghouat (153 kil.) a demandé peu d'efforts ; il n'y a eu pour ainsi dire qu'à tracer la piste.

La plus grosse difficulté était de doter cette route

de points d'eau. Au moment de l'annexion, on n'en trouvait d'une façon sûre qu'à Berrian ; les citernes en maçonnerie construites à Nili et à Tilrhemt, à 52 et à 89 kilomètres de Laghouat, pour recueillir les eaux pluviales qui se réunissent au fond de ces dayas, sont à sec pendant la majeure partie de l'année. A Tilrhemt, il y a bien à côté de la citerne un puits d'une profondeur de 77 mètres, mais il ne fournit qu'une faible quantité d'eau.

Le 5 mars 1883, un atelier du 2ᵉ bataillon d'Afrique, sous le commandement d'un officier, fut installé à l'oued Settafa pour y creuser un puits ordinaire à ciel ouvert. Le 20 septembre, l'eau se montrait à 48 mètres de profondeur et remontait peu à peu jusqu'à 6 mètres de fond. Le travail, continué jusqu'à 50 mètres, permettait de constater que l'eau, dont nous avons donné l'analyse, arrivait par trois sources avec un débit total de 25 litres par minute.

Les nombreux troupeaux qui s'abreuvent maintenant à ce puits n'arrivent pas à l'épuiser et on va s'en servir pour la création d'une pépinière de 12 hectares de superficie.

D'autres puits sont en cours d'exécution à côté de Nili et de Tilrhemt, à l'oued Ourirlou, à moitié distance entre Berrian et Ghardaïa, et à Hassi-Bebib entre El-Ateuf et Guerara.

Une autre route carrossable partant de Beni-Isguen pour aller à Ouargla a été entreprise le 23 avril 1883 au moyen des travailleurs militaires et des prestations. Il n'existait à notre arrivée qu'un défilé très étroit et la montée de Beni-Isguen, sur le plateau, était aussi dangereuse que les passages les plus difficiles des Alpes ou des Pyrénées. Aussi les efforts ont dû être considérables dans la première partie du parcours. Il a fallu entailler le roc sur une longueur de 18 kilomètres pour gravir les pentes qui conduisent de Beni-Isguen au plateau de Noumrat. Cette route a été achevée à la fin de novembre et dès le mois de janvier 1884 elle était utilisée pour le passage de prolonges lourdement chargées, qui transportaient à Ouargla du matériel des sondages artésiens. Elle a été parcourue en voiture au mois de février 1884 par le gouverneur général, dans la grande tournée qu'il a faite dans le sud des divisions d'Alger et de Constantine.

Dans le tracé, on a évité autant que possible les sables, tout en passant à proximité de l'oued M'zab, où on pourra trouver de l'eau. Il existe déjà des points d'eau à Ogla-Noumrat et à Zelfana, et des puits seront creusés de manière qu'on ait de l'eau à chaque gîte d'étape.

Une bifurcation de la route d'Ouargla, partant du plateau de Noumrat, conduit à Metlili ; cet embranchement a été aussi suivi en voiture par le gouverneur général.

Une voiture publique doit, à l'heure actuelle, faire le service entre Ghardaïa et Laghouat. Elle aura certainement beaucoup de voyageurs. Pour les M'zabites, le temps vaut de l'argent ; il n'est donc pas douteux qu'ils n'usent largement du moyen de transport qui leur sera fourni, comme ils le font depuis longtemps pour se rendre de Laghouat au Tell.

Autrefois, avant notre arrivée, la route n'était pas sûre ; ils devaient attendre le départ ou la rentrée de quelque caravane à laquelle ils payaient un droit de protection de 10 francs, outre que le voyage durait de six à huit jours.

Nous manquons de données pour apprécier, par journées, la somme de travail que représente la route de Beni-Isguen à Ouargla.

Les travaux de construction du bordj, qui doit pouvoir loger 13 officiers, 135 hommes et 55 chevaux et contenir les magasins, le bureau arabe, la recette des contributions diverses et les services auxiliaires furent poussés avec toute l'activité possible ; mais les difficultés à vaincre étaient grandes. La pierre ne manquait pas. Les déblais devaient en fournir autant qu'on devait en avoir besoin ; on avait le sable dans l'oued M'zab. Ce qui faisait défaut, c'était la chaux et l'eau. Les M'zabites, avec lesquels le génie avait traité, ne pouvaient fournir que 3 mètres cubes de chaux par jour, à raison de 60 francs le mètre ; or, pour arriver à terminer avant les grandes chaleurs, les 1,500 mètres de maçonnerie qu'on avait à bâtir, il fallait 9 mètres de chaux par jour. On construisit deux fours pour fabriquer journellement les 6 mètres qui manquaient, et comme il n'y a pas de bois au M'zab et qu'il en fallait 50 quintaux par jour, on dut faire couper tout le *retem* du pays dans un rayon de 25 à 30 kilomètres, en même temps qu'on réquisitionnait jusqu'aux Chambâas de Metlili et aux tribus d'Ouargla pour l'apporter à raison de 4 francs le quintal vert.

Pour avoir l'eau nécessaire pour les travaux, on construisit dans le futur bordj un bassin de 300 mètres cubes devant servir plus tard de citerne, et on dut employer tous les mulets de la colonne pour y transporter, au moyen de tonnelets, l'eau des puits les plus rapprochés des chantiers. Afin d'éviter le transport de lourdes charpentes et de donner plus de fraîcheur aux locaux, on décida de les voûter tous ; on n'eut donc besoin que de cintres comme bois d'œuvre.

Un puits fut en même temps entrepris dans l'intérieur du bordj. On y a rencontré l'eau à la profondeur de 42^m,50 ; le débit n'est pas bien considérable puisqu'il n'est que de 100 litres par heure, mais il serait suffisant pour alimenter la garnison en cas de blocus. L'eau est de médiocre qualité.

La force publique mise à la disposition du bureau arabe était composée en outre d'une compagnie de tirailleurs et d'un détachement de spahis, de 10 cavaliers à méharis, de 10 cavaliers à cheval et de 20 fantassins.

Le M'zab consomme par an 20,000 quintaux de blé ou d'orge ; la consommation des dattes peut être évaluée à près de 25,000 quintaux.

Au moment de la soumission du M'zab, le chiffre du tribut annuel à payer par les Beni-M'zab et les Chambâas fixé d'abord à 45,000 francs, fut porté plus tard, avec les centimes additionnels et les centimes spéciaux, à 49,837 fr. 60.

En réalité, il était pour les Beni-M'zab seuls, centimes additionnels compris, de 43,837 fr. 66.

Pour l'année 1883, l'impôt a été porté à trois fois ce qu'il était avant l'annexion, soit 131,512 fr. 98.

Il se répartit de la façon suivante :

Contribution fixe de.	107,869 fr. 71
Centimes additionnels pour l'hospitalisation, 18 0/0.	19,344 45
Centimes additionnels pour la constitution de la propriété, 4 0/0.	4,298 82

Et se décompte par ville comme suit :

Ghardaïa	46,990 fr. 64	
Beni-Isguen	23,874 34	
El-Ateuf.	15,270 40	
Mélika	8,279 05	131,512 fr. 93
Bou-Noura	7,299 22	
Guerara	15,841 65	
Berrian	13,957 68	

L'impôt a été triplé en attendant qu'il soit possible de le majorer et de l'établir sur des bases plus équitables.

Avant l'annexion, l'impôt moyen était de 1 fr. 45 par tête et il est aujourd'hui de 4 fr. 40 alors que les sédentaires d'Ouargla, beaucoup plus misérables, paient en moyenne 22 fr. 50 par an. Si les M'zabites payaient aujourd'hui comme leurs voisins, ce qui ne serait que justice, nous aurions un impôt de 675,000 francs. Et s'il était doublé, comme on pourrait le faire, étant données les ressources, on aurait un total de 1,350,000 francs.

Ce dernier chiffre est extraordinaire, nous n'avons pas la prétention de le donner comme devant être celui de l'impôt, mais nous affirmons qu'il serait pour le M'zab moins irrationnel, moins écrasant que celui qui est perçu actuellement sur la population sédentaire d'Ouargla, portant sur les palmiers qu'il s'agirait de développer.

Cherchons une autre base : la population du M'zab est égale et même un peu supérieure à celle du cercle de Laghouat. Elle est certainement beaucoup plus riche actuellement surtout où les nomades du sud se trouvent dans une situation très précaire.

Or la population du cercle de Laghouat, si on retranche le M'zab, a payé, en 1881, 320,000 francs d'impôts, le M'zab sera donc encore dans une situation favorisée si on l'impose de 350,000 francs.

La moyenne de l'impôt sera de 11 fr. 30 par tête, c'est-à-dire à peu près égale à ce que paient les Larbaa et les nomades d'Ouargla, moitié moins considérable que l'impôt des sédentaires d'Ouargla.

Le raisonnement montre que cet impôt de 350,000 francs est justifié. Si le chiffre paraît énorme à la première vue, comparé à la place que le M'zab tient sur la carte, il faut l'attribuer à l'illusion constante que l'on éprouve en Algérie et qui provient de la mauvaise habitude de juger de l'importance d'une population par les territoires qu'elle occupe ou qu'elle parcourt.

CHAPITRE VII

Anthropologie.

LES BENI-M'ZAB ET LES NÈGRES

§ Ier.

Cinquante individus du sexe masculin nés à Ghardaïa, Beni-Isguen, Melika, Bou-Noura, Berrian, de parents pratiquant la doctrine ouahbite-abadite, ont fait l'objet de nos recherches.

Compris entre dix-huit et soixante-dix années, leur âge moyen était de trente-sept ans.

COLORATION. — Peau blanche plus ou moins bronzée par l'action de l'air.

CHEVEUX. — Abondants, lisses, coupés très courts, mèche longue sur le vertex. Châtain clair, 2 ; châtain foncé, 14 ; bruns, 16 ; noirs, 18.

YEUX. — Brun foncé, 14 ; bruns, 20 ; brun clair, 15 ; gris foncé, 1.

BARBE. — Coloration analogue à celle des cheveux ;

peu fournie. Poils régulièrement disséminés, mais clair-semés, barbe et moustaches taillées court.

CRANE. — Diamètre antéro-postérieur (pris au compas d'épaisseur de la glabelle au point le plus reculé), 190 millimètres, avec 177 et 202 millimètres comme chiffres extrêmes.

Diamètre transverse maximum, oscillant entre 137 et 160 millimètres = 147 millimètres.

L'indice céphalique (rapport du diamètre transverse maximum au diamètre antéro-postérieur évalué à 100), 77,3. Les variantes ont été de 71,5 à 84,7.

En retranchant deux unités de l'indice du vivant, nous avons, suivant Broca, l'indice réel du crâne, soit 75,3.

Diamètre frontal minimum (des deux points les plus rapprochés de la crête temporale, au-dessus des apophyses orbitaires externes), = 110 millimètres.

L'indice frontal (fourni par le rapport du frontal minimum au transverse maximum réduit à 100), = 74,8.

FACE. — Longueur simple de la face (au compas glissière, du point intersourcillier à l'alvéolaire supérieur, entre le collet des incisives médianes), comprise entre 69 et 90 millimètres = 78 millimètres.

Diamètre bizygomatique ou facial transverse maximum avec écarts de 121 à 144 millimètres, = 133 millimètres.

Le rapport de la longueur faciale au diamètre bizygomatique fait égal à 100, fournit un indice facial de

58,8. Le plus faible et le plus fort ont été de 50,4 et 67,6.

Dans les mensurations ci-dessous les sujets sont pieds nus, debout contre un mur sur lequel est appliquée une règle graduée avec 0 correspondant au sol.

La tête regarde en avant, de telle façon qu'une ligne horizontale passant par le trou auditif et la base des narines soit perpendiculaire à la muraille (ligne de Camper). Une équerre qui glisse le long du mur détermine les divers points de repère, sommet de la tête, implantation des cheveux, racine du nez :

Distance du vertex à la naissance des cheveux.	13 millimètres.
— de la naissance des cheveux à la racine du nez (front)	72 —
— de la racine à la base du nez.	24 —
— de la base du nez à la partie inférieure du menton.	96 —
Longueur totale de la tête.	205 —
L'indice général de la tête (exprimé par le rapport de la longueur totale au diamètre bizygomatique égal à 100) est de.	154,1 —

Les distances des différents points qui suivent ont été déterminés en maintenant l'observé dans la même position que ci-dessus. Sur la première équerre glisse une seconde plus petite qui s'éloigne ou se rapproche du mur suivant la partie fixée :

Distance du point intersourcilier au plan postérieur, ou projection horizontale de la tête, = 180 millimètres.

Distance du point alvéolaire supérieur au trou auditif, ou projection du crâne antérieur, = 101 millimètres.

Distance du trou auditif au plan postérieur, ou projection du crâne postérieur, = 89 millimètres.

L'angle facial de Camper, obtenu en mesurant au rapporteur l'angle déterminé par les positions diverses du trou auditif, du point intersourcilier et alvéolaire, 81°,6. Les extrêmes sont 72° et 86°.

STATURE. — La taille des Mzabites est de 1^m,620. Par exception, nous avons trouvé 1^m,400 (homme de 20 ans); 1^m,710 (homme de 70 ans); 1^m,740 (homme de 24 ans); 1^m,830 (homme de 25 ans).

Hauteur de l'acranion au-dessus du sol.	1^m,344
— de l'épicondyle	1^m,022
— de l'apophyse styloïde du radius	0^m,779
— de l'extrémité inférieure du médius.	0^m,587
— du grand trochanter au-dessus du sol.	0^m,839
— de l'interligne articulaire du genou.	0^m,452
— du sommet de la malléole interne	0^m,069

MEMBRES. — De simples soustractions vont dans la plupart des cas nous fournir les longueurs moyennes du membre supérieur (bras et avant-bras) et du membre inférieur (jambe et cuisse).

Nous en exprimerons le rapport à la taille ramenée à 100 :

		Rapp. à la taille.
Long. du membre supér. (moins la main).	565 millim.	34,2
— du bras	322 —	19,8
— de l'avant-bras.	243 —	15,0
— du membre infér. (moins le pied).	770 —	47,5
— de la cuisse.	387 —	23,8
— de la jambe.	383 —	23,6

Long. de la main. 192   —   11,8
— du pied 250   —   15,4
— Distance du médius à la rotule. . 096   —   5,92

Les résultats suivants vont nous être fournis par les rapports de la longueur d'un membre ou d'un fragment de membre à la longueur d'un autre membre ou fragment de membre = 100 :

Avant-bras et bras à jambe et cuisse. . . . 73,9
Avant-bras à bras 75,8
Jambe à cuisse. 95,9
Pied à main 76,8

Tronc. — La hauteur du tronc a été mesurée, le sujet étant assis par terre, le corps droit et respirant avec calme, du sol à l'apophyse épineuse proéminente de la septième vertèbre cervicale :

Cette hauteur est de 577 millimètres, soit à la taille 100 : 35,6.
Distance bi-acromiale (obtenu avec la double équerre) est de 314 millimètres, soit 19,6.
Distance bi-iliatique (même procédé), 281 millimètres, soit 16,9.
Circonférence thoracique (prise au ruban par les deux mamelons, les bras pendants entre deux respirations normales inconscientes), 814 millimètres, soit 51,9.
La grande envergure (mesurée sur un plan contre lequel s'applique l'observé), 1^m,719, soit 106,1.
Poitrine normale, c'est-à-dire légèrement aplatie d'avant en arrière.
Le diamètre transverse l'emporte sur l'antéro-postérieur. Dans cinq cas, elle était un peu bombée.
Ventre développé, saillant légèrement.
Courbures rachidiennes dorsales et lombaires normales.
Organes génitaux externes peu développés, 8 ; moyennement développés, 27 ; très développés, 15.

Front large, 30 ; moyennement large, 10 ; étroit, 10 ; vertical, 28 ; un peu oblique, 15 ; oblique, 7 ; à bosses accusées, 12 ; peu accusées, 38.

Rebord orbitaire saillant, 42 ; effacé, 8 ; couvert de poils nombreux, 40 ; clairsemés, 10 ; tendant à s'entre-croiser à la racine du nez, 35.

Longueur d'un œil (au compas glissière). . . . 30 millimètres.
Largeur de l'intervalle des yeux. . . . . 32 —
Hauteur maximum du nez. . . . . 56 —
Largeur maximum du nez . . . . 34 —

L'indice transversale du nez (rapport de la largeur à la hauteur ramenée à 100), 60,4.

Saillie maximum du nez (avec petite règle graduée tenue horizontalement, suivant la ligne de Camper, en déprimant la peau), 21 millimètres.

L'indice antéro-postérieur du nez (rapport de la saillie à la largeur maximum 100), 61,8.

Largeur du nez à la base, 32 millimètres.

Lobule distinct, 45 ; non distinct, 5 ; regardant en bas et en avant, 3 ; en bas et en arrière, 4 ; en bas et en dehors, 43 ; direction antéro-postérieure, 6 ; oblique, 44. Dos du nez rectiligne, 8 ; légèrement convexe, 42 ; arrondi, 43 ; aigu, 7 ; incliné à $79°,6$ en moyenne.

Bouche. — Largeur, 61 millimètre. Lèvres fines, 12 ; ordinaires ou mi-fines, 32 ; presque lippues, 6. Dents droites, bonnes, 30 ; médiocres, 8 ; mauvaises, 12.

Voûte du palais cintrée, 29 ; très ogivale, 7 ; peu ogivale, 14.

Menton légèrement fuyant, 47 ; saillant, 3 ; rond.

Oreilles. — Hauteur, 61 millimètres ; largeur, 32 millimètres ; écartement maximum 21 millimètres. Ovale, 46 ; presque rond, 4. Lobule peu accusé, 43 ; très accusé, 7. Plis normaux.

Pulsations à la minute, 92. (Ce chiffre doit être trop fort.)
Respirations — 25.

Voix. — Intonation baryton, 20 ; ténor, 26 ; ténor léger, 4.

Le M'zabite a la peau parfaitement blanche dans l'enfance. Plus tard elle se bronze, mais faiblement, grâce à la vie sédentaire qu'il mène, dont le premier effet est de le soustraire aux rigueurs des intempéries. Les cheveux, à limite d'implantation parfaitement arrêtée, lisses et abondants sont coupés très ras. Au niveau du sinciput seulement ils poussent en liberté et atteignent 30, 40 et 60 centimètres pour former une mèche que tout bon croyant doit avoir. Leur coloration est brune avec quelques rares spécimens moins foncés. La barbe peu fournie présente des nuances analogues. Les poils droits sont clair-semés quoique uniformément répartis. Les yeux normalement bruns montrent parfois des teintes un peu plus claires.

Vue d'en haut la tête décrit un ovoïde parfaitement régulier. Le diamètre antéro-postérieur l'emporte sur le transverse dans une telle proportion que le crâne doit être classé par son indice céphalique dans la variété des sous-dolichocéphales peu accusés. L'indice frontal relativement élevé, obtenu par le rapport du diamètre bitemporal minimum au transverse maximum, fait déjà prévoir une face large. Cette amplitude accentuée au niveau des apophyses zygomatiques est d'autant plus manifeste que la longueur simple est déjà réduite. L'indice facial ou résultat de la longueur à la largeur est en effet assez faible. Du vertex à la partie inférieure du menton la distance est grande. Le diamètre bizygomatique comparé à cette dernière nous fournit comme indice général de la tête un chiffre assez fort ; il signifie que les M'zabites ont la face franchement ovalaire.

La projection horizontale de la tête est de deux à trois centimètres inférieure, à la longueur totale ; la projection du crâne antérieur est de un centimètre environ supérieure, à la projection du crâne postérieur.

L'angle facial est presque droit. En conséquence nous avons un visage long, large, aplati, orthognathe modéré, aux pommettes un peu saillantes ou eurygnathe léger. Un front élevé, sensiblement vertical, à bosses peu accusées, présente à sa base une faible dépression transversale. Il surmonte des crêtes sourcilières saillantes, garnies de poils nombreux qui tendent à s'entrecroiser au niveau de la racine du nez. Les ouvertures palpébrales peu allongées sont bordées de cils longs de coloration brune. Leur longueur moyenne est un peu inférieure à la largeur de l'intervalle des deux yeux et du nez à la base. Celui-ci échancré à sa racine est un peu long et relativement étroit, comme l'indique le rapport de la largeur à la hauteur ou indice transversal de l'organe. Sa saillie maximum modérée, s'harmonise très bien avec la longueur : l'indice antéro-postérieur assez peu déterminé par la comparaison de ces deux résultats l'exprime parfaitement. Le dos arrondi affecte une direction convexe. Le lobule médian détaché des ailes modérément inclinées se prolonge légèrement au-dessous du plan des narines. Ces dernières elliptiques et obliques regardent en bas, en avant et faiblement en dehors.

La bouche grande est bordée par des lèvres un peu épaisses. Les dents verticales ne sont pas toujours très blanches et très saines. La voûte du palais affecte généralement la forme du cintre. Le menton est rond, parfois un peu ovalaire, sensiblement fuyant.

Les oreilles, plutôt développées, sont près de deux fois plus hautes que larges. Ovales, à lobule modérément accusé et à plis normaux ; elles s'écartent de la tête.

La taille est de trois centimètres inférieure à la moyenne. La hauteur des épaules eu égard à la stature générale, normalement situées, nous indique un cou court. L'épicondyle se trouve bas placé, de même que l'apophyse styloïde du radius située à deux travers de doigt au-dessus de la demi-taille. La main assez petite rachète ce que le bras a de trop long.

Le niveau fort peu élevé où se trouve le bord supérieur du grand trochanter, l'interligne du genou et le sommet de la malléole interne indique des membres inférieurs courts. Le pied est développé. La distance du médius à la rotule est minime et au-dessous de la moyenne.

La comparaison l'un à l'autre des membres démontre que le supérieur est proportionnellement long et l'inférieur réduit, que le bras l'emporte sur l'avant-bras, que la jambe et la cuisse sont à peu près égaux, que la main est d'un quart plus petite que le pied.

Assis, le M'zabite paraît d'assez belle stature grâce à la hauteur de son tronc. Sa poitrine bien développée est normalement plus large que le bassin. La grande envergure est supérieure à la taille. Assez souvent l'abdomen proémine en raison du panicule adipeux de ses parois. Les organes génitaux sont développés. Le rachis décrit régulièrement ses courbes et détermine une faible ensellure.

La fréquence particulière des pulsations et des mouvements respiratoires doit être attribuée aux divers sentiments éprouvés par l'observé. Les psalmodies musulmanes s'allient très bien à sa voix de ténor.

Si les M'zabites ne représentent pas à eux seuls, comme ils le prétendent, ce qui reste de Berbères purs en Algérie, avouons qu'ils ont toutes chances pour en offrir le type le plus original. Le Kabyle de Djerdjera et le Chawi de l'Aurès moins isolé, et surtout moins ennemi des Arabes malékites dont il observe le rite, a dû avoir avec ces derniers de plus faciles rapports. Les croisements qui en sont résultés, impuissants à confondre les deux peuples, ont suffi pour les différencier de nos Abadites actuels, comme le démontrent les travaux de Sériziat et de Gillebert d'Hercourt. Le premier a examiné soixante-dix-sept Chaouias et quatorze Arabes, le second a fait des recherches sur treize Kabyles.

Les uns et les autres, blancs à la naissance, acquièrent une coloration bronzée par le fait des actions météoriques. Le Kabyle déguenillé a la surface cutanée moins pâle que le riche couvert de meilleurs vêtements. Le Chawi nomade prend un teint bistré dont se trouvent préservés nos Beni M'zab abrités au fond de leurs boutiques.

Les cheveux et la barbe lisses et d'un noir de jais chez l'Arabe se montrent plus clairs au M'zab et dans l'Aurès ; la nuance blonde s'observe parfois au Djerdjera. La coloration des yeux s'associe presque toujours à celle du système pilo-cutané.

Moyennes des diverses mensurations craniennes.

	ARABES	CHAOUIAS	KABYLES	M'ZABITES
Diamètre antéro-postérieur	196	190	190	190
— transverse maximum	140	141	146	147
Indice céphalique	71,8	77,1	76,8	77,3
Diamètre frontal minimum	112	109	107	110
Indice frontal	80,0	77,3	73,2	74,8

L'ovoïde cranien des indigènes du nord de l'Afrique est parfaitement régulier. Celui de l'Arabe plus allongé dans le sens antéro-postérieur est dolichocéphale, les autres sont sous-dolichocéphales peu accusés. La projection horizontale de la tête réduite chez les Chaouias et les Kabyles, et plus encore chez nos Beni-M'zab porte à peu près également sur le crâne antérieur et sur le crâne postérieur. La projection verticale montre que les M'zabites ont le crâne plus long que les Arabes. L'indice général permet de constater que les seconds ont une face moins large que les premiers. L'angle facial des Berbères est à peu près également ouvert.

Moyennes des diverses hauteurs au-dessus du sol.

	ARABES	CHAOUIAS	KABYLES	M'ZABITES
Du vertex ou taille	1,705	1,643	1,703	1,620
De l'acromion	1,419	1,384	1,405	1,344
De l'épicondyle	1,090	1,067	1,115	1,022
De l'apophyse styloïde du radius	0,824	0,808	0,857	0,779
Demi-taille	0,852	0,821	0,851	0,810
De l'extrémité inférieure du médius	0,632	0,622	0,672	0,587
Du bord supérieur du grand trochanter	»	»	0,913	0,839
De l'interligne du genou	0,491	0,485	0,475	0,452
De la malléole interne	0,066	0,064	0,081	0,069

La taille des Arabes est plus élevée que celle des Kabyles, des Chaouias et des M'zabites. Celle de ces derniers est même inférieure de trois centimètres à la moyenne.

La moitié de la stature, dans l'attitude du soldat au port d'armes, se tient au-dessous de l'apophyse styloïde du radius chez les Arabes et les Kabyles; au-dessus chez les Chaouias et les M'zabites.

Moyennes des longueurs des membres au segment des membres rapportés à la taille = 100.

	ARABES	CHAOUIAS	KABYLES	M'ZABITES
Membre supérieur	46,1	46,4	42,4	46,7
Bras	19,2	18,8	17,0	19,8
Avant-bras	15,6	15,7	15,1	15,0
Main	11,8	11,6	10,2	11,8

	ARABES	CHAOUIAS	KABYLES	M'ZABITES
Membre inférieur ..	»	»	53,6	57,8
Cuisse	»	»	25,7	23,8
Jambe.	24,9	25,4	23,1	23,6
Hauteur du pied. . .	3,8	3,9	4,7	4,2
Longueur du pied . .	15,1	15,3	15,4	15,4

Le membre supérieur mesuré de l'acromion à l'extrémité inférieure du médius est plus développé chez le M'zabite. La différence porte principalement sur la longueur du bras, celle de l'avant-bras se maintenant à peu près égale. Les Kabyles ont la main petite. Nos Beni-M'zab présentent un membre inférieur moins développé que chez ces derniers.

Leur cuisse est surtout raccourcie. La jambe grandit du Kabyle au M'zabite, à l'Arabe, au Chaouia. Le pied cambré appartient notamment à l'habitant du Djerdjera et de la Chebka du M'zab. Enfin le pied de l'Arabe est de tous le moins grand.

Proportions moyennes des membres.

	ARABES	CHAOUIAS	KABYLES	M'ZABITES
Avant-bras et bras à jambe et cuisse............ ..	»	»	65,8	73,9
Avant-bras à bras.... ...	83,3	81,7	88,9	75,8
Jambe à cuisse	»	»	89,9	95,9
Pied à main........ ..	73,3	73,9	66,0	76,8

Comparées aux longueurs réunies de la jambe et de la cuisse, celles du bras et de l'avant-bras du M'zabite l'emportent. Par contre, le rapport de l'avant-bras au bras fournit un chiffre plus grand chez le Kabyle. Le développement de sa jambe est supérieur tandis que celui de la jambe à la cuisse du M'zabite sont à peu près égaux. La petitesse de la main déjà marquée par rapport à la stature s'accentue davantage, si l'on a égard à la dimension du pied.

Moyenne des divers diamètres rapportés à la taille = 100.

	ARABES	CHAOUIAS	KABYLES	M'ZABITES
Grande envergure	101,0	104,2	104,4	106,1
D'un acronion à l'autre	»	»	22,7	19,3
D'une crête iliaque à l'autre	»	»	22,8	17,3

La grande envergure, manifestement supérieure à la taille, augmente dans d'assez fortes proportions de l'Arabe au M'zabite. Les résultats obtenus par la mensuration des diamètres biacromial et biiliaque, sont tellement différents qu'il est permis de se demander si les mêmes procédés d'examen ont été mis en usage.

Le front du M'zabite, droit comme celui du Kabyle et un peu plus élevé que chez ce dernier, est limité à sa base par une faible dépression transversale. Sous ce rapport, une différence manifeste s'établit entre l'Arabe et le Berbère. Elle s'accentue encore par des crêtes sourcilières, plus saillantes et fournies de poils, par l'échancrure du nez à sa racine, par la forme convexe et souvent busquée de l'organe. Les Arabes ont une bouche moins grande et des lèvres plus fines.

Les oreilles des Berbères, développées et grossières se tiennent écartées de la tête, le lobule généralement mal fait manque dans quelques cas.

Les M'zabites emploient constamment entre eux un *idiome particulier* : les enfants, les femmes et un certain nombre d'individus ne connaissent pas d'autre langage.

Ceux-là seuls parlent l'arabe assez correctement et l'écrivent, que les nécessités du trafic mettent en relations avec les tribus environnantes.

Le m'zabite n'est pas l'arabe, il est un dialecte berbère comme le démontrent ses liens de parenté avec le kabyle et le touareg ou témachek. Des exemples tirés du vocabulaire et des mots dérivés prouvent la réalité de ces propositions.

Il diffère totalement de l'arabe : 1° par son vocabulaire : exemples, chien, *kelb* (arabe), *aïadi* (m'zabite); vendre, *baa* (arabe), *ezlou* (m'zabite); plat, *keskess* (arabe), *gouné* (m'zabite); marmite, *berma* (arabe); *taïdourt* (m'zabite); 2° par ses mots dérivés : Exemple, âne, *hamar*, ânesse, *hamara* (arabe); âne, *arioul*, ânesse, *tarioult*, (m'zabite).

Il se rapproche des dialectes berbères, 1° par son vocabulaire : Les différentes parties du corps ont la même appellation en Kabylie, au M'zab et chez les Touaregs. Exemples : yeux, *titaouine;* oreille, *tammezzourt;* pied, *adhar*. 2° par ses mots dérivés. Le féminin est toujours formé par l'adjonction d'un *t* au commencement et à la fin des mots masculins.

Les idiomes kabyle, m'zabite et touareg se distinguent surtout entre eux, par des permutations de sons qui se substituent les uns aux autres : *a* devient *i* et *ou*. Exemple : mari, *agelman* (touareg); *agelmine* (kabyle). *Ch* permute avec *z*. Exemple : marcher, *ergech* (kabyle), *ergez*, (touareg). Chez les Beni-M'zab le *k* du kabyle se change en *tch*. Exemple : moi, *nek* (kabyle), *netch* (m'zabite). Le *g* se change en *dj*. Exemple : homme, *ergaz* (kabyle), *erdjaz* (m'zabite).

Certaines lettres existant dans le langage du M'zab ont disparu dans le langage kabyle. Exemple : laine, *tadout* (kabyle); *tadouft* (m'zabite).

Des mots qui ont la forme masculine chez les Kabyles, sont féminins chez les M'zabites. Exemple : cuiller, *arendja* (kabyle), *tirendjaït* (m'zabite.)

Le kabyle et le m'zabite renferment beaucoup de mots arabes berbérisés par l'addition de lettres formatives ou la substitution de sons familiers au dialecte. Exemple : maison, *dar* (arabe); *taddart* (m'zabite.)

Une langue dans un pays isolé éprouve peu de variations, aussi le témachek contient moins de mots arabes que le kabyle de Zouaoua, c'est le type qui doit se rapprocher le plus de la langue berbère primitive. Celle-ci n'a pu encore être reconstituée. Ce travail deviendra possible plus tard par la comparaison des différents dialectes et l'élimination des mots d'origine étrangère.

La langue berbère appartient au type des langues polysyllabiques ou agglutinatives, la langue arabe répond au type des langues à flexions. M. Renan range la première dans la famille des langues chamitiques avec le copte et certains dialectes de l'Abyssinie, de la Nubie. La seconde appartient à la famille des langues sémitiques.

L'arabe s'écrit, tandis que le kabyle et le m'zabite ne s'écrivent plus. La littérature de ces derniers ne consiste qu'en une suite de contes ou de légendes transmises oralement.

Les Touaregs seuls ont conservé des traces de la langue écrite. Les caractères qu'ils emploient affectent une régularité géométrique et se nomment *tifinar*. Le kabyle et le m'zabite ont dû s'écrire ; nous ignorons quels signes étaient employés. L'historien Ibn-Khaldoun nous apprend seulement que le Koran, traduit au Maroc de l'arabe en berbère avec les lettres du reste de l'alphabet arabe, fut détruit sous prétexte que la parole de Dieu ne pouvait sans profanation être exposée à l'altération par ses traducteurs.

L'invasion par les Arabes de tous les pays berbères, la conversion forcée à l'islamisme, l'ardeur avec laquelle quelques-uns des nouveaux convertis se mirent à la tête du prosélytisme religieux, expliquent comment la langue du prophète a remplacé partout, en tant que langue écrite, celle antérieurement en usage dans le nord du continent africain.

§ II

Les M'zabites une fois installés, se laissant aller à l'instinct commercial qui les caractérise, abandonnèrent peu à peu aux nègres le soin de la culture. Maintenus dans la Chebka par l'esprit de doctrine, ils s'y trouvent actuellement victimes de leurs règlements. L'administration militaire s'en est fait à bon droit une arme pour maintenir la population des ksour, mais il est à craindre qu'elle ne puisse se servir pendant longtemps d'un semblable moyen, et alors la majeure partie des habitants émigrera dans nos villes du Tell, au plus grand détriment de notre nouvelle conquête.

Dans ces conditions, l'émancipation des nègres aurait pu créer de réelles difficultés ; quelques-uns d'entre eux se sont bien présentés à la colonne d'occupation, mais quand ils eurent appris qu'ils seraient obligés de chercher du travail pour vivre, ils se hâtèrent de retourner chez leurs anciens maîtres. Sans aucune secousse, les *esclaves* du M'zab se sont transformés en *domestiques à gages*. Il faut ajouter qu'ils n'avaient pas trop à se plaindre de leur situation. Le mot *esclave* frappe sans doute l'esprit et éveille des sentiments de révolte et de pitié à la pensée qu'un homme, notre semblable après tout, peut être vendu sur un marché à l'instar d'une bête de somme. Et cependant au M'zab on s'attache à ses esclaves comme nous nous attachons à nos propres serviteurs. Nous nous souvenons d'un malheureux M'zabite, propriétaire d'un noir, très peu recommandable, puisqu'il était incarcéré comme voleur, faire tous les jours un trajet de trois à quatre kilomètres et apporter en kouskous et en fruits une amélioration au régime du prisonnier. Et nous aurions bien d'autres faits semblables à signaler.

Loin de nous la pensée de faire l'apologie de la traite des nègres, nous en condamnons absolument le principe, bien que nos administrateurs militaires, dont la difficile mission a été d'organiser le pays, aient eu de ce chef de sérieuses difficultés à surmonter : on doit dire à leur éloge qu'ils s'en sont tirés avec tact et droiture. Si un nègre qui quitte son maître trouve difficilement à vivre, que deviendra une négresse? Dans les villages du Tell, là où le sol à défricher ne faisait pas défaut, il a été possible de créer pour eux des centres particuliers ; mais au M'zab rien de pareil ne peut être fait. Partout le roc ; dans les vallées, pas un pouce de sable susceptible d'être mis à profit n'est laissé inutilisé.

L'amendement constant et l'irrigation journalière maintiennent si artificiellement les jardins, qu'on a pu écrire, en forçant un peu la note sans doute, mais avec assez d'à-propos, que « si l'on supposait les habitants plongés par enchantement dans un sommeil de deux mois au milieu de l'été, leurs oasis disparaîtraient en entier. »

L'abolition de la traite des noirs a entraîné un malaise passager qui s'est en définitive terminé au mieux de nos intérêts. L'esclavage n'existe plus de fait, bien que les nègres continuent de vaquer à leurs travaux habituels. S'ils s'étaient transportés à Ouargla, comme d'aucuns paraissent le désirer, beaucoup de M'zabites auraient abandonné le pays.

Jusqu'au jour de l'émancipation la situation des nègres était prévue par des règlements, reflet des prescriptions coraniques, paraphrasées par des cheikhs vénérés et dont nous allons faire connaître les principales dispositions.

Le Coran permet la vente des noirs réduits à l'état d'esclavage, parce qu'en général ils sont hérétiques. Ils n'en restent pas moins dans la servitude, eux et leurs enfants, s'ils embrassent l'islamisme ; dans cette condition seulement, ils ne doivent pas être vendus à des mécréants. L'autorité se saisit de ceux que ces derniers pourraient détenir.

Le musulman doit chercher à inculquer à son jeune esclave les principes de la religion. Il n'est pas tenu d'agir de la même manière, s'il est d'un âge mûr. Un nègre peut être donné à l'essai avant la vente. Si, pendant le délai fixé, il manifeste le désir de suivre le culte mahométan et que l'acheteur soit un infidèle, l'esclave est rendu au maître primitif.

Au moment de l'achat, il peut être demandé une garantie pour les défauts que l'esclave est susceptible d'avoir. Les cas rédhibitoires sont les maladies cachées, les vices, les mauvais penchants, les actions qui dénotent l'irascibilité ou la folie. Les nègres provenant de successions vacantes sont mis en marché sous caution par les agents de l'autorité.

Le vendeur conserve les effets en bon état et les bijoux de ses négresses. Souvent il livre l'esclave nu : dans ces conditions, il n'est tenu qu'à fournir un chiffon pour cacher les parties honteuses. Une négresse enceinte n'est pas vendue : si sa grossesse est douteuse, on la dépose chez un homme de confiance jusqu'au jour où l'on est fixé sur son compte. Après l'accouchement, l'enfant est remis à celui qui était maître de la négresse au moment où celle-ci a conçu, soit à titre de propriété, si l'enfant est fils d'un esclave, soit comme un de ses héritiers, si le nouveau-né est fruit de concubinage.

Un maître qui ne peut nourrir ses nègres doit les vendre. Il n'est juste ni de les accabler de travail, ni de les laisser dans l'inaction. Un esclave mineur hors d'état de travailler ne peut être affranchi, dans la crainte de le voir contracter des habitudes de vol. Même recommandation au sujet des négresses qui, libres avant la majorité, se livreraient à la licence. L'esclave qui s'est enfui de chez son maître doit être bâtonné indéfiniment jusqu'à ce qu'il soit revenu. En tout cas, le propriétaire doit commander avec douceur et bonté, punir proportionnellement aux fautes, se retenir dans ses emportements. Au travail du jour doit succéder le repos de la nuit, à moins qu'une occupation de minime importance ne soit prescrite. Le plus souvent celui qui libère à demi est obligé de payer la portion de son copropriétaire.

Un maître peut forcer ses esclaves à se marier. Une exception formelle a lieu pour la négresse avec laquelle il aurait eu un enfant. Il a tous pouvoirs pour annuler ou laisser persister les mariages non autorisés par lui.

Il ne peut se marier avec la mère des négresses dont il a eu des enfants. Il est interdit également de forcer deux sœurs à s'unir à lui ou à être ses concubines. Une femme libre ne peut acheter un nègre et se marier avec lui.

Une femme esclave est reconnue enceinte au moment de la vente, soit par son état de grossesse, soit par l'aveu du propriétaire déclarant avoir eu commerce avec elle. Sa gravidité doit être de six mois pour que l'enfant soit considéré comme étant celui du maître. La dénégation de ce dernier est toujours valable en justice.

Tout propriétaire peut affranchir son esclave ; la liberté une fois accordée ne doit plus être ravie. Celui qui reçoit en héritage un nègre auquel l'affranchissement a été promis est tenu d'observer la promesse du propriétaire défunt. L'esclave libéré devient comme le propre parent du maître, au point que ce dernier peut hériter de lui s'il n'existe pas d'enfants.

Il va sans dire que les règlements de police intérieure du M'zab ne s'appliquent pas aux esclaves.

Les nègres de la Chebka proviennent du Soudan. Nous avons tout particulièrement étudié dix-sept d'entre eux du sexe masculin. Nés dans les états de Tombouktou, de Bornou et de Sokoto, leur âge moyen était de 20 ans, avec 12 et 32 comme chiffres extrêmes. Ils avaient quitté le Soudan depuis 6 à 24 ans, soit une moyenne de 14 années. La face et le front, couturés de larges cicatrices de raies de feu affectant les formes les plus diverses, permettaient de distinguer deux peuples voisins, chaque royaume noir ayant sa marque particulière. Comme à tous changements de patrie succédaient de nouvelles scarifications, il n'est pas rare de trouver le même individu porteur de plusieurs espèces de signes. Fraîche au toucher, la peau est luisante et d'un noir de jais. La paume des mains et la plante des pieds sont plus clairs. Les yeux très foncés et parfois noirs laissent voir une sclérotique légèrement jaunâtre. Les cheveux, de même coloration, courts et abondants, sont crépus et présentent une certaine dureté ; leur mode d'implantation est oblique et nettement arrêté. La barbe, peu fournie, offre des caractères analogues. Le corps est dépourvu de poils, sauf au pubis et aux aisselles. Il est exceptionnel d'en trouver à la région sternale.

Vue d'en haut, la tête présente une forme elliptique avec légère saillie des arcades zygomatiques. Le diamètre antéro-postérieur et transverse maximum sont dans des relations telles que le crâne doit être placé par son indice céphalique dans la variété des *dolichocéphales vrais*. L'indice frontal assez élevé, obtenu par le rapport du diamètre bitemporal minimum au transverse maximum, fait déjà prévoir une face large. Cette amplitude est d'autant plus manifeste que la longueur simple est déjà réduite. L'indice facial ou résultat de la longueur à la largeur est en effet assez faible.

Du vertex à la partie inférieure du menton, la distance est grande. Le diamètre byzygomatique, comparé à cette dernière, nous fournit comme indice général de la tête un chiffre élevé ; il signifie que la face des nègres est ovalaire.

La projection horizontale de la tête est de 4 centimètres inférieure à la longueur totale. La projection du crâne antérieure est de 2 centimètres supérieure à la projection du crâne postérieur.

L'angle facial accuse du prognathisme. Celui-ci porte sur tout le visage, mais il est caractérisque à la région sous-nasale. Le recul du menton et la projection des dents en avant viennent encore l'accentuer.

En somme, nos observés ont un visage allongé comme le crâne, large, sensiblement aplati, limité par les saillies que forment les os molaires et les arcades zygomatiques.

Un front étroit à la base, peu élevé, légèrement proéminent à son sommet, à bosses frontales indistinctes et parfois remplacées par une voussure médiane et unique, surmonte des crêtes sourcillières peu saillantes, garnies de rares poils. Les ouvertures palpébrales, modérément allongées sont bordées de cils courts. Leur longueur est notablement inférieure à la largeur de l'intervalle des yeux. Le nez est développé en largeur aux dépens de la saillie. Son dos arrondi présente un certain degré de concavité. La base, grosse et écrasée par suite de la mollesse des cartilages, s'épanouit en deux ailes divergentes, à narines elliptiques plus ou moins découvertes. Le lobule non distinct ne dépasse pas ces dernières. La bouche, de dimension moyenne, est bordée par des lèvres lippues. Les dents, un peu déjetées en avant, sont de belle coloration blanches et saines. La voûte du palais affecte généralement la forme ogivale. Le menton est rond, un peu fuyant.

Les oreilles, petites, presque arrondies, assez mal ourlées et à lobule court, s'écartent peu de la tête.

La taille, notablement réduite, est de 4 centimètres au moins inférieure à la moyenne. La hauteur des épaules, eu égard à la stature générale, indique un cou court. L'épicondyle se trouve bas placé, de même que l'apophyse styloïde du radius, situé à trois travers de doigt au-dessus de la demi-taille.

La main est grande et le pied relativement petit, presque plat, à talon large et saillant avec un gros orteil sensiblement raccourci.

La comparaison des membres entre eux démontre que le supérieur est, toutes proportions gardées, plus long que l'inférieur, que le bras l'emporte sur l'avant-bras d'une façon assez notable, que la jambe a près d'un centimètre en plus que la cuisse, que la main est d'un cinquième plus petite que le pied.

Assis, le nègre ne paraît pas plus grand qu'il n'est en réalité, grâce à l'harmonie des membres abdominaux et du tronc. Sa poitrine, bien développée, un peu bombée, est notablement plus large que le bassin. La grande envergure est supérieure à la taille. Le ventre se trouve sensiblement aplati. Les trois courbures du rachis, peu développées, déterminent une faible ensellure. Les organes génitaux, bien conformés, n'ont rien de particulier comme développement.

Les mouvements respiratoires et les battements artériels, peut-être un peu pressés sous l'influence des sentiments divers éprouvés par les observés, n'ont paru offrir rien d'anormal.

La voix a un timbre métallique tout spécial suffisamment caractéristique : les sons graves n'existent pas, quant aux voyelles elles sont brièvement énoncées.

Le soin tout particulier mis à étudier des nègres amenés du Soudan et vendus comme esclaves sur les marchés depuis un temps relativement court, permet de penser que les résultats précédemment exposés, reflètent la caractéristique anthropologie des peuplades d'où nos observés proviennent. Il n'est pas présumable que le milieu ait eu le temps d'influencer un type que deux ou trois générations auraient certainement modifié. C'est pour ce motif que nous avons exclu de notre examen des nègres, fils d'esclaves, nés au M'zab. Et, ne serait-ce pas pour avoir procédé dans des conditions différentes que Gillebert d'Hercourt, opérant sur dix nègres d'Algérie, aurait obtenu des données absolument dissemblables ? Sans doute les noirs que l'on trouve dans les divers centres de notre grande colonie sont d'anciens esclaves transportés loin de leur pays d'origine et émancipés à la conquête ; mais, depuis cette dernière date, un demi-siècle environ s'est écoulé et, sans insister outre mesure sur l'influence exercée durant ce laps de temps, peut-on surtout oublier les modifications capitales qu'entraînent les croisements les plus variés ?

Sans parler des différences sensibles, mais peu accentuées, fournies par la comparaison des résultats craniométriques, des dimensions de membres ou segments de membres, de leurs proportions moyennes, des divers diamètres thoraciques, deux faits principaux attirent tout d'abord l'attention : on voit la taille des nègres diminuer quand on s'enfonce dans le sud et augmenter lorsqu'on revient vers le nord. Les variations signalées portent sur le tronc, mais principalement sur les membres inférieurs. Quant aux membres supérieurs leur longueur est précisément en raison inverse de celle de ces derniers. C'est dire que le membre supérieur s'allonge en même temps que l'inférieur diminue et réciproquement.

Le nègre du M'zab, esclave hier, est serviteur à gages aujourd'hui. Transformé dans sa situation sociale, il n'en continue pas moins à rendre les mêmes services. Paresseux, menteur, voleur, gourmand et d'une intelligence des plus bornées, la presque totalité de son temps est consacrée à l'arrosage des palmiers.

Dans les rares intervalles où les jardins ne réclament pas ses services, le noir est utilisé soit à des travaux de terrassement, soit au forage des puits. Ici comme tantôt, son rôle se confond avec celui de la bête de somme, il est employé aux charrois.

Pendant ses loisirs, il prend grand plaisir aux divertissements. Soit qu'ils désirent plaire à leurs maîtres, pour fêter une naissance ou un mariage, soit qu'ils veuillent célébrer une des nombreuses fêtes dont leur calendrier est sans doute émaillé, on voit les nègres se réunir et commencer un festival dont la terminaison n'est pas toujours proche. Armés de fifres, de cymbales et de tambourins aux formes les plus variées, ils exécutent en dansant une musique cadencée, mais infernale, entremêlée de cris tantôt stridents, tantôt roucoulés. Ces séances ont un cachet d'autant plus particulier que les noirs seuls peuvent jouer, danser, crier, toutes choses défendues par les *kanouns* aux Beni-M'zab eux-mêmes.

Pour ces cérémonies, ils s'accoutrent de leur mieux quoiqu'ils soient généralement dépourvus de turbans, de haïks, de burnous et de souliers, leur costume étant des plus simples : une chechia, dont la couleur rouge a disparu sous la saleté avec une gandoura, peut-être blanche autrefois, retenue à la ceinture par n'importe quel lien.

Les négresses sont plus spécialement vêtues d'un tissu de cotonnade bleuâtre.

Le régime alimentaire des noirs est à peu de choses près, comme le veut le Coran, identique à celui des maîtres et consiste plus fréquemment en dattes, galettes, couscous et fruits des jardins suivant la saison.

Diverses mensurations de la tête ont fourni les résultats suivants :

CRANE. — Diamètre antéro-postérieur, 189 millimètres avec 178 et 200 millimètres, comme chiffres extrêmes.

Diamètre transverse maximum oscillant entre 136 et 160 millimètres = 141 millimètres.

L'indice céphalique = 74,8. L'indice réel du crâne est de 72,8.

Nos nègres sont donc dolichocéphales vrais.

Diamètre frontal minimum = 110 millimètres.
L'indice frontal est de 78,0.

FACE. — Longueur simple = 77 millimètres.

Diamètre bizygomatique ou facial tranverse = 132 millimètres. L'indice facial est de 58,3.

Distance du vertex à la naissance des cheveux, 43 millimètres.

Distance de la naissance des cheveux à la racine du nez (front), 56 millimètres.

Distance de la racine à la base du nez, 43 millimètres.

Distance de la base du nez à la partie inférieure du menton, 73 millimètres.

Longueur totale de la tête, 215 millimètres.

L'indice général de la tête...... = 162,8 millimètres.	
Projection horizontale de la tête. = 175	—
— du crâne antérieur... = 105	—
— du crâne postérieur.. = 85	—
L'angle facial de Camper........ = 78°	—

Front large 3; moyennement large 10; étroit 4; vertical 5; un peu oblique 9; oblique 3; à bosses accusées 3; peu accusées 14.

Rebord orbitaire saillant 4; peu saillant 11; effacé 2; couvert de poils nombreux 3; assez abondants 9; clairs 5.

Longueur d'un œil............ = 31	millimètres.
Largeur de l'intervalle des yeux.. = 34	—
Hauteur maximum du nez...... = 51	—
Largeur maximum du nez...... = 48	—
L'indice transversal du nez..... = 85,8	—

Saillie maximum du nez........ = 15   millimètres.
L'indice antéro-postérieur du nez. = 31,2   —
Longueur du nez à la base....... = 45   —

Lobule distinct 3 ; non distinct 14 ; ne dépassant pas les narines.

Narines elliptiques 15 ; arrondies 2 ; regardant en bas 10 ; et un peu en dehors 7 ; en avant 3.

Dos du nez rectiligne 2 ; arrondi légèrement concave 15 ; largeur = 50 millimètres.

Lèvres lippues 5 ; fortement lippues 12.

Dents bonnes 12 ; médiocres 3 ; mauvaises 2.

Voûte du palais cintrée 2 ; légèrement cintrée 4 ; ogivale 11.

Menton pointu 1 ; rond 16 ; peu fuyant.

Oreilles, hauteur 53 millimètres ; largeur 31 millimètres ; écartement maximum 18.

Forme presque carrée 1 ; grossièrement ovale 16.

Lobule distinct 3 ; peu distinct 6 ; non distinct 8 ; plis normaux.

La taille des nègres est de 1 mètre 613 avec des écarts peu considérables.

Hauteur de l'acromion au-dessus du sol......... 1,333
— de l'épicondyle..................... 1,010
— de l'apophyse styloïde du radius........ 0,769
— de l'extrémité inférieure du médius...... 0,573
— du grand trochanter au-dessus du sol... 0,850
— de l'interligne articulaire du genou...... 0,461
— du sommet de la malléole interne....... 0,066

De simples soustractions vont dans la plupart des cas nous fournir les longueurs moyennes du membre supérieur (bras et avant-bras) et du membre inférieur (jambe et cuisse) : nous en exprimons le rapport à la taille ramenée à 100.

		Rapport à la taille. = 100
Longueur du membre supérieur (moins la main)	=564	34,9
— du bras	323	20,0
— de l'avant-bras	243	21,3
— du membre inférieur (moins le pied)	784	48,6
— de la cuisse	389	24,1
— de la jambe	395	24,4
— de la main	196	12,1
— du pied	246	15,2

Distance du médius à la rotule 78, rapport à la taille 4,8.

Les résultats suivants vont nous être fournis par les rapports d'un membre ou d'un segment de membre à la longueur d'un autre membre ou segment de membre = 100.

Avant-bras et bras à jambe et cuisse	—	= 71,9
Avant-bras à bras	—	= 74,6
Jambe à cuisse	—	= 101,6
Pied à main	—	= 79,6

TRONC. — Les chiffres obtenus dans les mensurations du tronc sont les premiers des moyennes, les seconds l'expression du rapport de la taille évaluée à 100.

Hauteur du tronc	=	550 millimètres, soit	34,0
Distance bi-acromiale	=	306	—	18,9
Distance biiliaque	=	269	—	16,6
Circonférence thoracique	=	818	—	50,7
La grande envergure	=	1,723	—	106,8

Poitrine normale, c'est-à-dire légèrement aplatie d'avant en arrière 3 ; un peu bombée 10 ; bombée 4.

Ventre sensiblement aplati.

Courbures rachidiennes peu accentuées.

Organes génitaux externes moyennement développés 11 ; peu développés 6.

Pulsations $= 74,1$; respiration $= 19,7$.

MOYENNES DES DIVERSES HAUTEURS AU-DESSUS DU SOL.
Comparaison des chiffres obtenus par M. Gillebert d'Hercourt et par nous.

	NÈGRES D'ALGÉRIE	NÈGRES DU M'ZAB
Nombre des observés	10	17
Du vertex ou taille	1,645	1,613
De l'acromion	1,352	1,333
De l'épicondyle	1,057	1,010
Demi-taille	0,822	0,806
De l'apophyse styloïde du radius	0,795	0,769
De l'extrémité inférieure du médius	0,601	0,573
Du bord supérieur du grand trochanter	0,875	0,850
De l'interligne du genou	0,458	0,461
De la malléole interne	0,074	0,060

CHAPITRE VIII

Nosologie. — De la médecine chez les M'zabites.

Mettre sous les yeux du lecteur le relevé pur et simple des affections que nous avons eues à traiter durant notre séjour au M'zab serait, ce nous semble, donner une fausse idée des maladies particulières au pays. A côté de la dysenterie et de la fièvre intermittente, il y trouverait l'uréthrite blenhorragique et l'entorse dont l'homme n'est pas plus exempt là qu'ailleurs.

Il vaut donc mieux parler des maladies plus fréquemment rencontrées, retracer l'histoire de celles qui peuvent y être importées tout en signalant la physionomie particulière qu'affectent quelques-unes d'entre elles.

Comme correctif à tout ce que nous avons dit de peu flatteur sur le M'zab, ajoutons que la morbidité et la mortalité y sont assez faibles. On y souffre de la chaleur, mais on y est peu malade et l'on n'y meurt pas plus qu'ailleurs, puisque le chiffre obituaire annuel moyen ne dépasse pas deux pour cent.

A l'instar de tout ce que l'on observe dans les

postes du Sud, les hépatites et la dysenterie sont ici endémiques. Il convient d'ajouter les maladies des yeux et les affections de la peau en particulier, le bouton de Biskra ou d'Alep et l'éléphantiasis.

La fièvre intermittente est plutôt importée que contractée dans le pays même. Le courant des affaires exige un continuel va-et-vient sur Ouargla où elle fait tant de ravages.

La variole surtout et assez souvent la rougeole et la scarlatine sévissent avec une certaine intensité. La fièvre typhoïde y revêt des caractères particuliers; quant au choléra, il n'y a jamais fait apparition.

AFFECTIONS DU FOIE. — L'ictère catarrhal est assez fréquent, mais le plus souvent peu accentué, il se borne à la coloration jaune des sclérotiques et de la muqueuse sublinguale.

La congestion hépatique avec ou sans suffusion ictérique s'observe aussi communément. Le foie augmente de volume, une sensation de pesanteur apparaît dans l'hypochondre droit et il naît des douleurs plus ou moins sourdes s'irradiant dans le côté droit jusque vers l'épaule. Il faut dès lors prendre garde à la formation d'un abcès.

Le foie est un organe fort sensible au M'zab, mais qui sans doute à cause de la tempérance des habitants est moins souvent malade que dans d'autres pays à tous égards comparables.

DYSENTERIE. — La diarrhée s'observe à la suite d'ingestion de mauvaises eaux et de fruits mal mûrs

tels que : pastèques et concombres ; si l'on n'y prend
garde il survient un peu de fièvre, du ténesme, des
épreintes, des selles sanglantes ; on a la dysenterie
qui affaiblit très vite le malade et se montre fort
rebelle à tout traitement. Elle coexiste assez souvent
avec un peu de congestion hépatique.

Maladies des yeux. — Les cas de conjonctivite granuleuse aiguë et chronique sont fort nombreux pendant l'été : l'intensité de la lumière du jour, la réflexion des rayons du soleil sur le sol blanchâtre surchauffé, sont des causes permanentes et puissantes, auxquelles viennent encore s'ajouter le rayonnement nocturne et les vents. On est d'autant moins exposé que pendant les nuits d'été passées à la belle étoile, on se couvre plus exactement la tête et les yeux et que l'on se garantit davantage en tous temps contre les fines poussières que le vent transporte.

Les kératites font un nombre d'aveugles considérable, les ulcères de la cornée, les perforations, les taies, les staphylômes abondent. Le trichiasis et l'entropion courent également les rues, la cataracte se rencontre aussi très fréquemment ainsi que le ptérygion.

Affections de la peau. — Dans un climat où l'activité cutanée est surexcitée, où les populations sont mal vêtues, mal nourries, où les précautions hygiéniques sont fort négligées, les maladies de la peau doivent être fréquentes. Eh bien, nous ferons ici la même réflexion que pour les affections de foie, si les furoncles, les anthrax, les boutons de toutes sortes, l'éléphantiasis sont assez communs au M'zab, ils apparaissent moins souvent qu'à Ouargla, qu'à Biskra, qu'à Laghouat même.

Adepte convaincu des doctrines panspermistes, nous croyons que la sécheresse du M'zab contrarie pour la plus large part l'évolution des germes. A noter la teigne, l'herpès tonsurant, la mentagre et le pityriasis, la gale.

Fièvre intermittente. — En un pays où aucune source ne jaillit, où aucun ruisseau ne coule à la surface du sol, où il n'existe pas de marais, pas d'eaux stagnantes, pas de débris végétaux en décomposition, le miasme palustre ne peut naître et se développer. Cependant bien que la malaria ne puisse à proprement parler être classée parmi les affections originaires de la région, elle ne laisse pas que de se manifester assez fréquemment pendant la saison chaude. Ce sont en général des récidives qu'on observe chez d'anciens intoxiqués, atteints de nouveau sous l'influence d'une température élevée et d'un climat débilitant.

D'autres cas ont une origine toute différente et présentent un certain intérêt au point de vue étiologique.

Ils ont été contractés dans la vallée de l'Oued-Rhir, plus particulièrement à Ouargla. A certains moments de l'année, en automne par exemple, l'affection prend en cette contrée un caractère épidémique et revêt une forme très grave que les indigènes appellent *them* ou *tehem*. Elle est alors caractérisée par des accès de fièvre rémittente et même continue très violents et accompagnés de phénomènes gastro-intestinaux pénibles et douloureux tels que nausées, vomissements, diarrhée. En même temps la rate grossit très rapidement. Or, on sait tous les motifs qui peuvent solliciter le M'zabite à aller assez souvent à Ouargla.

La fièvre qu'ils y contractent est tenace, et quand elle cède à la quinine elle ne le fait que peu à peu. La tumeur splénique doit être directement combattue par des révulsifs. Le them baisse à partir du mois de novembre au moment où la température devient plus clémente.

La fièvre intermittente est absolument variable dans ses formes. Tandis qu'en France elle se traduit le plus souvent par des accès plutôt tierces que quotidiens avec accès pernicieux assez rares, ici c'est absolument l'inverse et l'affection revêtant plus volontiers le type quotidien est accompagnée d'accidents pernicieux relativement fréquents.

L'intoxication miasmatique peut se révéler par trois types fébriles, intermittents, rémittents, continus.

L'intermittence apparaît surtout dans la soirée. Les accès d'une violence inouïe durent huit à dix heures; en somme les manifestations se rapprochent de la description classique.

La rémittente, que l'on a voulu mettre sous la dépendance exclusive de la chaleur, n'est réellement qu'une forme variée de l'intoxication malarique. Et la preuve, c'est que le traitement spécifique conserve sur elle toute son efficacité à la condition préalable d'avoir, par une médication appropriée, combattu les phénomènes gastriques qui l'accompagnent toujours et qui donnent à l'affection son cachet particulier.

La continue, ou plutôt subcontinue, nous paraît être une exagération de la précédente. Elle survient à l'époque des fortes chaleurs. Le diagnostic différentiel avec la fièvre typhoïde est fort difficile à faire. L'examen de la courbe thermométrique n'est pas semblable pendant les sept premiers jours, mais ce qui nous confirme bien que l'intoxication malarique est ici encore le facteur principal, c'est qu'une subcontinue peut guérir en passant par les phases de la rémittente et de l'intermittente.

On trouve encore certaines affections qui sont sous la dépendance de la fièvre, ce sont des cas de conjonctivites, de bronchites, de pneumonies, sans oublier les névralgies diverses justiciables du traitement quinique.

FIÈVRE TYPHOÏDE. — Nous n'avons observé que des cas survenus parmi les troupes d'occupation. Avaient-ils été importés? Étaient ils nés sur place? Nous ne saurions le dire. En tout cas, il est à remarquer que la chaleur augmente la fréquence et la gravité de la maladie, la brusquerie de l'invasion, la rapidité de l'évolution et de la mort, l'étendue et la profondeur des lésions intestinales, qu'elle modifie enfin la modalité clinique tant au point de vue de l'intensité relative des divers symptômes, que de l'apparition de certaines complications.

Fièvres éruptives. — Nous n'avons pas eu à en observer, mais nos renseignements personnels nous permettent d'affirmer que la rougeole et la scarlatine s'y voient rarement.

Il en était autrement de la variole. Une épidémie très meurtrière avait sévi quelque temps avant notre occupation, et nous rappellerons que nous avons signalé l'odeur pestilentielle qui se dégageait du cimetière de Mélika où de nombreux cadavres de variolés avaient été mal enfouis. Avec une telle façon de procéder on n'est pas surpris de voir les épidémies s'éterniser.

La vaccination des M'zabites incombe au médecin militaire de Ghardaïa. Les habitants y sont d'autant moins réfractaires qu'à l'instar des autres Arabes, ils se variolisaient avant notre arrivée. Ils s'inoculaient la variole discrète en plaçant un peu de laine imprégnée de pus dans une petite plaie faite entre le premier et le deuxième métacarpien.

Choléra. — Le choléra n'a jamais fait d'apparition au M'zab. C'est ce qui paraît résulter des informations prises en 1883 au moment où pour se garder du mal qui sévissait en Égypte, le pèlerinage de la Mecque avait été interdit, au moment où, à 800 kilomètres de la côte, le Sahara se trouvait fermé au moyen d'hommes de garde placés à chacun des puits par lesquels tout voyageur doit nécessairement passer.

L'application de mesures si radicales comblait de stupéfaction les indigènes qui n'avaient jamais vu le choléra dans leur contrée. « Lorsqu'en 1867, disaient-ils, l'épidémie exerçait ses ravages dans le Tell, sur les Hauts-Plateaux et jusqu'à Laghouat, nos coreligionnaires allaient et venaient sans importer l'affection. Hors de chez nous, ils mouraient, mais ici l'état de santé se maintenait habituel. »

De pareilles affirmations semblent devoir être acceptées sans conteste, surtout à l'occasion d'un mal qui laisse d'ineffaçables souvenirs.

A quoi serait due une pareille immunité? Nous n'hésitons pas à l'attribuer à la sécheresse extrême de la région et partant à son faible état hygrométrique. Celui-ci trois fois moins élevé au M'zab que dans les localités où sévit le choléra, indique comme moyenne estivale sept millimètres de tension et vingt-quatre d'humidité au lieu de neuf et de soixante-dix. C'est dire que l'air des principales villes de l'Europe renferme soixante-dix pour cent environ de la quantité de vapeur d'eau qu'il contiendrait à l'état de saturation, celui du M'zab n'en possédant plus que vingt-quatre, et l'on pourrait citer des instants tels que le 22 juin à une et à sept heures du soir, le 17 juillet à sept heures du matin, le 24 du même mois à une heure et le 12 septembre à sept heures de l'après-midi, où il n'était pas possible d'en déceler.

Cette sécheresse excessive rendait compte d'un autre fait non moins remarquable, la faible proportion d'ozone. Ce n'est pas que les matériaux nécessaires à son élaboration fissent défaut, bien au contraire ; ce qu'il fallait, c'était un conducteur pour permettre aux deux électricités de se combiner, et ce conducteur manquait, c'était la vapeur d'eau.

La syphilis est moins fréquente chez les M'zabites que chez les Arabes. En tous cas, on constate assez souvent des accidents tertiaires ou secondaires. Et ce qui frappe, c'est l'étendue parfois très considérable des lésions ; il faut dire que le manque de soins, l'absence de toute thérapeutique sérieuse contribuent à l'expliquer.

Les bronchites chroniques sont communes, la tuberculose est rare.

Le cœur et les vaisseaux sont généralement sains, il existe peu de varices, pas de varicocèles, les ulcères qu'on rencontre parfois aux jambes se réclament plutôt de la syphilis.

On trouve assez fréquemment des hydrocèles.

On observe de temps en temps chez les indigènes des abcès et des phlegmons consécutifs aux piqûres produites par les branches de palmiers. Ces accidents peu en rapport avec la légèreté de la lésion primitive s'accompagnent de lymphangite et d'adénite avec un peu de fièvre. Ces symptômes cèdent assez facilement au traitement ordinaire.

Les piqûres de vipères à cornes et de scorpions sont très communes. Les maisons sont de véritables nids où ces derniers pullulent. La variété noire est plus redoutée.

Les M'zabites comme certains Arabes du reste, savent très bien appliquer une ligature entre le cœur et la piqûre avant d'apporter le malade.

Comme parasites intestinaux, il faut citer le ténia inerme, l'ascaride lombricoïde et l'oxyure.

Il n'y a pas d'amputés, en raison de ce que l'intervention des médecins m'zabites ne va pas jusque-là. Comme les Arabes, les habitants de la Chebka préfèrent encore la mort à la privation d'un membre.

Il est évident que les affections dont l'homme peut être atteint sont influencées par le climat où il vit.

Nous avons vu les allures que prend l'intoxication malarique et nous savons que la fièvre typhoïde subit des modifications dans ses manifestations extérieures.

C'est aussi à certaines particularités du climat que le choléra doit assurément de n'avoir jamais exercé des ravages.

L'influence que joue le climat du M'zab est éminemment favorable à la guérison des blessures. Les tissus ont une telle plasticité qu'ils ne demandent qu'à se souder, qu'à se réunir. Quand la suppuration se produit, elle est de bonne nature et peu abondante. Pas un des chirurgiens qui ont opéré dans le sud de l'Algérie ne viendra nous contredire.

Les aliénés sont rares au M'zab, ou tout au moins on ne les voit pas errer à l'aventure, et dans le plus complet dénuement, comme en beaucoup d'autres points de l'Algérie. Les M'zabites sont pleins d'égards pour eux, respectant dans la personne privée de raison la volonté d'Allah.

La nubilité précoce amène la maternité au moment où les Européennes ne sont guère que des enfants ; aussi 12, 13, 14 ans, sont les époques de parturition. On conçoit que la femme ait déjà perdu à 25 ans tous les attributs de la jeunesse.

Les accidents puerpéraux sont assez rares, ce qui doit surprendre, en raison de l'habitude qu'ont les matrones de comprimer par un massage violent le ventre de la femme en travail d'enfant dans le but de favoriser l'expulsion du fœtus.

§ II

Chez tous les peuples, la profession médicale est sans contredit celle qui trouve le plus d'imitateurs et cela dans toutes les classes de la société. L'instinct de conservation porte chaque individu à chercher plus ou moins à être son médecin et celui d'autrui, le cas échéant.

Les M'zabites ne font pas exception à cette règle générale, et ce sont certains tolba qui, familiarisés avec les préceptes hygiéniques du Coran, font une excursion dans le domaine de la thérapeutique. Ils n'ont d'autres connaissances anatomiques que celles résultant d'une comparaison très superficielle et très confuse, par défaut d'analogie, entre les animaux et l'homme. Leur physiologie est toute intuitive, les divagations de l'imagination se substituant, comme aux premiers âges, à la voix expérimentale. Par défaut de données anatomiques et physiologiques, l'art diagnostique est d'un vague tenant de l'insignifiance.

La médecine opératoire ne sort pas non plus de quelques tentatives reportées des animaux à l'homme. La thérapeutique est un grossier mélange de drogues hétérogènes de toute espèce attestant son inefficacité. Besoin n'est de dire que la toxicologie est inconnue et que l'art de l'obstétrique se borne à de simples pratiques de matrones envers les femmes en couches.

Notre ami, M. de Motylinski, a découvert au M'zab un livre sur la magie et l'astrologie, renfermant les détails les plus intéressants sur l'art de guérir; disons tout de suite qu'il s'agit de prophylaxie au petit papier. Nous regrettons vivement de ne pouvoir citer des passages de cet ouvrage, mais autant que notre mémoire nous le permet on procède de la façon suivante. Veut-on, par exemple, se préserver du mal aux yeux? On prend un carré de papier grand comme la paume de la main et l'on écrit : « Dieu puissant, savant, unique, créateur » mais en plaçant le mot Dieu au centre et aux angles chacun des attributs. Supposez que le papier tel que vous l'avez tracé réponde bien aux prescriptions du livre, vous n'avez pas à redouter les conjontivites, les kératites, les choroïdites, les rétinites et autres affections du même genre! Voulez-vous ne pas être exposé à la migraine? Il suffira par exemple d'écrire à gauche ce qui est à droite! Craignez-vous le mal aux oreilles? L'emploi de ces mêmes mots différemment placés ou d'autres cabalistiquement alignés répondront au même but, d'autant que l'on peut changer non seulement les attributs et les interposer de façons diverses, mais qu'il est encore toute une série de dessins faciles à reproduire.

Voilà ce qui se faisait au M'zab il y a quelque temps. La situation a un peu changé aujourd'hui, car nous savons par expérience, que le cas échéant, le M'zabite ne refuse pas les soins. Il n'est pas absolumeut mécréant, si l'on veut, à l'endroit de l'efficacité des invocations coraniques, mais il estime qu'il doit s'aider pour guérir.

L'habitant de la Chebka n'est pas à vrai dire souvent malade, mais malgré une sélection opérée dans le jeune âge, laissant ceux-là seuls capables de résister aux rigueurs d'une éducation au grand air et à toutes les intempéries, il est d'une santé plus délicate que l'Arabe. Cela tient à ce qu'il vit renfermé dans sa maison, alors que ce dernier s'adonne aux exercices violents, brave les dangers, couche sur la dure, est d'une sobriété à toute épreuve.

En tous cas, le cours de la maladie est rarement de longue durée. Le M'zabite ne cesse de travailler que brisé par la souffrance; s'arrêtant alors, il se couche souvent pour ne plus se relever.

Les médecins qui se sont imposés par leur réputation sont suivis par de jeunes étudiants auxquels ils apprennent ce qu'ils savent. Certains sont des rebouteurs adroits, habiles à arracher les dents; d'un âge généralement avancé, ils sont très considérés en raison de leur grande expérience, de leur renom de sagesse et, en définitive, de l'apparence de leur savoir. Ils n'ont en général qu'un bagage très hétérogène de connaissances, résultant soit de conseils transmis par la tradition, par les voyageurs venant des contrées plus ou moins éloignées, par les émigrants venus du littoral, ou enfin par la lecture du formulaire de médecine magique, recueils pratiques sans esprit de suite, sans ordre, recommandés par d'anciens personnages vénérés.

Comme dans toute l'Algérie, les pointes de feu sont ici très en honneur et très à la mode ; portatif, économique, commode, d'une puissance facile à graduer, cet agent est employé dans les circonstances les plus variées. On l'applique pour tout et partout, sur les paupières, le front, le ventre.

Après le feu viennent les ventouses scarifiées ou simplement la scarification. Comme ventouse, ils emploient une mauvaise cafetière ou une corne dans laquelle ils font le vide par aspiration avec la bouche.

Les instruments de chirurgie en usage sont en général une pince assez grossière, dont ils font, soit une clef à dents, soit un tire-balle ; un couteau à lame courbe, très effilé, servant aux scarifications.

L'art du pansement est peu avancé ; la laine de mouton, le poil de chèvre ou de chameau, les herbes sèches, la terre et surtout le henné en font le plus souvent tous les frais. Le goudron sert aussi très souvent; quand ils ne savent plus que faire, ils prennent le malade et l'enduisent de ce produit.

Les appareils contentifs révèlent ici comme chez les Arabes, du reste, des qualités réelles. Toutes les fractures sont maintenues, soit avec des branches ou des feuilles de palmiers, soit à l'aide d'attelles soigneusement articulées, qui emboîtent bien le foyer et immobilisent le membre. Le défaut ordinaire de ces appareils est d'être trop serrés.

En fait, la seule opération chirurgicale que les médecins m'zabites pratiquent est la circoncision. Ils opèrent du reste comme les Arabes. C'est une fête de famille. Après avoir tranché d'un seul coup de ciseaux toute la portion du prépuce, qui tendue, dépasse le gland, l'opérateur saupoudre la plaie de camphre ou de sang-dragon et la cicatrisation est laissée aux soins de la nature.

Nous signalerons deux pratiques très singulières importées par les M'zabites d'Ouargla. Pour combattre les coliques, la diarrhée, les maux de reins, on fait asseoir le patient en lui appliquant les deux éminences thénar au-dessus des angles du maxillaire inférieur et en s'aidant des doigts passés derrière la nuque pour comprimer les carotides jusqu'à ce qu'il tombe sans connaissance.

On l'étend alors et on le ranime assez facilement s'il y a lieu en lui jetant de l'eau froide. Le moyen est assurément énergique.

Dans une autre circonstance, on couche le malade pour le pétrir, c'est-à-dire que le tournant et le retournant, on lui monte sur le ventre, sur la poitrine, on le disloque, on croirait assister à une véritable séance de torture.

La liste des pratiques bizarres serait interminable à établir. Ce qui précède suffit à indiquer que l'art de guérir n'existe pour ainsi dire pas et que l'ignorance des praticiens est poussée à ses dernières limites.

CONCLUSIONS

Il faut bien reconnaître que l'abolition de la traite des nègres proclamée par nous en 1848 a contribué pour une large part à ruiner le commerce de nos possessions algériennes. Les caravanes qui sillonnaient le désert, faisant surtout trafic de marchandise humaine, évitaient d'autant plus nos ksour que nous réussissions davantage à faire respecter notre prohibition. Jusqu'en 1883, le M'zab était resté seul à avoir le monopole des transactions avec le Sahara et le Soudan. C'est là qu'arrivaient toutes les caravanes d'Insalah et la plupart de celles de Gourara et de Ghadamès. Mais comme les besoins de ce petit pays n'étaient plus assez importants pour attirer de nombreux convoyeurs, ceux-ci se rejetèrent sur la Tripolitaine et le Maroc, seuls points en définitive où ils étaient absolument certains de pouvoir vendre leurs esclaves.

A l'heure actuelle, le M'zab est également défendu à toute importation de noirs. Il est donc à craindre que les relations avec les régions du Sud disparaissent à peu près complètement.

Un tel état de choses ne doit pas être trop à déplorer.

S'il en résulte pour le moment un véritable malaise, espérons en des moyens absolument moraux pour faire sortir notre commerce d'une situation critique. Et proclamons-le bien haut, la création de voies ferrées rendant les transactions plus rapides et plus faciles constituera le seul élément de succès.

Le M'zab a eu beau faire il a toujours été étroitement lié d'intérêts avec Ouargla. Et toute la série des révolutions qui a commencé dès le deuxième siècle de notre ère a été impuissante à le séparer. La scission n'a même jamais été complète puisque l'élément cultivateur a laissé l'élément commerçant venir seul au onzième siècle, établir en pleine Chebka les établissements qu'il habite encore de nos jours. Ces derniers ont été, du reste, en rapport tel avec leurs voisins de l'Est, que de fait, le centre d'Ouargla s'est reconstitué en s'unissant au M'zab malgré la distance.

Pour quel motif donc les M'zabites ne sont-ils pas revenus à Ouargla? Les raisons sont nombreuses, mais il convient surtout de mettre en avant leurs lois sur l'émigration, le manque de sécurité, la situation avantageuse qu'ils retiraient de leur isolement et de leur indépendance.

Nous avons vu que, s'il est permis au M'zabite de quitter pour un temps son pays, il doit partir seul. Absolument isolé dès lors au milieu des Arabes, méprisé et haï pour ses croyances, régi et jugé par des lois dérivant des règles religieuses opposées aux siennes, privé de sa femme et de ses enfants, il a besoin d'être sollicité par l'appât d'un gain élevé pour se détacher de sa famille, pour risquer même de perdre son rang de citoyen.

Il ne consentira qu'à venir dans nos villes d'Algérie où traité sur le même pied que l'Arabe, il saura être protégé et défendu. L'appât d'une situation rémunératrice pourra même le décider à braver les lois qui les régissent, à s'installer chez nous sans esprit de retour.

Toute autre aurait été sa situation à Ouargla où notre autorité a régné jusqu'à cette heure d'une façon indirecte, représentés par des chefs arabes, dépourvus de toute force morale et matérielle, et dont le premier mouvement en cas d'insurrection était de se mettre en sûreté eux-mêmes, bien loin de penser à étendre leur protection sur une partie de la population. Dès lors, l'Arabe aurait eu beau jeu : détestant dans le M'zabite le créancier, méprisant le khamsi, haïssant l'ennemi politique, la guerre en serait résultée, d'autant plus sûrement que ce dernier est un homme d'ordre, que les dissensions amènent la cessation des affaires et qu'il est toujours du parti politique opposé à celui des agitateurs. Toute révolution à Ouargla eût causé sa ruine, et la pacification n'est encore rien moins que certaine. Conquise par nous en 1854, elle fut en rébellion de 1864 à 1867 avec les Ouled-Sidi-Cheikhs. En 1871, le faux chérif Bou-Choucha fit mettre à mort les cheikhs m'zabites des quartiers Beni-Ouagguin et Beni-Brahim qui avaient protesté contre son entrée. Ces souvenirs peu rassurants sont à la mémoire des habitants de la Chebka.

Il est enfin un avantage matériel considérable que le M'zabite trouvait à rester chez lui, c'était l'indépendance politique, la tolérance de l'esclavage, la liberté du commerce des armes et de la poudre, et surtout l'impôt insignifiant qu'il devait nous payer. L'échange, on le voit, n'était pas avantageux et partant pas engageant.

A l'heure actuelle, la situation a bien changé, et puisque le M'zabite n'est plus isolé, puisque sa foi religieuse s'ébranle, puisque la sécurité à Ouargla est à peu près complètement assurée, puisque la traite des noirs est proscrite, puisque le commerce des armes et de la poudre est interdit, puisque l'impôt est majoré, nous ne doutons pas à croire à la régénération progressive d'Ouargla par le M'zab, si nous avons peu de confiance en l'avenir de ce dernier.

De la communauté d'intérêts qui lie entre elles les diverses parties du Sahara central, il s'ensuit qu'elles doivent être rattachées à une seule et même administration provinciale. Le M'zab, le plus important à l'heure actuelle comme population, comme intelligence, comme richesse, se rattache évidemment à la province d'Alger par les Larbaas et par Laghouat. La route la plus directe de la Chebka au Tell passe par le susdit ksar qui communique avec Alger quinze fois par mois au moyen d'une voiture publique et dont la clientèle ordinaire se compose de M'zabites.

D'un autre côté, ceux-ci ont les plus étroites relations avec les Larbaas, dont les trente mille chameaux remontent tous les ans du Tell, chargés par moitié de leurs marchandises. Le M'zab est si bien en relation avec la province d'Alger par Laghouat que cette ville supporte de ce fait, grâce aux conditions particulièrement désavantageuses où elle était placée une concurrence ruineuse. Presque complètement abandonnée par les nomades, elle ne compte plus qu'avec la clientèle du Djebel-Amour.

Le M'zab relève donc pour l'instant, sans nulle conteste de la province d'Alger, et cette dépendance n'était même pas discutée lorsque Ouargla et le Sahara central ressortissaient à la province d'Oran.

Il est en effet à remarquer que Oran, Constantine et Alger ont successivement revendiqué l'administration de cette région. L'état de choses actuel qui rattache avec Ouargla et le Sahara central, le M'zab à la province d'Alger, n'a été établi qu'en 1871.

Les raisons qui, tout à fait au début, avaient fait réunir cette contrée à notre département de l'Ouest furent que Ouargla conquis en 1854 par les Ouled-Sidi-Cheikh, dont les terrains de parcours s'étendaient au Sud de la province d'Oran, avait été gouverné par la famille de Si-Hamza. Mais vient en 1864 la révolte et la fuite de ceux-là même qui avaient fait la conquête et du coup le lien qui unissait le pays à Oran est brisé. Constantine, se basant sur les raisons du plus facile accès se faisait attribuer l'administration du pays. Il est certain que les premières colonnes françaises rendues à Ouargla, parties de Biskra, avaient pris le chemin le plus court et le mieux pourvu d'eau, c'est-à-dire l'Oued-Rhir.

De la nécessité d'asseoir solidement notre autorité dans le Sahara central, de maîtriser les tribus qui le parcourent, d'utiliser l'intelligence et les capitaux des M'zabites se déduit le projet de régénération d'Ouargla. Non seulement nous sauverions d'une ruine certaine et peut-être prochaine la population sédentaire qui l'habite, mais encore nous favoriserions le retour des relations commerciales entre l'Algérie et le Soudan. Après avoir été comme le raconte Ibn-Khaldoun et Léon l'Africain, le grand marché entre cette dernière contrée et la Barbarie, le point de passage obligé pour toutes les caravanes qui vont du nord au pays des noirs, tout trafic a cessé, la route directe par le Sebkha d'Amaghdor est absolument déserte. Cette décadence remonte à plusieurs siècles.

L'époque de la plus grande splendeur d'Ouargla au point de vue du commerce extérieur, a coïncidé avec la période où ses relations avec le nord étaient le plus largement développées, avec le moment où l'Oued-Rhir, contrée productive et prospère faisait comme un chemin conducteur des régions septentrionales au point habité le plus avancé vers le sud. Ouargla était presque encore en Barbarie, et l'on ne se trouvait qu'à quarante jours de marche d'Aghadès, la première station soudanienne.

Il fallut l'arrivée des Arabes dans l'Oued-Rhir, au milieu du xvi° siècle, pour changer cet état de choses. Et en vue de se protéger, Ouargla ne trouva d'autre moyen que de s'isoler du nord en restreignant ses relations. Le but se trouva si bien atteint au commencement du xviiᵉ siècle que cette contrée n'eut des relations avec les Turcs que pour le paiement de l'impôt annuel. Si les envahisseurs tenaient en suspicion tout ce qui montait du sud au nord, tout ce qui descendait du nord était, en retour, mal accueilli des Beni-Ouargla.

Ouargla devint ainsi comme une presqu'île dans le désert, communiquant avec la Barbarie par l'isthme fort étroit de l'Oued-Rhir, dont la prospérité ne tarda pas à disparaître avec les Rhouara qui l'habitent.

Le courant d'échanges qui s'était successivement ralenti finit par disparaître complètement avec la conquête française. Après avoir cessé avec le Nord les relations disparurent avec le Sud sous l'influence de la révolution politico-religieuse survenue dans le Sahara et des guerres continuelles entre les Touaregs. Ces derniers pillaient à l'envi les caravanes qui circulaient entre les territoires des fractions Hoggars et Asguers, précisément sur la route de la Sebkha d'Amaghdor.

Pour ce motif, les convoyeurs évitent ce passage. Le commerce d'exportation du Soudan arrivé à Aghadès ou plutôt à Asiu, au lieu de continuer directement vers le nord, se dirige vers Ghat ou Ghadamès en pleins pays Asguers et de là à Tripoli, ou bien vers Insalah en plein pays Hoggar et d'Insalah à Mogador du Maroc, ou encore par Aïn-Sokki et Timasouan à Ghadamès où il va rejoindre le premier courant.

Insalah est le grand marché, le centre vers lequel

converge encore la ligne directe de Tombouctou. Mogador et Tripoli ont hérité du rôle que devraient remplir nos postes d'Algérie, comme point de départ et d'arrivée du trafic soudanien. Ouargla qui aurait dû rester comme le point d'attraction des chemins commerciaux a été remplacé par Insalah, par où passent les trois cinquièmes du courant commercial. Les deux cinquièmes qui restent se rendent à Tripoli sans passer par la capitale des Touaregs Hoggars ; savoir : une moitié par Mursug, une autre par Ghat et Ghadamès.

A première vue, il semble irrationnel que les produits du Soudan puissent arriver en partie par Insalah pour retourner par des détours considérables sur Tripoli et Ghadamès. Voici comment on doit l'expliquer : les caravanes sont convoyées par des Touaregs-Ouachmiden jusqu'à Asiu : là les Hoggars et les Asguers se les partagent pour les emmener les uns vers Insalah et les autres vers Ghat. Le plus fort l'emporte sur le plus faible, et les Asguers, étant des deux partis les moins nombreux, les moins belliqueux et les plus souvent battus, voient leurs adversaires préférés et avec eux la route d'Insalah. Il en résulte qu'à l'heure actuelle, aucune partie du transit soudanien ne traverse le Sahara central.

Les Touaregs, vivant en grande partie des droits de péage et d'escortes soldées par les caravanes, se sont ainsi peu à peu retirés, les Hoggars vers le sud-ouest, le long de la route d'Aghadès à Insalah, les Asguers, vers le sud-est, le long de la route d'Aghadès à Ghadamès par Ghat. Ils ne viennent plus, comme il y a encore dix ans, camper régulièrement autour des ksour d'Ouargla, et c'est aux Mdagnat qu'est laissé comme terrains de parcours la zone sud du Sahara central.

Pour ce qui est de la route commerciale d'Insalah à Ghadamès, on est loin de s'entendre sur la question de savoir à quelle peuplade limitrophe doit revenir le droit de percevoir les péages : le litige qui en résulte est marqué par des razzias perpétuelles et des hostilités de tous genres. Les Asguers et les autres nomades des environs de Ghadamès ne tarderaient pas à avoir complètement le dessous, s'il faut croire aux derniers renseignements relatifs à la paix dans laquelle vivent les Hoggars, les Ouled-Bahamou d'Insalah parcourant le plateau de Tademyt et les Mdagnat, et à leur réciproque alliance. Nos Chambaas-Guebala auraient même pris parti pour tous ces derniers lors des dernières grandes expéditions.

Leur but à tous est, à n'en pas douter, de s'emparer de la route d'Insalah à Ghadamès, bien qu'à partir de Timassinin elle circule en plein pays Asguers. Ils ne cesseront leurs hostilités qu'après avoir complètement refoulé cette dernière peuplade dans l'Est.

Toutes ces compétitions et ces luttes ne doivent pas laisser indifférent le peuple qui possède l'Algérie et le Sénégal. Et si la question de notre intervention est discutable, nous devons pour le moins nous tenir au courant de ce qui se fait. Aucun point n'est mieux placé qu'Ouargla pour la surveillance. Les renseignements y convergent de toute part, d'Insalah par la route riche en eau de l'oued Mya, de Timassinin par Ghat, par la vallée de l'oued Igharghar, de Ghadamès et de Tripoli par les lignes de puits des Aregs.

C'est à Ouargla que Ben-Hadjouda, le cheikh d'Insalah a envoyé les tirailleurs de la mission Flatters enlevés aux mains des Touaregs, c'est à Ouargla qu'a été connue la nouvelle du massacre de cette même mission, c'est à Ouargla que l'assassinat des Pères Blancs entre Ghadamès et Ghat est arrivé en 1881, c'est d'Ouargla qu'ont pu partir des lettres destinées à ceux qui survivaient. C'est à Ouargla qu'a été ramené en 1883 un des sokhrar et dernier survivant de la mission transsaharienne.

Ce qui se passe dans l'Est est régulièrement rapporté tous les ans par les Mokhademas, et les Beni-Ouargla venant de Tunisie, renseignent sur les événements survenus à l'ouest. Un fait topique, c'est que lors de l'expédition tunisienne, la marche des troupes y était connue bien avant l'arrivée des correspondances du littoral.

Ouargla doit reprendre son rôle d'autrefois : c'est au bassin de l'Oued-Mya que doivent aboutir les chemins commerciaux actuellement si compliqués. La situation géographique le veut, aidons-y. En réunissant Ouargla au nord par un chemin de fer, simple prolongement par Biskra de celui qui existe jusqu'à Batna, les approvisionnements rapides de tous les produits naturels de la Barbarie et de ceux que l'Europe débarque dans nos ports seront absolument faciles. Et comme la sonde a déjà régénéré l'Oued-Rhir, comme elle est en train de décupler la production agricole d'Ouargla, il y a peu à faire pour créer là un grand magasin à quelques journées de marche du Soudan. Moghador et Tripoli auront à soutenir une terrible concurrence, ils n'y résisteront pas; d'autant plus qu'en nettoyant avec quelques cavaliers à mehari le Sahara des pillards qui l'infectent, les Chambaas se remettraient à la tête des caravanes et reprendraient les grands voyages qu'ils n'ont pas eu assurément le temps d'oublier.

La suprématie qui doit revenir à Ouargla amoindrit d'autant le M'zab; mais nous n'aurions pas à nous en plaindre, car l'avenir de ce dernier pays si artificiel nous semble à tous égards singulièrement compromis. Le M'zab tournant ses vues du côté d'Ouargla, se rattacherait dès lors à l'administration de Constantine.

D'aucuns, préoccupés par l'idée de l'installation d'un tracé transsaharien, laissaient de côté Ouargla pour le projet d'un chemin allant à El-Goléa par Laghouat, mais les résultats de la mission Choisy lui ont été défavorables, ainsi qu'il appert du reste des conclusions du rapport déposé.

La route de Laghouat à El-Goléa, y est-il dit, aurait « quatre chaînes de dunes à traverser, soit en tout, cinq kilomètres de tunnels ou viaducs, point de population sédentaire, d'excellente eau tant au départ qu'à l'arrivée, mais aux points intermédiaires, pas de chance de rencontrer des nappes artésiennes. »

Dans de bien plus favorables conditions s'effectuerait la ligne de Biskra à Ouargla. « La seule difficulté ici est la traversée d'une plaine ridée et sableuse s'étendant sur quarante kilomètres au sud de Blidet-Amar; le sable n'est pas mouvant et les remblais n'excédant pas une hauteur de cinq à six mètres pourraient être fixes par la végétation. Sur tout le surplus du parcours, l'établissement de la ligne, d'une simplicité extrême, se résume en une voie à poser. On traverserait une contrée habitée par une population paisible, laborieuse et sans fanatisme, capable de concourir à sa construction et à son entretien. Sur tout le trajet s'échelonnent des oasis qui donneraient lieu à un trafic de dattes. L'eau artésienne se rencontre partout : eau malheureusement salée, de nature à incruster rapidement les locomotives, mais qui suffit aux besoins des populations indigènes. L'insalubrité n'existe que dans les oasis, et là, elle peut être atténuée par des améliorations faciles. »

C'est avec le plus vif intérêt que nous assistons en ce moment à la découverte de l'Afrique centrale. Ses richesses et son avenir tentent à l'envi les différentes nations. Avant la fin du siècle cette terre, aujourd'hui vierge, occupée et civilisée sera exploitée et ouverte au commerce du monde. Déjà par les efforts de l'expédition du colonel Galliéni et du lieutenant de vaisseau Caron la libre navigation du Niger est assurée, le problème du Soudan Français résolu. Tombouctou, cette reine du désert, cette ville mystérieuse ouvrant ses portes a permis de savoir à quoi se réduisent toutes les données contradictoires qui avaient été accumulées à son sujet.

« La France, dirons-nous en terminant avec M. Rolland, ne peut, sous peine d'abdication, se désintéresser dans la lutte pacifique qui se prépare. La part revenant naturellement à la puissance qui possède l'Algérie, le Sénégal et le Gabon est marquée dans cette conquête féconde. C'est l'Afrique occidentale, c'est la région qui comprend les bassins du Niger et du lac Tchad et qui est limitée au nord par le Sahara, à l'est [par le haut bassin du Nil, au sud-est par le bassin moyen du Congo, au sud et à l'ouest par les bassins de la Guinée et de la Sénégambie. C'est là, c'est au Soudan, que doivent être les Indes Françaises..... La plus belle partie, la plus fertile, est la région qui s'étend entre le Niger moyen et le lac Tchad. C'est là, dans le Haoussa, qu'est le centre de gravité de l'Afrique occidentale. C'est là que nous devons arriver à nous établir. Il sera dès lors indispensable et urgent de relier directement le Soudan oriental à l'Algérie, par un chemin de fer transsaharien, d'une part, pour assurer notre conquête et prévenir la concurrence étrangère, d'autre part, pour desservir et développer notre commerce tant d'importation que d'exportation.

Le tracé qui sur le parcours recueillerait les meilleures chances de trafic passe par l'Oued-Rhir, la saline d'Amaghdor et l'oasis d'Aïr. C'est l'ancienne route des caravanes entre les États barbaresques et le Soudan. »

SOMMAIRE

Introduction. 1

CHAPITRE PREMIER

HISTOIRE ET GÉOGRAPHIE

§ Ier. — Origine des Berbères. — Naissance du Kharidjisme. — Les Ouahbites. — Les ouahbites abadites et les ouahbites soffrites. — Ils prêchent la révolte contre les ommeïades. Extension de l'ouahbisme. — Imamat d'Abderrhaman-ben-Roustem. — Déchéance des Rostémides. — Émigration des abadites à Ouargla. — Leur court séjour. — Ils arrivent dans la Chebka et fondent successivement El-Ateuf, Bou-Noura, Beni-Isguen, Ghardaïa, Mélika, Guerara et Berrian. — Origine du nom « M'zabite. ».   9
Convention du M'zab signée en 1852.— Inobservation des clauses en 1853, 1855, 1858, 1860, 1864, 1867, 1877, 1880, 1881, 1882. — Motifs qui firent décider l'annexion. — Proclamation consacrant la prise définitive.   19

§ II. — Caractère économique des populations du Tell, des Hauts-Plateaux, du Sahara. — Théorie des régions à noyau. — Situation du M'zab. — Rôle antérieurement joué par Ouargla. — Apparition successive des tribus : Chamba, Beni-Thour, Mokhadema, Saïd-Otthba. —

Chamba-Bou-Rouba, Chamba-Berasga, Chamba-Mouadhi : leur solidarité, leur attachement aux Ouled-Sidi-Cheikh. — M'dagnat. — M'khalif-Djorb 27

CHAPITRE II

TOPOGRAPHIE, HYDROGRAPHIE, HYDROLOGIE

§ Ier. — Situation et aspect général de la contrée. — Ghardaïa. — Le Fort. — Melika. — Beni-Isguen. — Bou-Noura. — El-Ateuf. — Berrian. — Guerara. 43

§ II. — Vallées principales de l'oued En-N'ça, de l'oued M'zab, de l'oued Metlili, de l'oued Zeghrir. — Vallées secondaires de l'oued Settafa, de l'oued Soudan, de l'oued El-Bir, de l'oued Touzouz, de l'oued Zouïlli, de l'oued Loualouan, de l'oued Mezadjir, de l'oued Nimel, de l'oued Maboula. — Barrages. — Excavations. 51

§ III. — Absence de source d'eau vive. — Eau extraite des puits. — Procédé employé. — Valeur de l'eau. — Nécessité d'en découvrir. — Pas de nappe souterraine rapprochée. — Analyse de soixante-treize échantillons. — Sa composition. 60

CHAPITRE III

GÉOLOGIE, BOTANIQUE, ZOOLOGIE

§ Ier. — Hamada. — Entailles formant vallées. — Calcaire dolomitique. — Action des agents météoriques et de l'eau pluviale en particulier dans l'érosion des roches. — Le kaddan calcaire gypseux donnant par cuisson le timchent. — Sables éoliens et alluviens. — Petits dépôts quaternaires. — Guerara en dehors de la hamada. — Croûte calcaire supérieure de la Chebka turonienne, escarpements cénomaniens 69

§ II. — Stérilité du sol. — Culture à l'ombre des palmiers. —

Pépinière ou jardin d'essai. — Nomenclature des végétaux qui croissent naturellement, qui sont depuis longtemps cultivés, de ceux qu'il y aurait intérêt d'acclimater et des tentatives faites jusqu'à ces derniers jours. 75

§ III. — Faune peu riche. — Rareté des oiseaux et des papillons. — Absence caractéristique de puces et de punaises. — Disparition des mouches pendant les fortes chaleurs. — Enumération des animaux rencontrés par nous ou par d'autres personnes dignes de foi. 91

CHAPITRE IV

MÉTÉOROLOGIE

Installation de l'Observatoire. — Instruments. — Heures d'observation. — Pression atmosphérique. — Température. — Tension de la vapeur. — Humidité relative. — Évaporation. — État du ciel. — Vents. — Pluie. — Ozone. — Électricité atmosphérique. — Phénomènes divers.. 103

CHAPITRE V

ÉCONOMIE

§ Ier. — Aspect général du pays : les oasis, les ksour. — Places. — Rues. — Maisons. — Matériaux de construction. — Armes. — Clefs. — Mobilier. — Combustible. — Utilisation de la chaleur solaire pour la cuisson des aliments. Vêtements. — Cheveux. — Ornements. — Nourriture. 125

§ II. — Secte à laquelle appartient le M'zabite. — Coreligionnaires dans l'Oman, dans le Djebel-Nefous, à Zanzibar et dans l'île de Djerba. — Autorité qu'avait autrefois l'Imam. — Halga. — Caractéristique de l'abadisme. — Ses croyances, ses pratiques. — Ablutions. 138

§ III. — Fonctions religieuses : imesorda, irouanes, azzaba. Cheikh de mosquée. — Règle des azzaba. — Leurs charges et emplois. — Les habous. — Comment ils sont payés et répartis. — Désignation et investiture du cheikh.   150

§ IV. — Relations entre tolba et laïques. — Leurs fonctions. — Renom d'intégrité. — Introduction de l'élément laïque dans la gestion des affaires. — Casuistique des tolba. — Administration actuelle du M'zab. — Un mot sur les juifs. — Rôle de la djemma laïque. — Devoirs du hakem. — Les Mokkadems.— Le Code pénal.— Nature des peines. — Réglementation pour l'administration de la bastonnade.   158

§ V. — Le nouveau né. — Comment on le nomme. — Le premier burnous. — La circoncision. — La puberté et l'obligation au jeûne. — Le Ramadan. — Jour douteux. — Devoirs du fils envers le père. — Situation inférieure de la femme. — L'âge où elle se marie. — Diverses espèces de divorce. — Législation relative au mariage. — Son rigorisme. — Décès du M'zabite. — Son inhumation.— Cimetières.   176

§ VI. — Caractère du M'zabite. — Ses qualités. — Institution de la Zekaa. — Son but. — Défauts du M'zabite : peureux, arrogant, vindicatif, entêté, intolérant. — Les divers sofs. — Aptitude au négoce. — Émigration momentanée. — Établissement de comptoirs. — Mécanisme de ses opérations commerciales. — Diffère complètement du juif. — Intérêt qu'il porte à ses clients. — Rôle des diverses tribus arabes circonvoisines. — Marchés du M'zab. — Les caravanes du Sud   188

§ VII. — Agriculture. — Absolue nécessité de l'arrosage. — Barrages. — Crues de l'oued M'zab. — Leur rareté. — Redevance au colon partiaire. — Troupeau. — Berger. — Arabes agrégés. — Population juive. — Méprisée, cantonnée. — Son travail.   215

CHAPITRE VI

STATISTIQUE

Population : M'zabites, nègres, agrégés, juifs. — Familles. — Maisons. — Avenir du M'zab. — Puits : en activité ;

morts. — Palmiers. — Superficie des oasis. — Leur rapport. — Valeur de la propriété. — Industrie, ce qu'elle donne. — Troupeaux. — Routes. — Puits nouveaux. — Le Bordj. — Force publique. — Consommation du M'zab en blé ou en orge et en dattes. — Impôt, ce qu'il était, ce qu'il est, ce qu'il pourrait être.   225

CHAPITRE VII

ANTHROPOLOGIE. LES BENI-M'ZAB ET LES NÈGRES

§ Ier. — M'zabites : cheveux, yeux, barbe, crâne, face, tronc, cuisse, jambe, pied, bras, avant-bras, main. — Comparaison du M'zabite à l'Arabe.
La langue du M'zabite diffère totalement de la langue arabe. — Se rapproche des divers dialectes berbères connus kabyle et touareg. — Exemples tirés du vocabulaire et des mots dérivés. — Le m'zabite ne s'écrit pas. . . . ,   239

§ II. — Nègres : caractères anthropologiques. — Règlementation et devoirs réciproques de l'esclave et du maître. — Comparaison du nègre du M'zab au nègre des autres villes de l'Algérie   255

CHAPITRE VIII

NOSOLOGIE. — DE LA MÉDECINE CHEZ LES M'ZABITES

§ Ier. — Maladies prédominantes : hépatites, dysenterie, affections de la peau, fièvres intermittentes. — Immunité du M'zab contre le choléra. — Les raisons. — Action du climat sur les blessures. — Aliénés rares.   271

§ II. — Notions sur l'exercice de la médecine chez les M'zabites. — Du traitement par les petits papiers. — Le fer rouge. — Les ventouses. — Immobilisation des fractures. — Opération de la circoncision   281

CONCLUSIONS

Conséquences immédiates de l'abolition de la traite des noirs. — Détournement des caravanes. — Motifs qui ont empêché les M'zabites de revenir à Ouargla. — Concurrence que le M'zab fait à Laghouat. — De quelle province doit relever la région. — Nécessité de régénérer Ouargla où aboutissaient autrefois toutes les caravanes. — Routes que ces dernières suivaient, routes qu'elles prennent de nos jours. — Des Touaregs. — Leurs compétitions. — Surveillance nécessaire. — Urgence à prolonger jusqu'à Ouargla par Touggourt le chemin de fer de Batna-Biskra en attendant qu'il soit possible de relier directement l'Algérie avec le Soudan oriental. 287

Dr Ch. AMAT — LE M'ZAB.   PL. I

CARTE
POLITIQUE
du
SAHARA
au 1:6.000.000

——— Voies commerciales en activité
- - - Voies abandonnées

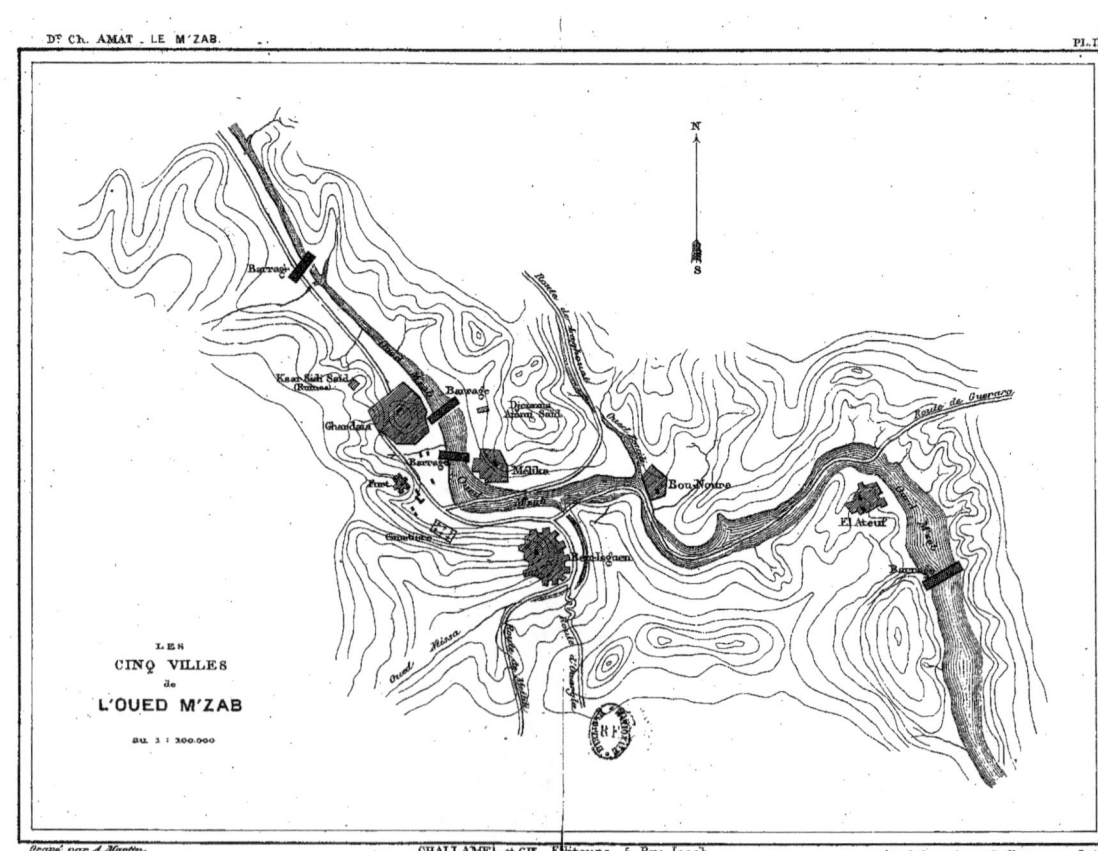

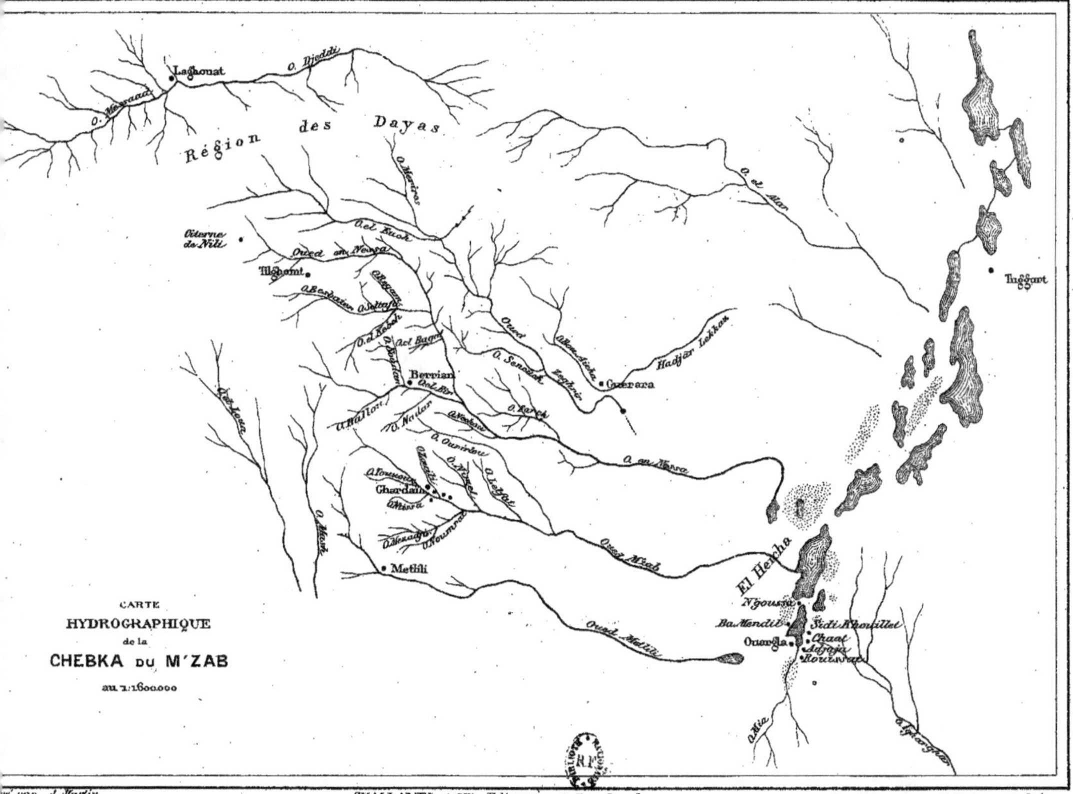
CARTE
HYDROGRAPHIQUE
de la
CHEBKA DU M'ZAB
au 1:1600000
Laghouat
O. Djeddi
O. Mezraad
Région des Dayas
Citerne de Nili
Tilghemt
Oued en Nessa
O. el Hach
Berrian
Ghardaïa
Metlili
Guerara
Hadjar Lekkas
O. Seneduk
O. en Nessa
Oued M'zab
Oued Metlili
O. el Atar
Tuggurt
El Hencha
N'goussa
Ba Mendil
Ouargla
Sidi Khouillet
Chaat
Adjaja
Rouissat
O. Mia

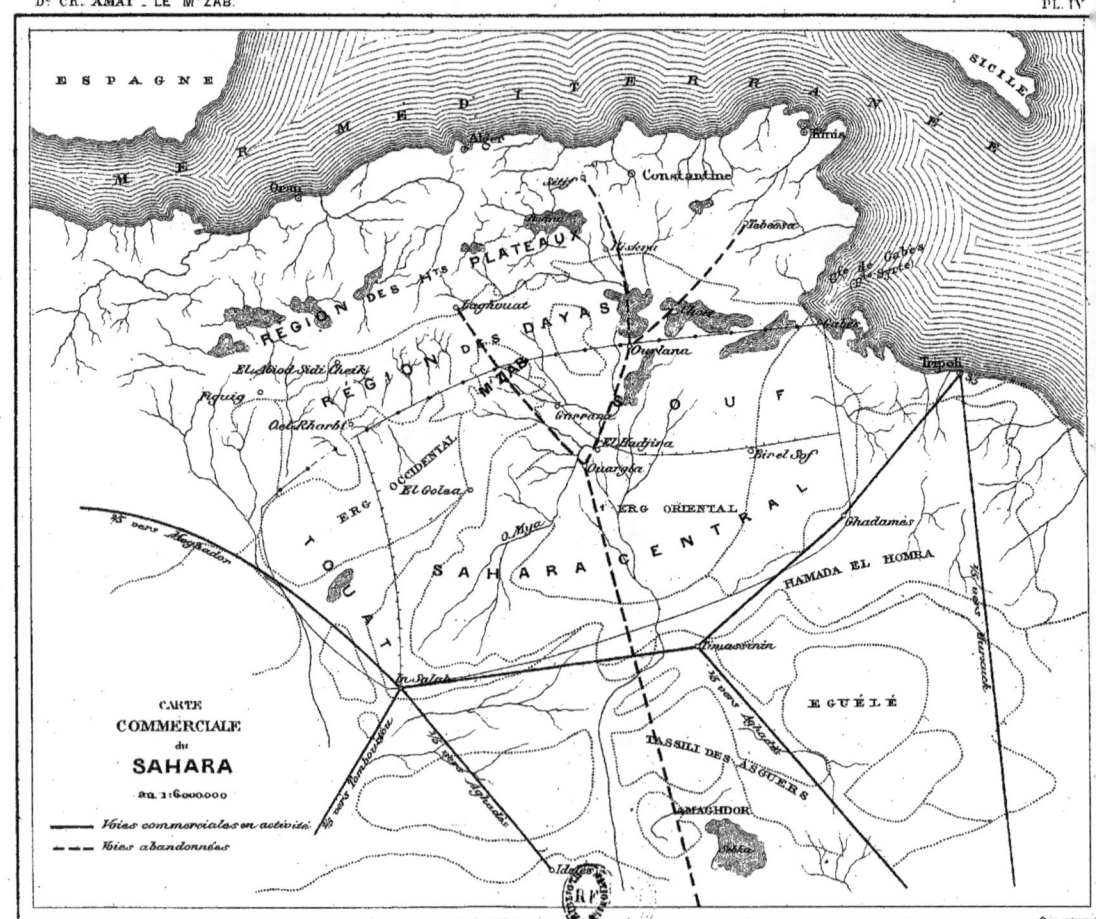

www.ingramcontent.com/pod-product-compliance
Lightning Source LLC
Chambersburg PA
CBHW060629170426
43199CB00012B/1493